KB082775

그래도
중국이
답이다

2025년 세계경제대국 1위로 도약할
슈퍼차이나의 현실적 투자법칙

그래도 중국이 답이다

| 이용철 지음 |

책들의정원

바다 건너
14억 틈새금맥을 찾아서

　최근 한반도 사드 배치 문제로 한국과 중국은 물론 동북아 전체가 떠들썩하다. 중국은 자기네들을 겨눈다고 하고 한국은 북한 핵 위험을 방어하기 위함이라고 강변한다. 누구 말이 맞는지는 모르겠지만, 사드 주인인 미국은 잘 알 것이라고 본다.

　사드 배치 문제로 한국과 중국 사이에 긴장감이 돌고 있다. 중국은 한류에 태클을 걸면서 한국을 압박하고 있고, 미국은 대선을 전후하여 강경론과 온건론이 대립을 하고 있다. 미국은 날로 성장해가는 중국을 견제하기 위하여 한국을 방패막이로 삼고 있다.

　"중국이 옆에 있지 않은가?"

　"무한경쟁 시대에 우리나라는 앞으로 어떻게 생존해야 할까?"

많은 이들이 대한민국의 미래를 걱정한다. 이런 물음에 한마디로 이렇게 대답하고 싶다.

"중국이 옆에 있지 않은가?"

이 말 속에 우리나라가 앞으로 헤쳐 나가야 할 해답이 들어있다고 하겠다.

중국은 어느새 미국을 넘어서 우리나라의 최대 교역국으로 부상했다. 말 그대로 한국 경제의 큰 고삐를 바로 중국이 쥐고 있다는 말이다. 그만큼 양 국가 간의 경제 교류는 활발하고도 중요하다고 할 수 있다.

중국도 한국이 중요하기는 마찬가지다. 중국의 최대 수입국이 바로 한국이라는 사실을 아는 이는 드물다. 또한 중국에서 가장 많은 이민자를 차지하고 있는 국가는 바로 대한민국이다. 조선족을 제외하더라도 한국 사람들이 가장 많이 중국에 진출하여 중국 경제의 한 축을 담당하고 있다.

이런 관계로 양 국가는 서로에게 많이 의지하며, 때로는 우호적으로 때로는 적대적으로 변하기도 한다. 하지만 확실한 것은 지리적으로 가장 가까운 두 국가는 한쪽 없이는 다른 한쪽도 지탱하기가 힘들다는 것이다.

더구나 저성장 위기에 직면해있는 한국이 지속적으로 성장을 유지하기 위해서는 옆에 있는 중국을 제대로 활용하는 길밖에 없다. 혹자는 통일 한국이 되면 새로운 패러다임이 형성된다고 하지만, 북한 땅을 남한이 고스란히 가질 수 있다는 보장도 없다.

그럼 어떻게 해야 하나? 중국을 잘 구슬리고 이용하여 중국이라는 달리는 말에 올라타야 한다. 12지간에서 쥐가 소의 등을 타고 맨 먼저 결승점을 통과했듯이, 한국은 살아남기 위해서는 중국의 등을 타고 활용해야 한다.

살아남은 공룡이 지구를 지배한다

2008년 중국 상해종합지수가 6,000포인트까지 상승했다. 중국 현지에서는 너도나도 중국 주식을 사느라 난리였고, 우리나라에서도 차이나펀드와 인사이트펀드가 인기였다. 하지만 거품이었는지 어느 순간 중국 상해지수가 폭락했고, 버블주들은 쪼그라들었다. 시가총액의 반이 사라지자 상투를 잡은 투자자들의 피해가 속출했다.

하지만 오늘도 여전히 중국 주식시장은 잘 돌아가고 있고, 상해 지수는 등락을 거듭하고 있다. 버블주들은 거품이 빠졌고 상장폐지로 사라지기도 했지만, 우량주식들은 여전히 건재하다. 다시 한 번 중국이 옛 영화를 누릴 수 있을까?

덩치가 큰 공룡이 제 무게를 주체하지 못하고 멸종된 것처럼, 불량 기업들은 대부분 사라졌다. 그 자리에 다운사이징하고 맷집을 기른 공룡은 살아남아, 다시금 중국이라는 공룡이 세계를 지배하려고 하고 있다.

버블 해체 이후 중국은 중후장대형 산업에서 내수소비주 및 IT주와 같은 고부가가치 산업구조로 체질을 개선하고 중국의 미래를 이끌고 있다. 그래서 지금은 이전과 같이 버블이 터지는 것은 너무 걱정하지 않아도 될 것 같다. 이제 살아남은 알짜 기업들을 정석으로 골라보자.

이제 내수로 눈을 돌리자

몇 년간 중국은 매년 두 자리 수 고성장을 거듭해왔다. 그러다가 최근 한 자릿수 성장에 호들갑을 피우며 놀라고 있다. 그렇다고 중국의 경제 성장이 꺾인 것인가?

그렇지 않다. 수출로 인한 경제 성장률이 줄어들었을 뿐 내수는 건재하다. 아니 중국의 내수 발전은 이제 시작 단계에 불과하다. 중국 내수의 든든한 버팀목은 바로 14억 인구다. 이 머리수로 수출을 압도하고 있다.

중국은 수출로 줄어든 성장률을 내수로 극복하려 하고 있다. 그래서 중국 정부에서 본격적인 내수 투자를 하고 있다. 가장 주목하는 것이 바로 내륙지방 개척이다. 중국 지도에서 서쪽 내륙지방은 아직 개발이 많이 되지 않았다. 인구도 제대로 얼마인지 조사가 되지 않을 만큼 서쪽 내륙지방은 개발이 덜 된 처녀지라고 하겠다.

이 지역들을 삼국지 시대로 이야기하자면 유비가 세운 촉나라 지방에 해당한다. 삼국지에서도 산세가 험하고 길이 협소해 침략 자체가 어려웠던 곳인데, 이제 하늘과 땅으로 중장비가 동원되어 삼국지 촉나라가 개척이 된다고 보면 된다.

예전 서양에서 동양을 오리엔탈리즘 관점에서 보듯이, 서쪽 내륙지방은 아직 손때가 묻지 않은 보물 같은 곳이다. 이 지역이 앞으로 개발이 시작된다. 그럼 향후 30년간은 내륙지방 개발로 중국의 내수는 먹고 살 수가 있다. 무진장한 땅과 자원 그리고 인구를 보유하고 있는 내륙지방 개발은 우리에게 또 다른 성장 가능성과 투자 기회를 주는 것이다.

중국 주식 투자의 올바른 가이드

그동안 중국 주식은 거품이 많아서 어떻게 투자를 해야 할지 망설이는 투자자들이 많았다. 오죽 했으면 중국 상장기업 대부분이 분식회계를 하기 때문에 당해낼 수가 없다고 하겠는가? 하지만 이제 중국도 금융 선진국이 되기 위해 정부와 기업에서 노력을 하고 있다. 이전과 같은 속임수 기업은 더 이상 중국 증시에서 존재하기가 힘든 것이다. 이제 옥석을 골라내어 투자를 하면 된다. 그 중에서 중국 내수주들은 성장성이 줄어든 수출주의 대안으로 다가온다.

2014년 상해거래소와 홍콩거래소 간의 교차거래가 가능한 후강퉁이 실시되면서 중국도 금융 선진국 진입을 선언했다. 이전까지는 중국 본토 주식은 해외 투자자들이 매수가 불가능했다. 하지만 홍콩거래소를 통해 중국 상해거래소 종목을 살 수 있는 후강퉁 제도를 통해 외국인들의 중국 주식 투자가 가능하게 되었다.

2016년 선강퉁이 열리고 있다. 선강퉁은 중국 심천거래소와 홍콩거래소 간의 교차 거래가 가능한 제도다. 선강퉁이 실시되면 대형주가 있는 상해거래소에 비해 중소형주가 많은 심천거래소 종목을 외국인들이 투자를 할 수 있게 된다. 이는 사실상 중국 주식시장의 완전 개방을 의미한다. 먼저 제도를 이해하고 투자하는 사람이 중국을 선점할 수 있는 기회가 많다고 하겠다.

핑거 차이나

중국으로 돈을 버는 방법은 크게 세 가지가 있다. 첫째, 직접 가서 사업을 하거나 둘째, 중국 관광객을 우리나라에 유치하는 방법이다. 나머지 셋째 방법은 중국에 상장된 주식에 투자하면 된다. 이 책은 힘들게 움직일 필요가 없이, 손가락 하나로 중국에 투자할 수 있는 방법을 알려주고자 한다.

중국은 IT 기술이 발달하여 주식도 스마트폰으로 사고 팔수가 있다. 말 그대로 "핑거 차이나"인 것이다. 굳이 멀리 힘들게 중국에 갈 필요 없이 중국의 우량주들을 손가락 하나로 쉽고 편리하게 투자할 수 있다. 이 책은 중국 산업의 발전과 우량한 기업을 소개하며, 중국 투자의 올바른 가이드를 제시할 것이다.

이 책은 중국에 대한 투자를 쉽게 하도록 정확하고 수준 높은 정보를 독자들에게 선물할 수 있는 좋은 기회라고 하겠다. 이 책 내용을 총 4장으로 구분했는데, 1장은 중국 내수 분야의 소비산업이고, 2장은 중국의 정치제도에 대해서이다. 3장은 중국의 경제와 금융 분야이고, 4장은 신성장 산업에 대한 정보들을 소개했다. 그리고 관련 산업에 따른 투자 수혜 종목도 소개했다. 아무쪼록 알찬 정보로 중국 투자에 도움이 되기 바란다.

14억 중국 인구 중 8억 명이 넘는 중국인들이 매일 이용하는 위챗으로 유명한 기업 텐센트는 대표적인 내수주로 분류되고 있다. 고점 논란이 있음에도 불구하고 2016년 주가 상승률이 벌써 50퍼센트에 이르러, 알리바바와 삼성전자를 누르고 아시아 IT 기업 중 시가총액 1위 기업으로 부상했다. 이 책에서는 이런 성장 가능성이 있는 중국 내수 기업을 발굴하는 것에 의미를 두고자 한다.

　　중국 투자 아직도 망설이는가? 올바른 투자의 선택은 바로 - 그래도 중국이 답이다!

2016년 가을,

이용철

목차

오랫동안 생산과 수출에 힘써온 중국이

드디어 내수로 눈을 돌려 소비에 집중하기 시작했다.

그동안 일하느라 돈 쓸 시간이 없었던 중국인들은

본격적으로 지갑을 열고 소비에 나서고 있다.

14억 든든한 인구를 바탕으로 한 통 큰 소비로

이제 중국은 생산 국가에서 소비 국가로 변신하고 있다.

성장하는 내수의 힘!

이 장에서는 중국인들의 소비심리 분석과

내수 활성화에 따른 소비가 어디로 몰리는지 살펴보자.

이제 메이드 in 차이나가 아니라 메이드 for 차이나다.

중국의
소비산업

1장

소비대국 중국 다시보기
변화하는
중국 내수소비 트렌드

중국 소비 트렌드 파악이 중요

14억 명의 거대한 인구를 바탕으로 한 중국 내수소비 기대감은 국내 투자자들에게 중요한 투자 포인트 중 하나이다. 국내 증시에서도 중국 시장 진출에 성공한 기업들의 경우, 높은 성장성을 근거로 프리미엄을 받고 있는 상황이다. 일찌감치 중국에 눈을 돌린 CJ그룹 계열과 화장품 및 음식료 그리고 엔터테인먼트 업종이 이에 해당된다.

중국 수출이 줄어들어 경제 성장률은 점점 낮아지고 있지만, 그래도 내수가 이를 받쳐주고 있다. 최근 중국 내수소비의 현황과 중국 내수소비 트렌드 변화에 대하여 살펴보고, 이를 통해 중국 투자의 방향을 설정해 보도록 하자.

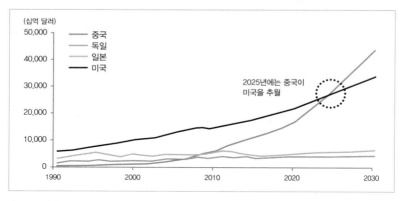

표 1.1 주요국 경제규모 추이 예상

(십억 달러)

중국
독일
일본
미국

2025년에는 중국이
미국을 추월

자료: IMF, 유안타증권

신창타이 속 중국 소비 현황

글로벌 투자자들은 세계 경기를 판단할 때와 투자처를 비교할 때 우선 기준이 되는 미국의 소비 관련 데이터에 주목한다. 그 이유는 미국의 소비가 증가하면 신흥국을 중심으로 제조업 경기가 개선되고, 이는 다시 자원 수요 증가로 이어지는 등 글로벌 경제 성장을 견인하기 때문이다. 미국의 GDP는 2016년 IMF 기준으로 18조 6천억 달러 규모이며, 이 중 소비가 차지하는 비중은 72퍼센트 수준이다. 반면 11조 4천억 달러를 기록해 GDP 기준 미국 다음인 세계 2위 국가 중국의 GDP 대비 소비 비중은 50퍼센트 수준으로 수년 째 정체 중이다.

표 1.2 중국 GDP 성장률 기여도 비중

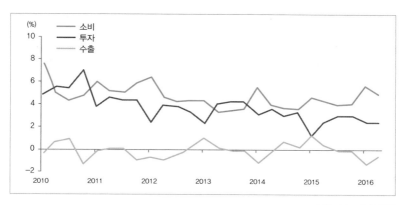

자료: Wind, 유안타증권

이 데이터는 중국의 GDP 대비 소비 비중이 지속적으로 확대되어 2020년에는 60퍼센트를 넘어서고, 글로벌 경제 성장을 견인하는 소비 대국이 될 것이라는 전망과 다소 다른 상황이다. 이와 더불어 중국의 소비판매 증가율은 매년 점진적으로 둔화되고 있다.

물론 고도 성장기를 지나 새로운 상태인 안정 성장 시대를 맞이하고 있다는 뜻의 중국식 표현인, "신창타이新常態" 시대에 진입함에 따라 명목소비 증가율은 낮아지는 것이 정상이다. 하지만 GDP에서 차지하는 소비 비중이 정체 중이라는 점은 중국의 소비가 경제성장을 주도적으로 이끄는 역할을 제대로 하지 못하고 있다고 하겠다. 하지만 이런 소비 부진에도 지속적으로 성장하는 산업이 있으니, 이른바 양극화 현상이라고 볼 수 있다. 꾸준히 성장하는 산업을 살펴보고 제대로 된 투자를 한다면 수익을 거둘 것으로 생각된다.

중국의 소비 부진과 부채 축소

장기적으로 소득수준이 향상됨에 따라 소비증가가 예상되고 향후 중국 경제의 성장 동력이 될 것이라는 전망에도 불구하고, 수년간 지속되는 소비 부진은 아래와 같은 이유로 살펴볼 수 있다.

- 첫째, 임금상승률 둔화와 부동산 경기 둔화에 따른 중상위 소득 계층의 가처분소득 증가 둔화
- 둘째, 최근 몇 년간 급격히 늘어난 부채로 인하여 시장의 기대 대비 위축된 정부 소비
- 셋째, 공유경제, 해외직구 등 소비패턴 변화와 유통채널 양극화 심화 등

결국 과거 설비 투자 사이클 시기에 집중된 과잉 생산능력과 부동산 시장의 자산 가격 하락으로 인하여, 전반적인 소비 경기가 부진한 것으로 볼 수 있다. 최근 중국 가계부채가 심각한 위험수준이라 연착륙시키기 위하여 인위적으로 부채를 축소해야 한다는 주장도 들려온다. 일본의 경우 잃어버린 20년이 바로 부동산 시장의 자산 가격 하락으로 시작되었다고 보는 전문가들이 많다.

최근 중국 소비시장의 변화와 특징

전반적인 소비 분위기는 위축된 상황이나, 주력 소비계층의 변화와 유통채널의 변화 등에 따라 중국의 내수소비는 항목별 그리고 채널별

표 1.3 중국의 소득 구조 변화 전망

소득 기준		2000년	2010년	2020년
부유층	34,000달러 이상	0%	2%	6%
중산층	16,000~34,000달러	1%	6%	51%
저소득층	6,000~16,000달러	63%	82%	36%
빈민층	6,000달러 이하	36%	10%	7%

자료: 맥킨지, 유안타증권

로 차별화된 모습을 보이고 있다. 이에 따라 최근 나타나고 있는 소비 트렌드 변화와 함께 특징적으로 성장하는 유망 분야에 대하여 살펴보기로 하자.

첫째, 중산층의 소득확대와 소비의 대중화

중국에서는 2010년에 1선 도시의 1인당 GDP가 1만 달러를 돌파한 것에 이어, 2013년에는 2선 도시의 1인당 GDP 역시 중산층의 기준이 되는 1만 달러 시대에 진입했다. 여기서 말하는 1선, 2선 도시는 우리나라로 말하면 특별시와 광역시 정도 되겠다.

전체 인구의 40퍼센트 이상이 거주하는 3선 도시의 경우, 1만 달러 진입 시기는 2018년으로 예상된다. 세계적인 다국적 컨설팅 업체인 "맥킨지"에 따르면, 2020년 중국의 중산층 인구는 8억 3천만 명에 이를 것으로 추정되며, 중산층의 확대는 소비의 대중화로 이어지면서 범용 소비재 및 레저 등의 수요 확대로 이어질 것으로 전망하고 있다.

반면 중상위 소득계층의 가처분소득 증가율이 정체되고 시진핑 정부의 반부패 정책이 지속됨에 따라, 과시성 소비는 위축될 것으로 예상된다. 최근 우리나라가 김영란법 시행으로 과소비가 줄어들어 내수시장 위축을 염려하는 것과 같다고 하겠다. 이에 따라 최저임금 상승과 소득 진작 정책에 의한 저소득층의 빠른 소득 확대와, 이에 따른 중산층의 소비 확대가 당분간 중국 내수시장의 중요한 키워드가 될 것으로 전망하고 있다.

둘째, 전자상거래 발달로 소비 플랫폼의 변화

중국은 IT 기술이 우리나라에 비해 늦게 시작되었지만, 핀테크의 발달로 최근 눈부시게 발전했다. 특히 스마트폰 보급 확대와 이로 인한 모바일 인터넷이 대중화 되면서 모바일 관련 비즈니스가 고속 성장하고 있다.

특히 인터넷으로 소비를 배운 90년대생을 일컫는 "주링허우"가 새로운 소비계층으로 부상하면서, 지금까지의 소비와 유통 스타일을 완전히 바꾸어 놓았다. 오프라인으로 구매하는 전통 유통채널의 부진과는 달리, 인터넷과 해외구매 중심의 새로운 온라인 플랫폼이 고성장하는 양극화 추세가 이어지고 있다.

중국 백화점 소매판매 증가율은 역성장이 우려되는 상황이나, 전자상거래 판매 증가율은 최근 3년간 50퍼센트씩 성장하고 있다. 이에 따라 중국 전자상거래가 전체 소비에서 차지하는 비중은 2015년 기준

11.7%까지 상승한 것으로 파악되고 있다. 모바일과 인터넷을 통해 제품의 정보를 검색하고, 후기를 평가한 후 구매하는 행태의 합리적 소비 트렌드가 확산됨에 따라, 이러한 전자상거래의 확대 추세는 당분간 지속될 것으로 전망된다.

표 1.4 중국 온라인 커머스 시장규모 및 전망

자료: 이마케터, 유안타증권

셋째, 고부가가치 무형 상품 소비확대

모바일과 글로벌 트렌드에 익숙한 "주링허우(90년대생)"와 "링링허우(2000년대생)"가 소비계층에 진입하기 시작하면서, 영화와 게임 그리고 서비스 같은 고부가가치의 무형 상품 수요가 확대되고 있다.

실제로 2000~2012년까지는 중국의 유형자산 수입 증가율이 높았으나, 2013년부터는 무형자산 수입 속도가 가파르게 확대되는 모습을 보여준다. 무형 상품 중에서 가장 대표적인 것이 바로 영화를 비롯한 문화 콘텐츠 산업이라고 하겠다. 이러한 산업은 부가가치가 커서 규모와 수익에 큰 영향을 미치고 있다.

2015년 한 해 동안 중국의 영화 흥행수입은 전년대비 49퍼센트 증가한 440억 위안(7조 5천억 원)으로 한국 영화시장의 3배가 넘는 규모인 것으로 파악된다. 영화를 포함한 중국의 미디어와 콘텐츠 시장 규모는 현재 170조 원에서 2017년 260조 원까지 성장할 것으로 추정이 된다. 여기에 우리의 한류 열풍도 한몫 했다고 볼 수 있다.

표 1.5 중국 박스오피스 매출액 추이 및 전망

자료: EntGroup, 유안타증권

시대의 패러다임을 주도하는 성장 산업 선택

최근 내수업종의 특징은 온라인 전자상거래 플랫폼이 전통 방식의 기존 유통채널을 빠르게 대체하고 있다는 점이다. 그리고 그 영역이 점차 확장되고 있다는 측면에서 대형 온라인 플랫폼 산업의 성장은 지속적으로 확대될 것으로 기대된다.

　이와 더불어 온라인과의 사업 연계성이 높은 게임과 미디어 그리고 엔터테인먼트와 같은 콘텐츠의 수요 역시 지속적으로 증대될 것으로 기대된다고 하겠다. 또한 저소득층 소비확대와 중산층 인구 증가에 따른 여행과 레저, 문화와 교육 그리고 스포츠와 미용 부문의 수요 역시 크게 증가할 것으로 예상된다. 중국 정부의 2자녀 허용 정책과 관련해서도 수혜를 받는 산업이 존재하고 있다.

　반면 기존 오프라인 유통채널과 변화하는 소비 트렌드에 부합하지 못하고 기존 패러다임을 고수하는 기업들은 상대적으로 부진한 모습을 보일 것으로 예상된다. 따라서 시대의 패러다임을 잘 읽고 능동적으로 대처하며, 시장을 주도하는 산업을 잘 선택해서 투자를 하는 안목이 필요하다고 하겠다.

합리적 소비 트렌드 확산에 따른
중국 공유경제
산업의 전망

새로운 시대의 패러다임인 공유경제

글로벌 최대 채권운용사인 PIMCO는 중장기 경기전망 자료를 통해 "이제 뉴노멀New Normal 시대도 가고 뉴 뉴트럴New Neutral 시대가 왔다."고 예측하였다. 뉴 뉴트럴 시대는 2008년 미국 발 금융위기 이전과 같은 경기확장세로 진입하지 못하는 뉴노멀 시대처럼 저성장 국면이 이어지지만, 상대적으로 경제의 하방 위험이 줄어 안정적인 상태가 이어질 것으로 예상되는 시대이다.

좀 더 쉽게 표현하면 저성장, 저물가 국면이 상당기간 이어진다는 의미인데, 이러한 저성장, 저물가 상황이 지속되는 이유로 PIMCO는 유효수요 부족을 꼽고 있다. 렌트와 리스 비즈니스 성장 등의 공유경제 그리고 해외직접구매 증가 등에 따라 경제적 부가가치는 늘어나고 경제는 성장하지만, 유효수요의 증가는 경제성장에 미치지 못한다는 것이다.

이렇듯 글로벌 경제가 뉴 뉴트럴이라는 새로운 트렌드로 진입하게 된 주요 원인인 공유경제는 이미 글로벌 소비 트렌드로 정착하였다. 2015년 200억 달러 규모로 추정되는 글로벌 공유경제 시장규모는 2025년 3,350억 달러까지 성장할 것으로 예상된다. 이에 따라 중국의 공유경제 관련 산업의 현황에 대해 점검하고 변화하는 소비 트렌드에 대하여 살펴보기로 하자.

표 1.6 글로벌 공유경제 시장 규모

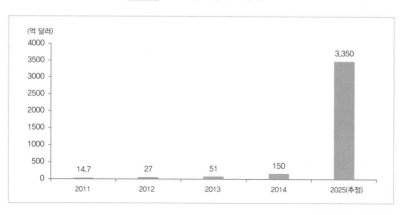

자료: KOTRA, 유안타증권

미국 따라 중국도 공유경제 산업 성장

전 세계 최대 숙박공유 서비스 기업인 "에어비앤비_Airbnb"와 비슷한 중국의 공유경제 플랫폼의 경우 "투지아"를 비롯하여 "시아오주" "마이두안주" 등이 존재한다. 특히 중고가 주택 위주로 서비스를 하고 있는 투지아는 공급이 풍부한 중국의 부동산 시장의 특성을 잘 활용한 서비스로 평가 받고 있다.

투지아는 주택 개발업체나 부동산 중개업체와 협력하여 임대사업 수익성을 보장하는 등 투자자의 부동산 구입을 권장하는 새로운 비즈니스 모델을 구축하였다. 에어비앤비 등 기존 서비스와는 달리 O2O_Online to Offline 서비스 제공을 통해 전문 요리와 셔틀버스 그리고 데코레이션 서비스 등을 바탕으로 중국인들의 입맛에 맞추고 있다.

이에 따라 2011년 설립된 투지아는 2013년 매출액 1억 위안을 돌파하였고, 2014년에는 미국의 Homeaway사로부터 1억 달러의 투자를 유치하며 확장과 성장가도를 달리고 있다. 반면 시아오주와 마이두안주는 투지아에 비해 저렴한 임대료를 무기로 다른 컨셉으로 세를 확장하고 있다. 특히 시아오주는 2014년 Legend Capital과 Morningside Group으로부터 1,500만 달러의 투자를 유치하기도 하였다. 그만큼 미국 못지않게 중국도 인터넷과 스마트폰의 발달을 기반으로 공유경제 산업이 급성장하고 있는 것이다.

차량 공유 서비스의 경우, 중국은 심각한 환경오염 문제로 인하여 정부의 차량등록 규제가 강화되면서 P2P 대여 서비스 및 렌트와 리스 비즈니스 그리고 콜택시 앱 등이 고성장 하고 있다. 중국판 우버인 "디디추싱"과 같은 콜택시 앱은 알리바바와 텐센트의 막대한 투자를 바탕으로 이미 일상생활에서 널리 이용되고 있는 상황이다.

이 서비스는 수수료를 받지 않고 택시기사와 소비자에게 보조금을 지급하는 정책을 통해 이미 많은 가입자를 끌어 모으고 있다. 디디추싱의 가입자는 현재 2억 5천만 명이 넘고, 디디추싱을 통해 이루어지는 하루 평균 차량 호출 건수는 1,000만 건이 넘는 것으로 알려지고 있다. 특히 디디추싱은 최근 우버차이나를 인수 합병하였는데, 토종업체의 완승으로 두 업체 간의 출혈 경쟁이 막을 내리며 초대형 차량호출 서비스 업체가 탄생하게 되었다.

중국 자동차 공유경제의 기반

교통정체를 줄이고 환경오염을 줄이기 위해 중국 정부가 차량 소유를 강력하게 규제하는데다가, 각 가정 당 주차 공간도 넉넉하지 못하기 때문에 앞으로 자동차 공유와 렌트 및 리스 수요가 급증할 것으로 예상된다.

실제로 중국에서는 "PP주처"나 "AT주처"와 같은 개인 차량의 대여 서비스와 더불어, B2C 형태의 렌트/리스 시장도 고성장하는 것으로 보인다. 2008년 90억 위안(1조 5천억 원) 규모였던 중국의 자동차 렌트/리스 시장은 2015년에는 390억 위안(6조 6천억 원)으로 성장하고, 2018년에는 650억 위안(11조 원)으로 성장할 것으로 전망된다.

베이징에서는 2011년부터 번호판 추첨제를 통해 자동차 등록대수를 제한하고 있다. 그나마도 베이징 시민에게만 번호판을 허가하면서 베이징 번호판을 부착하지 않은 차량은 시내에서 운행을 하지 못하고 있는 실정이다. 상하이와 광저우 등 대도시도 이와 유사한 정책을 시행하고 있다. 항저우에서 자동차를 등록하는 비용은 최소 3만 3천 위안(580만 원)으로 전년대비 3배 정도 가격이 오른 것으로 파악된다. 반면 4인승 세단을 렌트하는 비용은 시간당 25위안(4,500원)에 불과하다는 점을 감안하면, 단기 렌트 시장은 급격한 성장을 보일 것으로 예상된다.

중국은 공유경제 특히 자동차 공유경제 산업이 성장하기 좋은 환경을 가지고 있다. 이미 예전부터 중국 내에는 허가를 받지 않은 차량인 "헤이처"가 공공연하게 영업을 하고 있다. 우리나라로 말하면 택시가 부족한 지역에 "나라시"라고 해서, 일반 승용차가 택시처럼 돈을 받고 승객을 태우는 것이다. 하지만 엄연한 불법이다.

실제로 2013년 중국에서 인기리에 방영된 드라마 〈우리 결혼할까요?〉에서는 남자 주인공이 자가용으로 손님을 목적지까지 태워주며 영업을 하는 장면이 나오기도 한다. 헤이처의 존재는 중국인들이 차량 공유 문화에 거부감이 적다는 의미로 해석될 수 있으며, 이에 따라 관련 산업의 성장 역시 낙관적으로 볼 수 있을 것이다.

이와 더불어 우리나라와 마찬가지로 중국 역시 인터넷과 모바일 네트워크가 잘 발달되어 있기 때문에, 인터넷과 모바일 플랫폼을 중심으로 성장하는 공유경제 산업이 발전하기에 좋은 인프라 조건을 갖추고 있다고 판단된다.

아나바다, 중고차 거래시장의 성장

차량공유 서비스와 더불어 중국의 누적 자동차 판매대수가 증가하고, 합리적 소비 트렌드가 부각되면서 중고차 매매 시장 역시 고성장하고 있다. 우리나라의 경우에도 SK그룹의 "엔카"가 중고 자동차 매매 시장에서 지속적으로 성장하자, 국내 자동차 제조 맹주인 현대기아차그룹에서도 중고차 매매시장에 진출을 꾀하고 있을 정도로 성장 유망 분야라고 할 수 있다.

2015년 중국의 중고차 판매는 941만 대로 파악되며, 통계 집계가 어려운 개인 간 매매까지 고려하면 1,000만 대를 넘었을 것으로 추정되고 있다. 과즈중고차에 따르면 2020년에는 2,000만 대에 이를 것으로 전망하고 있다.

중고차 시장의 활성화를 가늠해 보는 접근법 중 하나로 "1.5~2.0배의 법칙"을 꼽을 수 있다. 이는 신차 판매대수 보다 중고차 거래대수가 1.5~2.0배에 달할 경우, 해당 국가의 중고차 유통 시장은 활성화 단계에 이르렀다고 판단하는 방법이다.

중국의 연간 신차 판매가 2,000만 대를 넘는데 비해 중고차 거래건수가 1,000만 대라고 보면, 중국의 중고차 시장은 현재 대비 3배 이상 성장할 수 있는 가능성이 있다. 참고로 미국과 일본 그리고 한국은 이미 중고차 거래대수가 신차의 1.5배를 넘어서고 있다.

그동안 중국의 중고차 시장에는 불투명한 거래 관행이 많아서 소비자들의 신뢰를 주지 못했다. 하지만 도요타통상이 외국기업으로는 최초로 중국 자동차 해체사업에 진출하고, 동평, 닛산 등 자동차 제조사들이 중고차 업무를 시작하며, 알리바바와 같은 ICT(정보통신기술) 플랫폼 사업자들이 중국 대형 자동차 판매상인 광후이자동차 서비스와 협력하여 중고차 판매 시장에 진입하는 등 시장이 투명해지고 체계화되는 모습을 보이고 있다. 이러한 결과로 개인들도 믿고 거래하는 풍토가 정착되는 분위기다.

표 1.7 중국 중고차 거래대수 추이

자료: Wind, 유안타증권

중고차 거래와 공유경제 관련 투자 유망분야

환경오염 방지와 교통정체 방지를 위한 정부의 자동차 등록규제는 지속적으로 강화될 전망이다. 이러한 점에서 자동차 공유 및 렌트, 리스 비즈니스의 성장세는 수년간 지속될 것으로 기대된다. 특히 자동차 렌트, 리스 시장 참여업체들이 점차 자본력을 기반으로 대형화, 과점화 추세가 진행되고 있다. 또한 금리인하에 따른 자본조달 비용이 감소됨에 따라 상위 업체 중심의 수혜가 기대된다고 하겠다.

이와 더불어 누적 자동차 수 증가에 따른 A/S 시장 역시 본격적으로 활성화될 것으로 기대되며, 과거 남에게 보여주는 소비를 하던 중국인들이 합리적 소비 마인드를 갖게 됨에 따라, 중고차 매매 시장 역시 본격적인 성장세를 보일 것으로 예상된다.

마찬가지로 의식주 중에 가장 부담이 되는 주택공유 역시 성장세를 지속할 전망이다. 우리나라에서 인기를 끈 정수기와 비데 그리고 안마의자와 같은 가전제품 렌트 비즈니스도 수년 내에 정착할 수 있을 것으로 보인다. 반면 경쟁력이 없는 호텔과 레지던스 등의 숙박시설은 시장에서 입지가 약화될 가능성이 있다. 뜨는 업종이 있으면 지는 업종도 생기게 마련이다.

그리고 이러한 공유경제는 최근 온라인과 모바일 플랫폼을 중심으로 성장하고 있다는 점에서, 다수의 물건과 사용자들을 연결해 줄 수 있는 대형 플랫폼 사업자들의 수혜가 클 것으로 예상된다.

오랜 역사에서 나오는 다양한 스토리의 힘

중국 방송시장과
콘텐츠 제작 현황

선진 방송 콘텐츠 수입으로 자생력 강화

2016년 초 인기를 끌었던 송중기, 송혜교 주연의 한류 드라마 〈태양의 후예〉는 1회당 3억 원 정도의 판권으로 중국 시장에 진출해서 선풍적인 인기를 끌었다. 이에 앞서 2014년 김수현, 전지현이 열연한 〈별에서 온 그대〉는 본격적인 한류 열풍을 이끌며 크게 성공하여, 동영상 사이트 조회수만 40억 건을 기록하는 등 중국 전역에서 절찬리에 방영이 되었다.

드라마뿐만 아니라 예능의 경우에도 SBS의 〈런닝맨〉은 저장위성 TV에서 〈달려라 형제〉로 방송되어 예능 프로그램의 최강자로 떠올랐다. 이와 같은 한류 열풍은 단계별로 진화하고 있는데 초기 한국에서 프로그램을 제작하여 단순히 수출만 하는 것에서 벗어나, 지금은 중국 자본이 우리나라 엔터테인먼트사와 손을 잡고 공동 제작하는 한류 3.0 수준에까지 이르고 있다. 그리고 우리나라 제작진이 직접 중국에 건너가서 한류 노하우로 중국 프로그램 제작에 직접 참여하는 단계까지 변화, 발전하였다.

중국은 방송과 예능 부분에서 늦게 시작하여, 서양과 한국의 기술과 콘텐츠의 도입으로 지금 한창 성장기에 들어섰다. 오랜 중국의 역사와 다양한 스토리, 더불어 막강한 자본력을 바탕으로 중국의 방송시장은 앞으로 눈부신 성장을 이룰 것으로 기대된다. 여기에서는 중국의 미디어 산업과 콘텐츠 제작 현황에 대하여 살펴보도록 하자.

다양한 방송 채널이 존재하는 중국시장

현재 중국에는 단일 중앙 지상파 방송사인 CCTV가 25개의 채널을 보유하고 있다. 전국구로 방송되는 성급 위성방송이 35개 채널, 성급 지상파 방송 및 기타 지역 방송사 180여 개가 4천 개 이상의 채널을 보유하고 있다. 전국 대상의 CCTV나 성급 위성방송의 경우 드라마 및 예능 프로그램을 자체 제작하고 있으며, 성급 지상파 방송과 지역 방송은 지역 뉴스와 예능 프로그램을 주로 송출하고 있다.

최근 한국 드라마와 예능 방송 판권을 많이 수입하는 저장위성TV 및 후난위성TV는 35개의 성급 위성TV 채널 중 일부이며, 동방위성TV는 기타 위성TV 채널로 분류할 수 있다. 인구수에 맞게 이 정도로 많고 다양한 방송채널이 중국에 존재하고 있으며, 중국 사람들은 이런 방송을 보며 여가생활을 보내고 있다.

　2013년 기준으로 중국 유료방송 가입 가구 수는 2억 3천만 가구로, 전체 가구 중 55퍼센트의 비중을 차지하고 있다. 구체적으로 보면 케이블TV에 2억 1천만 가구, IPTV에 1,670만 가구, 위성방송에 300만 가구로 케이블TV 가입 비중이 대부분인 것으로 파악된다. 최근에는 우리나라와 마찬가지로 IPTV 가입자 수가 증가하는 추세이다.

표 1.8 중국 방송시장 규모

자료: Wind, 유안타증권

　한국콘텐츠진흥원 자료에 따르면 중국의 방송시장 규모는 2014년 기준 209억 달러로, 2017년까지 연평균 11.5퍼센트의 성장률을 보이며 300억 달러 규모까지 성장할 것으로 추정된다. 이 중 TV 수신료 시장이 60퍼센트 이상의 점유율을 차지하고 있으며, 통신망 정비사업 및 디지털 방송으로의 전환 등에 따른 수신료 인상 효과로, 2017년에는 수신료 시장 비중이 70퍼센트까지 확대될 것으로 예상된다.

무섭게 성장하는 온라인 동영상 플랫폼

"Youku" "iQiyi" 등으로 대표되는 중국의 온라인 동영상 플랫폼 시장은 2014년에는 전년대비 42퍼센트 성장한 128억 위안(2조 2천억 원) 규모를 보였으며, 2017년에는 366억 위안까지 성장할 것으로 예상된다.

이러한 동영상 플랫폼의 급성장에는 스마트폰 대중화와 4G LTE 가입자 증가 등 인프라 개선이 큰 역할을 하였다. 이와 더불어 동영상 플랫폼들이 광고를 주요 수익원으로 삼고, 국내외 영화와 드라마 그리고 예능 프로그램의 판권을 구매하여 무료 서비스를 제공하고 있기 때문이다.

실제로 2014년 중국 동영상 플랫폼 전체 수익의 75퍼센트가 광고에서 창출되는 것으로 파악되며, 이 비중은 지속적으로 증가할 것으로 예상된다. 최근에는 Youku 등 기존 선두업체 외에 BAT로 대표되는 중국의 대형 ICT 플랫폼인 바이두, 알리바바, 텐센트 그룹이 적극적인 M&A를 바탕으로 시장에 진입 및 사업 확장을 추진하고 있어 경쟁

표 1.9 중국 온라인 영상산업 시장규모

자료: iResearch, 유안타증권

이 매우 치열해지고 있다. 이에 따라 콘텐츠 소싱 역량이 핵심 경쟁우위 요소로 작용하고 있는 상황이다.

킬러 콘텐츠 드라마 제작과 한류 선호

TV 채널 및 동영상 플랫폼에서 수많은 고정 팬들을 거느린 이른바 킬러 콘텐츠는 바로 드라마라고 할 수 있다. 오래전 국내 SBS 드라마 〈모래시계〉 방영 이후 채널 시청률과 인지도, 광고단가 등의 측면에서 킬러 콘텐츠로 방송시장에 안착했다는 점을 감안해 볼 때, 드라마 콘텐츠 경쟁력이 해당 채널의 경쟁력으로 이어지는 경향이 많다. 제작사 입장에서도 음원은 수익성이 낮아 오프라인 공연을 지역별로 성공시켜야 하는 리스크가 있으나, 드라마는 온라인 플랫폼 판매만으로 충분한 수익성을 확보할 수 있다는 장점이 있다.

2014년 기준 중국 드라마 제작시장은 전년 대비 12퍼센트 성장한 85억 위안(1조 4천억 원) 규모를 기록했다. 제작 편수 기준으로는 2001년 9,000회(편당 18회)에서 2012년에는 17,703회(편당 35회)까지 늘어난 것으로 파악된다.

중국 드라마는 100퍼센트 사전 제작되며, 이에 따라 동일한 프로그램을 하루에 여러 번 방영하거나 동시에 여러 채널에서 같이 방영하는 것이 가능하기도 하다. 그러나 채널 경쟁력 강화를 위해 일부 상위 방송사는 독점 프로그램 비중을 확대하기도 하는데, 후난, 장수, 저장, 안후이, 북경위성TV 등은 단독 방송 비율이 확대되는 추세이다. 그만큼 메이저 방송이기 때문이다.

많은 중국인들이 한국인들의 생활을 모던하다고 느끼고 있으며, 이에 따라 한국 드라마 속 주인공들의 삶에 대한 동경과 관심이 확대되고 있다. 이러한 추세가 한류 열풍으로 이어져 중국에 상륙한 한국 문화는 대단한 인기를 끌며 부가가치를 창출하고 있다.

이와 더불어 중국 온라인 동영상 플랫폼 등 뉴미디어 시장이 40퍼센트 이상 고성장하고 있으며, 치열한 경쟁으로 인해 중국 미디어 기업들이 콘텐츠 확보에 경쟁적으로 나서고 있다. 그래서 한류, 그중에서 한국 드라마에 대한 선호도는 당분간 유지될 것으로 예상된다.

〈반지의 제왕〉 〈해리포터 시리즈〉 〈007 시리즈〉 등 오랜 역사에 기반을 둔 다양한 콘텐츠를 보유한 영국과, 자본력을 갖추고 있는 미국의 할리우드 시스템이 만나 글로벌 히트 콘텐츠를 만들어 냈다. 이러한 경우처럼 중국의 역사와 소설이 한국의 드라마와 영화 제작 시스템과 결합할 경우, 경쟁력 있는 영상 콘텐츠 제작이 가능할 것으로 기대된다.

표 1.10 중국 인구 1인당 영화 관람 편수 추이 및 전망

(편)

중국의 인구 1인당 영화관람편수는
2015년 0.9편 → 2020년 2.4편으로 상승 전망

2.4

0.9

0.6

0.06

2003　2005　2007　2009　2011　2013　2015　2017　2019

자료: EntGroup, 유안타증권

규제가 강력한 중국 방송

중국에서 방송 서비스 사업을 하기 위해서는 광전총국의 허가가 필요하며, 외자경영 및 외국기업과의 합작경영은 금지되고 있다. 다만 프로그램 제작사의 경우 49퍼센트 이내에서 합작투자가 가능하기 때문에, 중국 방송사와 국내 콘텐츠 제작사와의 협업이 가능한 상황이다.

편성과 관련된 규제는 더욱 엄격한데, 19~22시까지의 황금시간 대에는 총 광고방송 시간을 18분으로 제한하고 있으며, 드라마와 45분 미만의 프로그램에서는 중간광고가 금지되고 있다. 또한 드라마는 하루 최대 휴일 8편, 평일 6편으로 편수가 제한되며, 19시부터 자정까지 같은 드라마를 3편 이상 편성하는 것 또한 금지되고 있다.

모든 방송 프로그램은 사전 심의를 받아야 하며, 2015년 1월부터 TV 채널뿐만 아니라 인터넷 플랫폼에까지 이 규정을 확대 적용하고 있다. 해외 프로그램의 경우 뉴스와 시사 프로그램 수입이 금지되어 있으며, 해외 영화 및 드라마는 하루 방송시간의 25퍼센트를 초과할 수 없고, 황금시간 편성이 금지된다. 이외에도 TV 채널에 적용되는 해외 프로그램에 대한 규제가 상당수 존재하며, 이에 따라 상대적으로 규제가 적은 온라인 동영상 플랫폼의 성장이 빠르게 이루어지고 있다.

관련 산업 투자 유망분야

모바일 디바이스 보급 확대에 따라 온라인 동영상 플랫폼 침투율이 지속적으로 상승하고 있어, 관련 기업에 대한 관심이 필요할 것으로 판단된다. 특히 자본력에 강점이 있는 플랫폼 위주로 점차 대형화되고 있어 상위 업체들로 점차 시장 재편이 이루어질 것으로 예상된다.

TV 채널 중에서는 가입자가 지속적으로 증가하고 있고 ARPU(가입자당 평균 매출)가 상승하고 있는 케이블 TV 및 위성방송, IPTV 업체에 대한 관심 역시 필요할 것으로 보인다. 결국 플랫폼의 경쟁력은 콘텐츠 소싱 역량이라는 관점에서, 인기 있는 드라마와 영화 그리고 음원 등의 콘텐츠를 제작하고 배급할 수 있는 기업들이 최대 수혜자가 될 것으로 예상된다.

전통 소비종목에 대한 관심이 필요
중국의 강세장이 만드는
자산효과

안정을 찾고 있는 중국 증시

중국 상해종합지수가 2007년 6,000포인트, 2015년 5,000포인트 선에는 미치지 못하지만, 급등락 후 상당기간 바닥을 다지고 안정되는 분위기다. 2014년 상해거래소와 홍콩거래소 교차 매매가 가능한 후강퉁 실시 이후, 중국 증시는 자본 시장 개방에 따른 기대감이 형성되어 있다. 상해지수 폭락으로 패닉에 이르렀던 중국 투자자들은 어느 정도 안정세를 찾고 있으며, 외국인투자자와 기관투자자를 중심으로 우량주식에 대한 투자를 꾸준히 강화하고 있다.

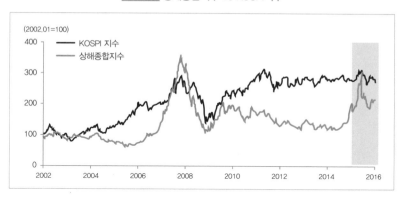

표 1.11 상해종합지수 vs KOSPI지수

(2002.01=100)
— KOSPI 지수
— 상해종합지수

자료: Wind, 유안타증권

이런 와중에 중국의 전통 내수 소비 주식들이 다른 종목에 비해 상
대적으로 상승폭이 큰 모습을 보여주고 있다. 이번 단락에서는 중국
내 소매판매와 관련하여 성장하는 내수분야 중심으로, 중국 증시 상승
에 따른 경제적 효과에 대하여 살펴보도록 하겠다.

증시 상승의 경제 및 사회적 효과

중국 증시의 상승은 크게 세 가지 측면에서 중국경제에 긍정적 영
향을 미치고 있는 것으로 판단된다. 먼저 그동안 전문가들이 지속적
으로 강조해온 국유기업 부채의 자본화 측면이다. 2008년 금융위기
발생 시 4조 위안의 대규모 경기부양책으로 인해 형성된 투자버블과
방만한 경영으로 인하여, 중국 국유기업의 부채비율은 매년 급격하게
상승하였다. 당분간 고정자산투자를 포기할 수 없는 중국 입장에서는
증가하는 부채 문제를 해결할 필요가 있으며, 이에 따라 최근 증시 안

정세를 기회로 주식시장을 통해 자본을 조달하는 기업들이 늘어나고 있다.

실제로 중국기업들은 최근에도 지속적으로 기업 운영 자금을 증시를 통해 조달한 것으로 파악되고 있으며, 향후에도 증시 호황과 IPO(기업공모) 등록제 시행 등을 통해 기업들의 부채를 자본으로 전환하는 작업은 지속될 것으로 예상된다. 이에 따라 자본조달 비용 하락에 따른 이익개선과 재무구조 측면에서의 체질 개선이 기대된다.

이와 더불어 증시 상승은 거래대금, IPO 기업 수 및 M&A 증가, 트레이딩 이익 확대 등을 통해 금융섹터 실적 개선에 기여하고 있다. 실제로 증시 상승 기간 중국의 GDP 성장률을 세부 산업별로 살펴보면, 금융섹터의 성장이 눈에 띄게 증가한 것으로 확인할 수 있다.

또한 증시 상승이 의미 있는 수준으로 나타나게 되면 대부분의 투자자들이 수익을 기록하게 되고, 이에 따른 자산 가격 상승효과가 나

표 1.12 중국 산업별 GDP 증가율 추이

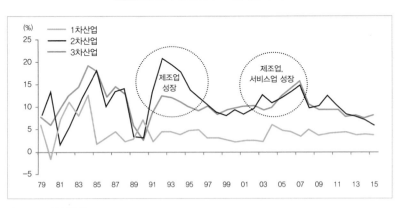

자료: CEIC, 유안타증권

타나게 된다. 주가 상승은 자산 가격 상승효과를 통해 소비확대로 이어진다는 측면에서, 최근 정체 중인 소비증가율이 개선될 가능성이 높을 것으로 판단된다.

부패와의 전쟁도 점점 완화되는 중

증시 상승에 따른 자산효과와 함께 시진핑 주석의 집권 이후, 강도 높게 시행되었던 반부패 정책 수위가 다소 낮아진다는 점도 소비 확대에 긍정적 영향을 줄 것으로 기대된다. 지난 몇 년간 지속되었던 반부패 정책은 정부에서 국유기업까지 확대되었고, 여전히 현재 진행형이지만, 전국인민대표대회에서 부패 척결 보다는 국유기업 개혁과 경기회복에 집중하는 등 반부패 정책의 강도가 다소 낮아졌음을 확인할 수 있다.

중국의 양회(전국인민대표대회, 전국인민정치협상회의) 이후, 반부패 정책의 바로미터로 간주되는 귀주모태주(600519, SH)의 주가 상승이 강하게 나타났다는 점은 이러한 흐름을 반영하고 있는 것으로 판단된다. 부패 척결 수위가 다소 완화됨에 따라 전통적 유통채널과 고급소비재의 매출이 회복될 것으로 기대된다.

주가 상승 시 중국인들의 쇼핑 리스트는?

CLSA 증권의 최근 설문조사 결과에 따르면 중국 증시에 투자한 개인들은 증시 상승을 통해, 부동산, 자동차, 여행 등에 지출을 늘리고

싶어 하는 것으로 나타났다. 특히 주식 수익에 따라 향후 지출을 늘리
겠다고 답한 투자자의 80퍼센트 이상이 여행 관련 지출을 늘리고 싶다
는 의향을 밝혔고, 40퍼센트는 화장품을, 25퍼센트는 명품시계와 핸드
백 등에 지출을 늘리겠다고 응답하였다.

자동차의 경우 아우디, 폭스바겐, BMW, 벤츠 순으로 높은 선호도
를 보였고, 여행의 경우 국내여행에 이어 유럽여행에 대한 수요가 많
은 것으로 파악되었다. IT 기기에서는 애플의 선호도가 압도적으로 높
았으며, 가전제품의 경우에는 하이얼의 인기가 높았다.

HSBC와 같은 일부 투자은행에서는 중국의 낮은 임금상승률이 자
산효과를 상쇄하기 때문에, 자산효과에 따른 소비확대 흐름이 나타나
지 않는다는 분석을 내놓기도 한다. 하지만 자산효과는 주가상승과 어
느 정도의 시차를 두고 나타난다는 점과, 과거 대비 부동산 시장에서

표 1.13 중국 유통업태별 소매판매액 증가율

자료: NBS, 유안타증권

이탈한 투자자의 수와 자산규모가 크게 늘었다는 점 등을 감안하면, 전체 내수시장의 회복 동력은 되지 않더라도 내구재 및 고급소비재, 레저 등의 수요 확대로 이어질 수 있을 것으로 판단된다.

관련 산업 투자 유망분야

내수 소비가 활성화되면 가장 먼저 소매 판매 종목이 수혜를 입는다. 우리나라도 이마트의 경우 불황에서도 꾸준히 성장해왔고, 현대백화점과 신세계 같은 종목은 고급 수요를 기반으로 탄탄하게 성장해왔다. 핵가족과 라이프스타일 변화 그리고 편의성을 기반으로 편의점을 운영하는 기업의 성장이 두드러졌다.

중국의 경우에도 대형 백화점과 소매점 그리고 고급 소비재 생산업체 및 판매업체가 이러한 소비 활성화의 수혜를 입을 것으로 보인다.

5

환상과 모험의 중국 신세계
중국의 테마파크 굴기

아시아 최대 규모의 상해 디즈니랜드 개장

2016년 6월 중국 상해에 위치한 상해 디즈니랜드가 개장했다. 전세계 디즈니랜드 중에서 여섯 번째로 개장했으며, 총 면적 390만 제곱미터(118만 평)는 원조 격인 미국 올랜드 디즈니랜드와 프랑스 파리 디즈니랜드에 이어 세계에서 세 번째로 큰 규모를 자랑한다. 참고로 우리나라의 에버랜드 테마파크의 면적이 30만 평이다.

상해 디즈니랜드는 일본 도쿄 디즈니랜드 규모의 2배 그리고 홍콩 디즈니랜드 규모의 3배에 이르는 아시아 최대 규모로 개장했다. 특히 메인 건물이라고 할 수 있는 디즈니랜드 캐슬은 전 세계 디즈니랜드 건물 중 최고 크기의 위엄을 뽐내고 있다.

표 1.14 세계 디즈니랜드 현황

국 가	지 역	설립 연도	면적(㎢)	입장객 수 (2013, 만 명)
미 국	LA	1955	2.06	2,593
	올랜도	1971	122.28	4,745
일 본	도쿄	1983	2.01	2,593
프랑스	파리	1992	19.51	1,099
중 국	홍콩	2005	1.26	590
	상하이	2016.6	3.9	1,700*

* 2017년 추정치
자료: Walt Disney, 유안타증권

2011년부터 미국 디즈니사와 중국 선디 그룹이 공동으로 출자하여 설립한 상해 디즈니랜드에는 총 건설비용이 55억 달러(6조 원)에 이르는 천문학적 금액이 투자되었다.

오랜 제작 기간과 천문학적인 비용으로 개장 전부터 숱한 기록과 화제를 뿌렸던 상해 디즈니랜드는 중국 테마파크의 상징으로 여겨지고 있으며, 중국 정부에서 중국 내수 진작을 위하여 미국 자본을 끌어와서 짓는 본격적인 테마파크 굴기의 시작으로 볼 수 있다.

테마파크의 대략적인 구성을 살펴보면 센터의 그랜드 오브 이미지네이션을 중심으로 미키 애비뉴, 트레저 코브, 투모로우 랜드, 어드벤처 아일랜드, 판타지 랜드 등 총 여섯 개의 테마파크로 구성이 되어 있다. 이 중에서 특히 트레저 코브는 디즈니의 흥행작이자 조니뎁이 주연으로 출연했던 영화 〈캐리비안의 해적〉을 테마로 제작된 곳으로, 상해 디즈니랜드의 최대 하이라이트로 손꼽히고 있다.

상해 디즈니랜드는 중국 남동부 지역의 핵심 위치에 자리 잡고 있고, 상해 푸동 공항에서 차로 20분 내외로 갈 수 있는 거리로 중국 소비자들은 물론이고 해외 관광객들이 접근하기에 편리하다. 테마파크 안에 디즈니랜드 호텔과 영화 토이스토리 호텔이 있어 관광객들이 편리하게 이용할 수 있다. 또한 인근 지역에 중국 정부의 주도 아래 민박촌을 건설하여 해외 및 자국 관광객들의 수요를 대비하고 있다. 이와 같은 인프라 투자로 벌써부터 상해 디즈니랜드는 그 이름값을 톡톡히 하며 기대에 부응하고 있다.

상해 디즈니랜드는 중국 내수 경기에도 활기를 불러일으키고 있다. 개장 후 1년 안에 1천만 명 이상의 관광객이 방문할 것으로 기대하고 있으며, 천문학적인 부가가치를 창출할 것으로 예상하고 있다. 또한 부가적으로 상해 디즈니 테마파크가 완공되기까지 6년 동안 인근 땅값과 집값이 5배나 상승했을 정도로 주변 지역의 재산가치 상승에도 기여하고 있다. 그리고 디즈니랜드에서 고용하는 2천 명이 넘는 운영 요원과 외부 연기자 등 고용효과도 클 것으로 기대되어, 테마파크 하나가 지역 경제는 물론이고 중국 전체 내수시장 확대에서 큰 역할을 할 것으로 보인다.

중국 정부의 테마파크 건설 목적

상해 디즈니랜드와 같은 테마파크 건설로 인해 창출할 수 있는 부가가치와 관련 투자유망 분야에는 무엇이 있을까? 중국의 테마파크와 관련한 산업을 알아보기로 하자.

중국에는 이미 2010년 이후부터 곳곳에 테마파크가 문을 열고 있다. 이와 관련하여 미국의 저명한 경제지인 〈월스트리트 저널〉에서는 중국 부동산 시장의 화두가 단순 부동산 투자에서 테마파크로 이동하고 있다고 진단했다.

2011년 12월 개장한 중국 최대 부동산 개발기업의 완다 테마파크 외에, 중국 현지에는 베이징의 유니버설 테마파크, 안지의 헬로키티 테마파크, 상해의 드림센터 테마파크, 그리고 이번에 개장한 상해 디즈니랜드 등 60여 개의 테마파크가 건설되었거나 건설 중이다.

중국의 테마파크는 단순 놀이공원이 아니라, 레저와 외식, 문화생활과 쇼핑 등이 한 곳에서 가능한 본격적인 복합 가족형 소비 콤플렉스의 기능을 가진 것이 특징이다. 이는 중산층이 증가함에 따라 테마파크라는 공간 속에서 여가와 소비를 한꺼번에 즐기려는 수요가 확대되고 있기 때문이다. 그동안 일을 하느라 제대로 돈 쓸 시간도 공간도 없었는데, 이렇게 소비할 수 있는 장소가 만들어짐으로써 공급과 수요의 주체끼리 서로 윈윈할 수 있는 장점이 있다.

일본 3대 경제잡지 중 하나인 〈니케이 비즈니스〉는 미국 조사기관 ACOM을 인용해, 2020년 중국이 미국을 제치고 입장객 기준으로 세계 최대의 테마파크 시장이 될 거라고 보도했다. 그만큼 중국은 수요층과 풍부한 내수 자본이 뒤를 받쳐줄 수 있기 때문이다. 이러한 테마파크 건설 붐은 중국 내 중산층 수요 증가와 더불어, 고부가가치 테마파크 사업을 통해, 침체된 중국 부동산 내수 시장을 살리려는 정부의 의

지가 들어가 있다고 하겠다.

상해 디즈니랜드의 부가가치

중국에 건설되었거나 현재 건설 중인 테마파크 중에서 가장 주목을 받는 곳이 상해 디즈니랜드 테마파크다. 상해는 중국 최대의 무역 도시이며, 남동 해안에 위치하여 지리적인 장점도 가지고 있다. 주변 배후 도시에는 수억 명의 인구가 밀집되어 있어 수요층이 탄탄하다고 하겠다.

건설비용만 300억 위안 그리고 부대비용까지 포함하면 총 3,000억 위안이 들어간, 만리장성의 뒤를 있는 중국의 글로벌 랜드마크 건물이 등장하는 것이다. 원래 2015년에 개장하려고 했지만 공사 지연 외에도 규모를 확충하는 과정에서, 더 크고 웅장하게 짓기 위해 공사 기간이 1년 가까이 늦어졌다고 할 정도다.

중국 경제 전문가들은 상해 디즈니랜드 테마파크에 대하여 향후 예상되는 부가가치 규모를 산출해서 내놓고 있다. 2016년 개장 이후 연간 1,200만 명 이상의 국내외 관광객 유치가 가능할 것으로 전망하고 있으며, 매년 300만 명씩 증가세를 보일 것으로 기대하고 있다.

1인당 400위안의 입장료를 가정하면 연간 480억 위안(8조 2천억 원) 이상의 입장료 수익을 거둘 수 있는 규모이다. 이 금액에는 테마파크 내 식료품 소비 비용과 관광용품 구입비용은 계산하지 않았다. 여기에 리조트 이용이나 민박촌 이용 그리고 주변 상가의 식당 이용 및 교통 이

용료까지 포함하면 경제적 효과는 이보다 더 클 것으로 기대된다. 실로 상해 디즈니랜드가 창출하는 내수 부가가치는 어마어마하다고 하겠다.

추가적으로 상해의 인지도 향상과 문화적 위상이 높아짐에 따라, 2010년 2억, 2012년 2억 5천만, 2015년 3억 명으로 집계된 상해 방문 관광객 수는 앞으로 지속적으로 증가할 것으로 기대된다.

상해 관광객 증가는 소비확대의 효과와 더불어 장강삼각주(상해-장수성 남쪽 지역-저장성 북쪽 지역) 지역의 관광산업 성장에도 기여할 것으로 기대하고 있다. 이러한 긍정적 경제효과는 2010년 상해 엑스포의 단기적 효과와는 달리, 앞으로 안정적이고 장기적으로 지속될 것으로 판단된다. 우리나라도 대전 과학 엑스포장이나 여수 해양 엑스포 공원에 가면 제대로 활용되지 못하는 인프라를 볼 수 있지만, 전국의 테마파크에는 지속적으로 관광객들이 몰리며 변화 발전하고 있는 것을 볼 수 있다.

테마파크는 입지가 가장 중요한데 상해 디즈니랜드는 중국에서 가장 수요 인구가 많은 곳에 위치하고 있기 때문에, 중국 중산층 증가와 여가생활의 확대와 맞물려 향후 폭발적으로 수요가 증가할 것으로 기대된다. 머지않아 미국 올랜도와 프랑스 파리의 디즈니랜드를 넘어서는 세계 No.1 디즈니랜드가 될 것이라고 전문가들은 진단하고 있다.

관련 산업 투자유망 분야

상해 디즈니랜드가 개장한 후 항공 등 대중교통 이용량이 급증할 것으로 예상되고 있다. 중국 동방항공 그룹의 마쉬룬 대표는 상해 디즈니랜드 개장 이후 2016년부터 2018년까지 각각 92만, 138만, 198만 명의 승객 유치를 추정하고 있다. 그래서 더 많은 수익을 창출하기 위하여 항공기 주문과 재배치, 항공노선 네트워크 구축 등을 검토하고 있다고 언급했다.

관광객 증가에 따른 공항 및 대중교통 이용자 수 증가와 더불어, 호텔 및 레저시설의 수요 역시 크게 증가할 것으로 기대된다. 그리고 쇼핑객 증가로 인한 소비 확대에 따른 유통산업 역시 수혜가 기대된다고 하겠다.

실제로 과거 홍콩 디즈니랜드가 설립된 2006년 이후 심천 지역의 관광레저 문화산업단지의 개발이 활발해졌으며, 관광객 수 역시 10퍼센트 증가한 것으로 집계되었다. 중장기적으로는 캐릭터 및 브랜드를 활용한 광고 및 미디어 산업의 수혜도 예상된다고 하겠다.

홍콩 디즈니랜드 관련 주가 상승 기업

과거 개장한 홍콩 디즈니랜드 개장 수혜주는 개장 시점인 2005년 9월의 2년 정도 이전인 2003년 9월부터 상승세를 보이기 시작했다. 특히 1년 전인 2004년 9월부터 2005년 3월까지 6개월 동안 평균 46퍼센트의 상승률을 기록하였다.

상해 디즈니랜드는 홍콩 디즈니랜드의 3배 규모이며, 또한 추가적인 투자도 예상되기 때문에 관련주의 수혜는 과거 대비 더 클 것으로 예상된다. 상해 디즈니랜드 관련하여 동반 성장이 예상되는 우량 주식에 투자를 한다면 다른 종목 대비 상승률이 클 것으로 예상된다.

6

중국 축구의 봄은 오는가?
중국의 축구공정과
스포츠 복권 사업

소림사 축구는 왜 월드컵에서 통하지 못할까?

브라질 월드컵이 열린 2014년 6월 미국의 시사주간지 〈타임〉은 "월드컵 미스테리 – 중국은 왜 축구를 지독히도 못할까?"라는 기사를 통해 중국의 축구 수준이 뒤떨어지는 원인을 분석했다. 기사에 따르면 중국은 소비에트 스타일의 훈련을 바탕으로 대형 국제 스포츠 대회에서 두각을 나타냈으며, 2008년 베이징 올림픽에서는 미국을 제치고 1위를 차지하기도 했다. 하지만 축구에서만큼은 지난 2002년 어부지리로 출전한 한일 월드컵이 유일한 본선 진출 대회라며 국제 수준과 거리가 있다는 점을 지적하고 있다.

그리고 이러한 부진 이유에 대해 지나치게 엘리트 체육을 강조하는 분위기 탓에 축구를 어려서부터 즐길 수 있는 환경이 조성되어 있지 않다는 점과, 자국 프로축구 리그의 승부조작 및 뇌물 등 부정부패 문제를 지적했다.

이러한 상황을 인식한 중국 정부는 2016년 3월 "중국 축구 개혁 종합방안"을 발표하고 총 50가지의 개혁조치 방안을 제시했다. 특히 시진핑 주석이 축구 관련 본인의 3가지 소원이 '월드컵 본선진출', '월드컵 개최', '월드컵 우승'을 꼽을 만큼 소문난 축구광이라는 점에서, 중국의 이번 축구 개혁안은 탄력을 받을 것으로 기대되는 상황이다. 이와 더불어 축구를 중심으로 중국의 스포츠 관련 산업에 대하여 알아보기로 하자.

표 1.15 중국 GDP 중 스포츠산업 비중

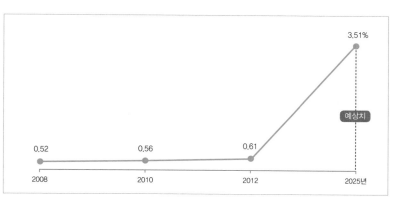

자료: 중국국가체육총국, 유안타증권

축구로 세계를 향해 일어서는 축구굴기

"중국 축구 개혁 종합방안"은 축구 산업 발전을 위한 축구 클럽 관리제도, 축구 산업 투자, 축구장 증설, 각계 자본 투자 유치 등 전반적으로 긍정적인 내용을 담고 있다.

구체적으로는 2017년까지 전국적으로 2만여 개의 초, 중학교를 축구특색학교로 선정하여 새싹부터 세계적인 축구 인재로 양성하겠다는 것이다. 또한 200여 개의 대학 축구팀 창단, 30여 개의 학교 축구 시범 구/현을 선정하여 학교축구를 육성한다는 것이다. 또한 중국축구협회를 체육총국으로부터 분리해서 운영하고, 프로리그 이사회를 만들어 중국 슈퍼리그를 운영한다는 내용을 담고 있다.

중화인민공화국 건국 이래 중국 정부가 이와 같은 대규모 축구 발전 계획을 발표한 것은 처음으로, 축구 강국으로 거듭나기 위한 의지를 표명한 것으로 해석할 수 있으며, 중국이 세계 최고로 일어서는 중국 굴기의 축구 버전이라고 할 수 있다.

최근에는 시진핑 주석이 추진하고 있는 스포츠 육성정책에 부응이라도 하려는 듯 축구를 중심으로 중국 대표기업들의 스포츠 시장 진출이 이어지고 있다.

중국 최대 부동산 개발기업인 완다그룹은 2015년 2월 4,500만 유로(550억 원)를 들여 스페인 프로축구 아틀렌티코 마드리드의 지분 20퍼센트를 매입하였다. 이어 3월에는 월드컵축구 중계권 독점판매업체인 '인프런트 스포츠 앤드 미디어 AG'를 11억 9천만 달러(1조 3천억 원)에 인수하겠다는 계획을 발표하기도 했다. 2016년 6월에는 중국 가전업체인 쑤닝그룹이 이탈리아의 명문 프로축구 구단인 인터밀란을 인수하기도 했다. 또한 영국의 오랜 명문 리버풀도 인수를 타진할 정도로 막강한 자본을 바탕으로, 유럽의 오랜 전통을 가진 명문 구단을 통째로 인수하고 있다.

중국 최대 전자상거래업체인 알리바바 또한 2014년 6월 중국 명문 축구구단인 '광저우 헝다(광저우 에버그란데)' 지분 50퍼센트를 1억 9,200만 달러에 인수하였다. 이때 알리바바 마윈 회장은 광저우 헝다의 인수결정을 15분만에 내린 것으로 알려졌다. 이는 투자기회 포착에 안목이 있는 마윈 회장 역시 스포츠 산업을 매력적인 투자처로 보고 있음을 보여주는 사례라고 하겠다.

최근에는 중국 무술의 본산지이자 9개의 무술학교를 거느린 대기업 소림사少林寺까지 축구굴기에 나섰다. 허난성 쑹산 사찰 부근에 330만 제곱미터(100만 평) 규모의 축구 단지를 조성하고, 무술 훈련생 1,000여 명 중 40명을 엄선해 '중국판 메시'를 배출한다는 계획이다.

스포츠를 투자 유망 산업으로 육성

최근 중국은 축구뿐만 아니라 다양한 스포츠를 산업 관점으로 이해하기 시작하면서 관련 육성책을 지속적으로 발표하고 있다. 중국 정부는 "스포츠 산업 육성을 통한 스포츠 소비촉진 방안"을 발표했는데, 이는 중국 경제 발전에서 스포츠 산업의 비중을 확대한다는 의미이다.

중국은 최근 수년간 소득수준 향상에 따라 건강에 대한 관심 및 레저 수요 증가로, 스포츠에 대한 관심이 지속적으로 높아지고 있는 추세다. 스포츠는 티켓판매와 경기중계권 그리고 스포츠 용품에서부터 관광과 광고 및 스폰서 유치 등 파급효과가 큰 고부가가치 산업이라는 점에서, 중국 정부 역시 적극적으로 지원 정책을 펼칠 것으로 전망된다.

전문가들은 중국 스포츠산업이 2020년까지 연평균 25퍼센트의 성장률을 보일 것으로 추정하고 있으며, 그 규모는 2020년 2조 위안, 2025년 5조 위안(850조 원)일 것으로 예상하고 있다. 그리고 그중 축구 산업은 2025년 2조 위안 규모로 가장 큰 비중을 차지할 것으로 보인다. 이러한 대규모 투자에 필요한 재원 중 상당부분은 축구 복권을 통해 조달될 것으로 예상된다. 장젠 중국축구관리센터 주임은 매년 중앙 복권공익금의 일부를 중국 축구 발전과 중국 축구 발전 기금화에 사용하겠다고 언급했다. 또한 청소년 축구 인재양성 및 축구 공익활동에

표 1.16 중국 스포츠산업 시장규모

연복합성장률 24.59%

자료: 중국국가체육총국, 유안타증권

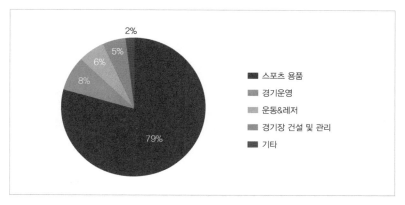

표 1.17 중국 스포츠산업 시장 구성

- 스포츠 용품
- 경기운영
- 운동&레저
- 경기장 건설 및 관리
- 기타

2%
5%
6%
8%
79%

자료: Wind, 유안타증권

사용할 계획이라는 점을 강조하여, 앞으로 중국 프로축구 복권 발행도 계획하고 있다고 발표했다.

중국 복권 시장의 규모와 성장 잠재력

이처럼 중국에서는 정부 사업의 재원조달과 마케팅의 수단으로 복권이 가장 효과적으로 사용되고 있다. 중국인들의 복권사랑은 예로부터 유명한데, 현대 중국 복권의 기원은 중화인민공화국이 설립된 이후 1987년에 시작되었다. 이후 지속적인 성장을 보인 중국 복권시장은 2015년 말 기준으로 3,700억 위안(63조 원) 규모를 자랑하고 있다. 우리나라의 복권 매출규모가 3조 6천억 원이라는 점을 감안하면 엄청난 규모라는 것을 알 수 있다.

그럼에도 불구하고 중국인의 1인당 복권 소비액은 글로벌 20위권

에도 들지 못하고 있다. GDP 대비 복권 수익 비중 역시 선진국의 2~3
퍼센트 대비 훨씬 낮은 0.4~0.5퍼센트 수준에 불과하다는 점에서, 중
국의 복권 시장 성장 잠재력은 여전히 높은 것으로 판단된다.

스포츠 산업 성장에 따라 스포츠 복권이 최근 3년간 20퍼센트 이상
의 고성장을 보이고 있다. 이와 더불어 스마트폰 대중화에 따라 모바
일 복권 판매 비중이 30퍼센트 수준까지 급격한 성장을 보일 것으로
전망된다. 실제로 2014년 중국 인터넷 복권 판매규모는 전년대비 2배
이상 성장한 것으로 나타났다. 시장 초기 업체 난립으로 인한 불법행
위 등의 부작용이 상당부분 해소되고, 구조조정이 마무리되고 있어 앞
으로 성장 가능성이 더욱 높다고 하겠다.

표 1.18 중국 스포츠 복권 판매액 추이

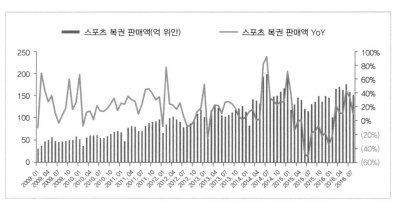

자료: Wind, 유안타증권

스포츠 산업관련 투자유망 분야

스포츠 산업 육성을 위해서는 관련 재원 조달이 필수적이며, 이러한 관점에서 민간기업의 투자유치와 함께 스포츠 복권 사업의 중요성은 지속적으로 확대될 것으로 판단된다. 이에 따라 최근 고성장하고 있는 스포츠 복권의 성장세는 당분간 유지될 것으로 기대된다. 특히 모바일 복권의 성장세는 상대적으로 더욱 높을 것으로 전망되고 있다.

이와 더불어 과거 국내 스포츠 관련 산업의 발전 단계를 볼 때, 엘리트체육에서 다양한 부문의 국민생활체육으로 확산되는 과정을 경험하였다. 이에 의류와 신발, 자전거, 레저용품 등 스포츠 관련 용품에 대한 수요 역시 증가할 것으로 예상됨에 따라 관련 기업에 대한 관심이 필요하다고 하겠다.

표 1.19 한국과 중국의 소득국면 비교

소득	국면	한국	중국
1000달러 이하	1	1974년	1994년
8000달러 전후	2	1990년	2014년
15000달러 전후	3	2001년	2020년(예상)
28000달러 전후	4	2015년	2030년(예상)

자료: Wind, 유안타증권

7

상해모터쇼를 통해 살펴보는
중국 자동차 산업의
트렌드

글로벌 완성차의 각축장이 된 상해모터쇼

상해모터쇼는 중국 최대의 모터쇼로, 글로벌 자동차 업체에서 최근의 자동차 트렌드를 선보인다는 점에서 기대가 되는 이벤트다.

사실 상해모터쇼는 제네바, 프랑크푸르트, 파리, 디트로이트 모터쇼와 같이 세계 주요 모터쇼에 속하지 못할 뿐만 아니라, 세계자동차산업협회OICA의 공식 모터쇼로 인정은 받지 못하고 있다. 하지만 모터쇼 규모와 현재 글로벌 시장에서 중국이 갖는 위상을 감안한다면, 그 중요성 측면에서는 세계 최대의 모터쇼라 할 수 있을 것이다. 2년마다 열리는 상해모터쇼는 베이징모터쇼와 함께 중국 양대 모터쇼로 인정받고 있으며 아시아 최대의 모터쇼이다.

실제로 2015년 상해모터쇼는 2013년 28만 제곱미터의 전시공간을 35만 제곱미터 이상으로 확장했다. 이는 축구장 50개 정도의 크기로, 서울모터쇼의 전시공간이 10만 제곱미터를 넘지 않았다는 점을 감안한다면 엄청난 규모임을 알 수 있다.

이와 더불어 총 18개국에서 2,000여 개의 완성차 및 부품업체가 참가하였으며, 전시차량은 총 1,500여 대로 세계 최초로 선보이는 프리미어 모델만 100여 대가 넘었다. 세계 최대 자동차시장의 심장부에서 열린 총성 없는 전쟁터, 상해모터쇼를 살펴봄으로써 중국 자동차산업의 현황과 변화에 대해 알아보기로 하자. 중국이 세계 자동차시장의 중심으로 부상한 마당에 상해모터쇼에서 세계 자동차 시장의 트렌드까지 알 수 있을 것이다.

성장 잠재력이 높은 중국 자동차시장

2013년 중국은 단일 국가 최초로 연간 자동차 생산과 판매 모두 2,000만 대를 돌파하며 세계 최대의 자동차시장으로 성장하였다. 이후 꾸준한 증가세로 선두 자리를 놓치지 않고 그 격차를 더욱 벌리고 있다.

자동차 보급대수는 인구 천 명당 81대로 글로벌 평균 158대에 크게 못 미치는 상황으로, 글로벌 평균 수준으로 자동차가 보급된다고 가정하면, 중국의 자동차는 현재 누적 판매량 1억 대의 2배 이상인 2억 5백만 대가 굴러다녀야 할 것이다. 이에 따라 각종 리서치 기관에서는

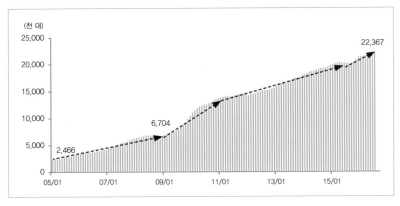

표 1.20 중국 자동차판매 추이

자료: Wind, 유안타증권

2020년까지 글로벌 자동차시장의 핵심 성장 동력으로 중국시장을 꼽고 있으며, 글로벌 자동차 관련 기업들 역시 모두 중국시장을 최우선 순위로 생산과 마케팅에 집중하고 있다.

　최근 중국의 자동차시장은 경기둔화에도 불구하고, 글로벌 자동차시장 성장률 3~4퍼센트보다 높은 7~8퍼센트의 견조한 성장을 유지할 것으로 예상된다. 경기에 민감한 상용차 부문은 부진할 것으로 보이나, 승용차 부문의 경우 생애 첫차 구입Motorization이 진행되고 있기 때문에 이러한 견조한 성장세는 당분간 지속될 것으로 전망된다.

　특히 상하이, 베이징 등 동부 연안 지역의 시장 성숙기 진입 우려가 대두되는 반면, 지역별 소득격차 탓에 내륙인 중서부 지역은 이제 본격적으로 구매력이 확대되고 있는 실정이다. 그래서 중국 서부 지역은 이제 인프라 확충 등의 제반 여건이 갖추어지고 신차 구매 시기가 도래했다는 점에서 성장 잠재력이 높은 것으로 판단된다.

최근 글로벌 자동차 트렌드, 친환경과 레저

"친환경"이라는 키워드는 대기오염 문제가 특히 심각한 중국에서는 중요한 컨셉일 수밖에 없다. 중국 국제무역추진위원회에 따르면 2015년 중국의 신재생에너지 자동차 판매량은 30만 대를 돌파하여 전년대비 3.4배 증가한 것으로 나타났다. 이와 더불어 정부는 보조금 정책을 통해 순수전기버스 도입을 적극적으로 추진하고 있다.

그러나 아직까지 친환경 차량은 높은 기술 수준을 요구하기 때문에, 중국 업체 보다는 글로벌 선도업체들이 앞서 있는 것으로 판단된다. 이번 모터쇼에서 테슬라, 도요타, 르노, 폭스바겐, 쉐보레 등 전통 강자들이 하이브리드카와 전기차, 수소차 등 친환경 풀 라인업을 선보였으며, BYD를 비롯한 대부분의 중국 로컬업체 역시 하이브리드카와 전기차 라인업을 앞줄에 선보였다.

예년에 이어 최근에도 SUV와 미니밴 등 실용적인 다용도 레저 차량의 인기는 여전했다. 중국자동차공업협회에 따르면 SUV와 MPV(다목적차량)의 판매 강세가 이어지면서, 각각 전년대비 25퍼센트와 35퍼센트의 판매가 증가할 것으로 예상된다. 우리나라의 경우 모터리제이션(Motorization, 자동차가 사회생활 속에 밀접하게 관련되어 광범위하게 보급된 현상)이 마무리 되고 소득수준이 증가하면서 레저에 대한 관심 증가로 SUV 수요가 증가했으나, 중국의 경우 모터리제이션과 SUV 시장 성장이 동시에 나타나는 모습을 보이고 있다. 중국에서 SUV가 특히 인기를 끄는 이유는, 저렴한 가격과 큰 차를 선호하는 국민성 그리고 비포장도로에서의 활용성 때문인 것으로 파악된다.

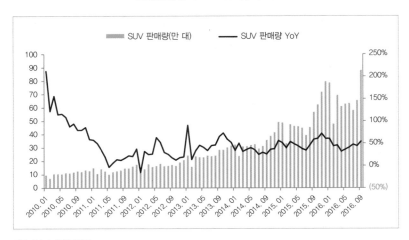

표 1.21 중국 SUV 판매량 추이

자료: Wind, 유안타증권

중국 현지 업체의 도전과 반격

글로벌 수준의 디자인과 기술력 그리고 저렴한 가격을 무기로 내세운 중국 로컬업체들의 SUV 시장 집중 공략이 앞으로 SUV 시장 성장의 주요 촉매제가 될 전망이다. 최근 중국 로컬업체가 출시한 SUV 신모델 종류는 수입차의 2배 이상에 달하며, 중국산 SUV 베스트셀링 모델 평균 가격은 수입 SUV 인기 모델에 비해 2분의 1 수준이다. 그래서 중국이 경기둔화에 접어든 상황에서 첫 차 구매자들에게 저렴한 가격은 충분히 경쟁력이 있을 것으로 보인다. 이에 따라 로컬업체의 전체 시장점유율은 40퍼센트 아래에 머물고 있으나, SUV 시장만큼은 45퍼센트 가까운 점유율로 격차가 많이 좁혀진 실정이다.

이번 모터쇼에서 중국 장성자동차는 글로벌 수준의 디자인을 앞세

운 신차를 출시해 주목을 받았으며, 중경장안자동차는 디자인 완성도
가 높은 중형 SUV와 승용 컨셉카를 출시했다. 길리자동차는 우리나라
현대차의 성장전략을 벤치마킹하여 최신사양의 옵션을 갖추고 가격
경쟁력으로 승부하면서, 한편으로는 패밀리 디자인 통일성을 추구하
고 있다.

중국 로컬업체들은 디자인과 기술력 향상을 위해서는 모방도 가능
하다는 개방적인 사고방식, 정부의 제도적 지원, 풍부한 자금력을 통
한 M&A 가능성 그리고 가격경쟁력을 바탕으로 꾸준히 점유율을 확대
하고 브랜드 이미지 개선에 나서고 있어서, 중국 본토 시장에서 글로
벌 업체와의 경쟁이 심화될 것으로 예상된다.

중국 소비자들의 취향과 트렌드 변화

이번 모터쇼에서는 로컬업체의 성장과 더불어 한편으로는 유럽업
체들의 위상 확대가 지속되고 있음을 확인할 수 있다. 중국은 원래 미
국과 일본 및 한국 자동차 업체가 수입시장에서 강세를 보여 왔지만,
최근 유럽업체들의 진출이 거세지고 있다. 이것은 중국 소비자들의
취향이 다양해졌고 유럽의 고급차에 대한 동경이 한몫 했다고 볼 수
있다.

현재 중국 자동차시장의 고급차 판매량은 전체 판매량의 9퍼센트
를 차지하고 있는데, 이 중에서 꾸준히 고급차 판매량의 30퍼센트 이
상 점유율을 보이는 아우디가 가장 많은 판매량을 보이고 있으며,
BMW와 벤츠가 그 뒤를 잇는 것으로 파악된다. 전통적 강자인 폭스바

겐과 고급자동차 브랜드인 BMW, 벤츠, 아우디 외에도, 최근에는 길리 자동차가 인수한 볼보와 동펑그룹이 일부 지분 참여한 푸조시트로앵의 중국 내 위상이 빠르게 향상되는 것으로 파악된다. 특히 이들 업체는 기술 이전과 플랫폼 및 디자인 공유 등을 통해, 중국 로컬업체들의 경쟁력 향상에 기여하는 것으로 판단된다.

최근 중국에서는 서구 문화와 IT기술에 익숙한 8090세대가 주력 자동차 소비층으로 부상하면서, 자동차산업에서도 온라인 유통채널의 중요성이 확대되는 모습이다. 전통적으로 신차 판매는 제조사와 오프라인 딜러 그리고 소비자의 경로로 이루어져 왔으나, 최근에는 구매 편리성과 가격 투명성이 높은 온라인 채널을 통한 구매 비중이 점차 커지고 있다.

이러한 흐름에 따라 중국 최대 온라인 판매기업인 징동닷컴과 텐센트가 13억 달러를 투자하여 "이처왕"이라는 온라인 자동차 판매회사를 설립하고 본격적으로 온라인 자동차판매 시장에 진출하였다.

치열해지는 자동차 시장 경쟁

대부분의 글로벌 완성차 기업들이 중국 내 증설을 계획하고 있어 앞으로 더욱 치열한 경쟁이 예상된다. 주요업체들의 계획을 살펴보면 폭스바겐은 2018년까지 중국 내 400만 대 생산을 목표로 삼고 있으며, 차종도 70여 개에서 90여 개로 확대할 것으로 보인다. GM은 중국 내 생산능력을 500만 대까지 확대할 계획이며, 이를 위해 총 110억 달러를 투자할 것으로 보인다. 포드의 경우에는 향후 2년 내 중국 생산능력을 120만 대 수준으로 확대하고, 2020년에는 전 세계 판매량 중 40퍼센트를 중국에서 달성한다는 목표를 설정하였다.

일본 도요타는 2015년부터 하이브리드 자동차의 동력시스템과 완성차를 중국에서 생산하고 있다. 우리나라의 현대기아차 그룹도 허베이성과 충칭시에 생산시설을 증설 중이며, SUV 시장 공략을 통해 판매 목표를 상향하고 있다.

점차 심화되는 경쟁구도 속에서 중국 정부는 고마진을 누리고 있는 외국산 자동차에 대해 다양한 수단을 통해 가격인하를 유도하고 있는 상황이다. 지속되는 대규모 설비투자 속에서 정작 가동률은 공급과잉에 따라 점차 낮아지는 상황에 놓여있어, 본격적인 옥석가리기 단계가 나타날 것으로 예상된다.

8

5년 만에 다시 찾아온 엘니뇨
엘니뇨는 중국에
어떤 영향을 주는가?

기상이변의 원인이 되는 엘니뇨현상

적도 부근의 바닷물 수온이 올라가는 현상을 엘니뇨현상이라고 한다. 이 현상으로 인해 지구온난화 같은 기상이변이 발생하여 전 세계 자연과 환경에 큰 영향을 미친다. 국제기후연구소IRI는 최근 엘니뇨 발생 확률을 90퍼센트 중반 이상으로 상향 조정하였다. 이어 IRI는 하반기로 갈수록 엘니뇨 강도가 점차 높아질 것으로 전망하였다.

통상 "약하거나 중간Weak-Moderate" 수준의 엘니뇨 상황에서는 농산물 작황 피해가 제한적이지만, 이미 엘니뇨가 시작된 만큼 언제든지 기상이변은 발생할 수 있다는 점에 주목해야 한다. 우리나라의 경우 장마철에 엘니뇨현상 때문에 장마 전선이 북상하지 못하면서 최악의 가뭄을 겪기도 했다.

이처럼 2009년 여름부터 2010년 봄까지 진행된 전 세계 최악의 엘니뇨가 다시 등장하여 글로벌 이상기후를 만들기 시작하는 것으로 보인다. 이에 따라 엘니뇨가 중국의 농업과 식량안보에 어떠한 영향을 줄 것인지 알아보도록 하겠다.

전 세계 엘니뇨현상의 영향

엘니뇨의 정의는 태평양 한가운데 해수면 수온이 평년 대비 섭씨 0.5도 높은 기간이 5개월 지속되는 것이다. 현재 이 지역 수온의 평년 대비 차이를 나타내는 엘니뇨 지수는 0.5를 상회함에 따라, 이미 엘니뇨가 시작되었음을 보여주고 있다.

엘니뇨가 발생하면 서태평양 지역은 온도가 낮아지고 강수량이 감소한다. 반면 동태평양 지역은 기온이 상승하고 강수량이 증가한다. 이러한 기후 변화는 인도와 호주에서 특히 뚜렷하게 나타나는데, 호주와 동남아시아 지역에서는 가뭄이 발생하고, 남미에는 강수량이 증가하는 모습을 보인다.

엘니뇨는 3~5년 마다 주기적으로 나타나고 있으며, 보통 2년에 걸쳐 나타나게 된다. 엘니뇨 지수는 보통 1차 연도에 상승했다가 2차 연도에는 하락하는 모습을 보이는데, 과거 추세와 비교 시 최근은 엘니뇨 2차 연도인 것으로 판단된다.

표 1.22 엘니뇨 지수 추이

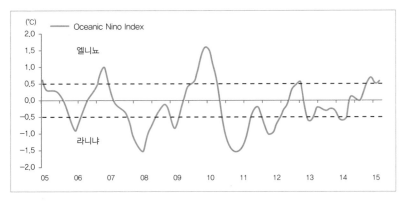

자료: NOAA, 유안타증권

엘니뇨와 곡물가격의 상관관계

최근 엘니뇨를 제외하면 1995년 이후 총 다섯 차례의 엘니뇨가 발생한 것으로 파악된다. 그러나 언론보도나 흔히 알고 있는 상식과는 달리 엘니뇨 발생 기간 동안 곡물가격 추이는 일관된 움직임을 보이지 않았다.

밀, 콩, 옥수수를 기준으로 보았을 때 다섯 번의 엘니뇨 발생기간 중 두 번만 농산물 가격이 상승하였고, 세 번은 오히려 가격이 하락하였다. 특히 가장 강력한 엘니뇨가 발생했던 1997~1998년에는 농산물 가격이 20퍼센트 하락하기도 하였다.

농산물 가격이 크게 상승하면서 애그플레이션이라는 신조어까지 등장했던 2006~2007년 시기에는 엘니뇨보다 미국의 바이오디젤, 바이오에탄올과 같은 신재생에너지 정책에 의한 수요증대가 가격상승에

더 큰 영향을 준 것으로 보인다.

수급으로도 엘니뇨가 발생하는 여름은 북반구의 옥수수, 콩과 같은 작물의 수확기라는 점에서 엘니뇨 영향은 제한적이다. 기후변화의 영향을 따져보더라도 동남아시아 지역의 가뭄으로 인하여 쌀 작황이 부진할 가능성이 있으나, 쌀의 경우 주요 수요국의 자급률이 높다는 점에서 그 영향이 제한적이다.

남미의 경우 건기에 강수량이 증가한다는 점에서 커피 등의 작황 호조로 이어질 가능성이 높다. 다만 세계 4위의 소맥 수출국인 호주의 가뭄은 소맥 가격 상승으로 이어질 수 있다는 점에서 관심을 가져야 할 것으로 판단된다.

높은 곡물 자급률로 중국은 영향이 제한적

전통적으로 중국은 넓은 평야와 풍부한 물을 보유한 지리적 이점을 확보하고 있기 때문에, 다른 몬순 아시아 국가들과 마찬가지로 쌀농사를 국가적 차원으로 독려해왔다. 쌀은 옥수수와 밀과는 달리 맛과 풍미가 좋으면서 탈곡만 하면 바로 먹을 수 있다는 장점이 있으며, 칼로리가 높으면서 단위 면적당 생산력 또한 높다는 장점을 가지고 있다.

특히 이모작, 삼모작까지 가능하다는 점에서 같은 면적에서 재배할 경우 밀에 비해 3배 이상의 인구 부양이 가능하다. 강수량이 적은 일부 지역에서는 밀농사를 지었지만 쌀이라는 자원이 있었기 때문에, 18세기까지 중국과 인도가 전 세계 인구와 경제력의 절반을 차지할 수 있었던 것으로 판단된다.

그러나 중국에서는 1958년부터 1960년대 초반까지 기간 동안, 중화학공업을 집중 육성하는 경제부흥운동인 마오쩌둥의 대약진운동이 실패했다. 그 영향으로 농촌의 노동력 감소와 이에 따른 생산력 감소로 대규모 기아사태를 불러일으킨 역사가 있다. 이러한 혹독한 경험 때문에 곡물 생산량 증대는 중국 정부의 중점과제가 되었고, 곡물 자급률 95퍼센트 유지는 불변의 정책목표로 자리 잡게 되었다.

정부의 식량안보 집중 정책과 11년간 연속된 풍작에 따라 최근 중국의 곡물 자급률은 상당히 양호한 상황으로 파악된다. 이와 더불어 서구식 식습관과 다이어트 등 건강을 중요시 하는 트렌드의 확산과 먹거리 다양화 등에 따라, 곡물 수요가 둔화되고 있다는 점 또한 곡물 자급률을 유지할 수 있는 요인 중 하나인 것으로 보인다.

실제로 중국과학원 분석에 따르면 2004년 76킬로그램인 1인당 쌀 소비량은 2020년 66킬로그램으로 감소할 것으로 예상되며, 2030년에는 57킬로그램까지 낮아질 전망이다. 반면 쌀 자급률은 2004년 101퍼센트에서 2020년 102퍼센트, 2030년 104퍼센트로 경작면적 감소에도 불구하고 품질개종 및 신 영농법 개발과 기계화로 인해 지속적으로 상승할 것으로 예상된다.

엘니뇨 발생 시 동남아시아와 호주의 가뭄으로 작황 부진이 우려되는 쌀, 밀, 옥수수와 같은 곡물의 자급률이 높다는 측면에서, 중국이 엘니뇨를 통해 받는 영향은 제한적일 것으로 판단된다.

글로벌 농지를 매입하고 있는 중국

그러나 이러한 양적 성과는 과다한 화학비료 투입과 환경오염, 농업자원 고갈이라는 문제를 야기하고 있다. 이에 따라 중국정부는 2015년 2월 중안1호 문건 "개혁 혁신 강화 및 농업 현대화 건설 가속화에 대한 의견"을 통해, 곡물 수급 보장과 농산물 식품안전 관리감독 강화 및 환경문제와 농민소득 증대 방안을 언급하였다.

중국 농업부에서는 중장기적으로 식품 안전성을 향상시키고, 환경문제를 개선하기 위해 농약과 화학비료 투입증가율을 연평균 1퍼센트 이하로 억제한다는 방침이다. 이와 더불어 곡물 목표자급률을 85퍼센트로 하향 조정할 것을 검토하고 있는 것으로 알려졌다. 곡물 자급률 하향 조정은 해외시장 의존도를 높인다는 것이다.

표 1.23 중국의 곡물 수입량 추이

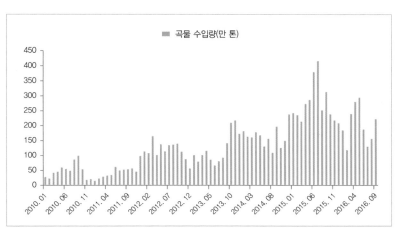

자료: Wind, 유안타증권

중국은 2008년 농수산물 순수입국으로 전환한 이래 수입액이 꾸준히 증가하여, 농수산물 수입규모는 100조원을 넘어서는 것으로 파악된다. 특히 소득수준 향상에 따른 고급 식자재 선호와 중국산 식품에 대한 불신 분위기에 따라, 유기농 농산물의 수입이 지속적으로 증가할 것으로 예상된다. 이와 함께 커피, 올리브유, 와인 등 젊은 세대가 선호하는 식품의 수입 역시 지속적으로 증가할 전망이다.

엘니뇨와 같이 주기적으로 나타나는 이상기후와 지속적으로 상승하는 농산물 해외 의존도에 대응하기 위해, 중국은 해외 농업기업과 농지 매입을 가속화하고 있다. 중국의 환경연구소식지의 2015년 연구에 따르면 126개 국가가 국제 농지 매매에 참여하고 있는 것으로 파악된다. 특히 중국은 해외 33개 국가로부터 농지를 매입하면서 글로벌 1위 투자국으로 등극하였다.

이와 더불어 중국의 육상, 해상 실크로드 경제벨트인 "일대일로" 정책을 통해 농산물 의존도가 높은 미국에서, 동남아시아와 중앙아시아 등의 지역으로 분산시킬 것으로 예상된다. 엘니뇨로 인한 이상기후 현상 보다는 중국의 식량 안보 정책 변경에 따른 글로벌 농산물 수급 변화가 국제 곡물가격의 추세적인 방향성을 결정할 것으로 보인다.

관련 산업 투자 유망분야

신화통신 보도에 따르면 중국은 2016년 농업 산업화에 50억 위안 규모의 대규모 투자를 단행하기로 결정하였다. 관련 투자는 4,238개 프로젝트에 49억 위안(8,300억 원)을 토지개혁, 친환경비료 및 수자원보호, 농기계 개선, 유통채널 투명화, 생산표준화 등의 분야에 집행하는 것으로 알려졌다.

이에 따라 국내외 경작지를 많이 보유하고 있는 기업들의 수혜가 예상되며, 친환경비료 생산기업, 농기계 생산기업, 생산성이 우수한 종자 개발기업 등의 수혜가 기대된다.

중국은 사회주의 정치 체제 국가이면서
경제는 자본주의 형태를 지니고 있다.
중국 공산당의 강력한 드라이브 정책과
일관된 경제 성장 계획 추진으로
자본주의 국가에 비해 급성장을 하고 있다.
최근 국유기업이 본격적으로 개혁되면서
중국은 정치로 경제를 리드하려고 애쓰고 있다.
강력한 군사력을 바탕으로 주변국들에 대한
헤게모니 싸움으로 G2 국가의 위상을 더욱 확립하고 있다.
이 장에서는 중국의 안정적 정치체제가 어떻게
경제 성장을 주도하는지를 살펴보기로 하자.

중국의
정치제도

2장

사회주의 정치제도의 중국
전국인민대표대회
살펴보기

사회주의 강력한 리더십의 효과

스타 경제학자 스티븐 로치는 중국 경제의 폭발적인 성장과 미국의 부동산 버블 붕괴를 예측하여 전 세계적으로 유명세를 탔다. 영원한 비관론자로 통하는 그는 최근 국내 언론과의 인터뷰에서 중국 지도자의 강력한 리더십을 근거로 향후 중국 경제에 대하여 낙관적인 전망을 내놓았다.

중국의 안정적인 정치체제는 중장기적으로 전략을 구상하고, 실행하고, 전달하는 3박자를 갖췄으며, 이를 통해 향후 10년간 글로벌 경제를 이끌 수 있다는 것이 그의 의견이다.

이처럼 해당 국가의 안정적 정치체제와 일관된 정책을 바탕으로 한 신뢰도 높은 리더십은 그 나라의 성장을 좌우하고 중요한 투자의 근거가 된다. 이 단락에서는 중국의 정치체제와 이슈가 될 만한 정책에 대해 살펴보면서, 이러한 정치체제와 정책결정이 사회와 경제에 어떠한 영향을 미치는지 살펴보기로 하자.

표 2.1 중국 공산당 구조

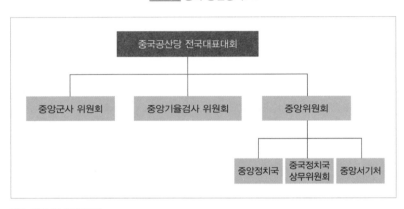

자료: 언론보도, 유안타증권

공산당이 지배하는 일당 정치체제

중국은 중국 공산당이 지배하는 일당체제 국가이다. 중국의 주요 정책은 공산당이 결정하고, 정부는 집행하는 역할을 수행하고 있다. 따라서 중국의 정치체제는 중국 공산당과 국가기관의 관점에서 살펴봐야 한다.

1921년 창당된 중국 공산당은 현재 8,800만 명의 당원을 확보하고 있으며, 이 중 2,000여 명의 전국대표가 5년마다 열리는 최고 의결기

구인 전국대표대회를 통해 5년간 중국을 지도하는 주요지침이 되는 정책 결정을 하고 있다. 가장 최근의 전국대표대회는 2012년 제18차 전국대표대회로 후진타오 시대를 종료하고 시진핑 체제의 시작을 알리기도 하였다.

전국대표대회가 열리지 않는 기간 동안에는 중앙위원회를 통해 전체적인 당의 업무를 수행하며, 대외적으로 공산당을 대표하고 있다. 1중전회, 2중전회 등의 용어로 언론에 자주 언급되는 중전회는 바로 중앙위원회 전체회의의 약칭이다.

우리나라의 국회인 전국인민대표대회

중국의 국가기관은 입법부에 해당하는 전국인민대표대회(전인대)와 행정부에 해당하는 국무원, 사법부에 해당하는 최고인민법원과 최고인민검찰원 그리고 중앙군사위원회로 구성되어 있다. 전국인민대표대회의 주요 임무는 헌법 개정, 헌법의 이행 및 감독, 법률 제정, 중화인민공화국의 주석과 부주석 선출, 국무원 총리 및 부총리, 국무위원, 각 부장 등을 인준하는 일이다.

그리고 전국인민대표대회 상무위원회가 1년에 한번 개최되는 전인대 기간 동안, 전인대를 대표하여 직권을 행사하며 법률의 해석 및 시행 감독 업무를 수행하고 있다.

전인대와 더불어 양회를 구성하는 또 다른 회의인 정협(전국인민정치협상회의)은 과거 중국 사회주의 운동의 합법성을 상징하는 최고 권력기구였으나, 전인대 출범 이후 중국 공산당과 정부의 정책을 선전하고

표 2.2 중국 최대 정치행사, 양회 비교

구분	중국인민정치협상회의	전국인민대표대회
정의	국가 정책 자문 기구 (1954년 전인대 설립 이전에는 의회)	헌법 상 국가 최고 권력기구
역할	중요 사안에 대한 당정 협상, 비판과 건의를 통한 정무 논의	입법, 사법, 행정부 구성 국가경제 및 사회발전 계획 수립 및 진행 국가예산 수립 및 집행 관리
위원	34개 단체(공산당, 민주당파 등), 56개 민족 대표 약 2,000명	35개 지역(각 성, 자치구, 직할시 등) 대표 약 3,000명 이내
주기	연 1회(3월 초). 국가 주석의 임기(5년)에 따라 기(期)를 구분. 시진핑 주석의 회기는 12기. 2016년 전인대는 12기 제4차 전인대	

자료: 유안타증권

대외업무를 협력하는 업무를 담당하고 있다.

지역별 전인대 시작, 정책 기대감 확대

2016년 1월 안휘성을 시작으로 지역별 전인대가 시작되었다. 2월 말까지 31개의 성 및 도시에서 지역별 전인대를 통해 한해의 정책을 결정했다. 이후 3월에 열리는 전국인민대표대회에서 안건들이 논의되었고 취합하여 발표되었다. 지방정부 전인대의 특징적인 사항은 경제성장률 하향조정과 일대일로 등의 인프라투자 구체화, 그리고 자유무역지구 확대 등으로 요약될 수 있다.

표 2.3 중국 국가기관 구조

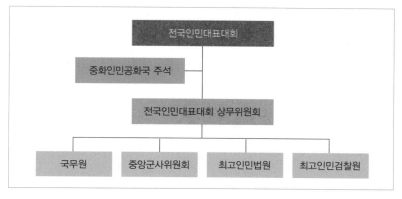

자료: 언론보도, 유안타증권

전인대의 핵심 안건 살펴보기

첫째, 경제성장률 하향조정 & 자유무역지구 확대

2015년 1월에 열린 상해시 제14회 전인대 3차 회의에서 양슝 시장은 GDP 성장률 수치에 연연하지 않을 것임을 밝히면서, 그해 경제성장률 목표치를 설정하지 않았다. 이는 수치적인 목표 보다는 안정적 성장과 질적 성장에 집중하겠다는 의미로 해석할 수 있다. 이와 더불어 상해시는 자유무역지구 관련 규제를 완화하는 등 경제적, 사회적 개혁에 집중한다는 계획이다.

지방 전인대의 영향으로 3월 전인대에서 리커창 총리가 발표한 경제성장률 목표는 7퍼센트대 초반에서 결정되었다. 하지만 2015년 연말에 7퍼센트 성장을 의미하는 "바오치"를 공식 포기하고, 결국 6.9퍼센트의 성장률을 기록하였다.

둘째, 일대일로—帶—路 구체화 & 인프라투자

지방정부 전인대에서 가장 많이 언급한 단어는 일대일로 정책이었던 것으로 나타났다. 2013년 9월 시진핑 주석이 언급한 이후 지속적으로 논의되던 내용이 3월 전인대에서 일대일로 공작영도소조가 출범함에 따라 구체화되었다.

지방정부 전인대에서도 운남, 섬서, 청해 등의 지역은 향후 도로운송투자 증가율 목표치를 전년대비 30퍼센트 이상 상향 조정하였다. 또한 철도, 항공 등의 인프라투자도 확대할 것으로 정해졌다. 이와 더불어 신도시화 정책 추진 역시 지속될 것으로 예상된다.

셋째, 질적 성장을 위한 산업 육성

공산당 중앙위원회와 국무원은 매년 초 발표되는 첫 정책문건인 "1호 문건"을 통해, 농업 현대화 건설을 가속화하는 것에 대한 의견을 발표하였다. 1호 문건에서 중국 정부는 농업 현대화 및 경쟁력 확보를

표 2.4 중국 GDP 성장률 추이

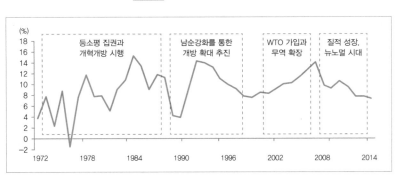

자료: Wind, 유안타증권

위한 방안 모색과, 농민의 토지경영권 등 재산권 보호를 위한 제도 개선을 언급했다.

3월에 열린 전인대에서 농업에 대한 언급과 더불어, 교육, 문화, 환경보호, 의료, 양로서비스업 등 질적 성장을 위한 산업 육성에 대한 계획 발표가 있었다.

정책제도 개선 관련 수혜 종목

중국 정부의 경우 일관된 정책 방향성을 유지한다는 측면에서 3월 전인대는 그동안 발표되었던 정책들을 공식화하고 구체화하는 자리가 되었다. 이에 따라 후강퉁 시행 초기 주목 받았던 정책 관련주에 대한 관심이 재차 확대될 가능성이 높을 것으로 전망된다.

일대일로 정책을 중심으로 인프라투자 확대, 자유무역지구 규제 완화, 국유기업의 혼합소유제 확대 관련주에 대한 관심이 필요할 것으로 예상하며, 환경보호 및 신재생에너지, 농업, 방산 관련주 역시 수혜가 가능할 것으로 기대된다.

홍콩 엑소더스와 홍콩의 미래
중국은 홍콩을
어떻게 바라보는가?

홍콩 최고 갑부의 홍콩 탈출하기

홍콩 최고 갑부이며 알리바바 마윈 회장과 아시아 최고 갑부 자리를 놓고 경합하는 청쿵長江그룹 리카싱 회장은 2015년 1월 홍콩 증권거래소에서 신년 기자회견을 통해 그룹 사업구조 개편안을 발표했다.

그중 관심을 끈 것은 신규로 설립되는 지주사의 본사를 카리브 해에 있는 영국령 케이만 제도로 이전한다는 내용이었다. 케이만 제도는 널리 알려진 것처럼 세계 3대 조세 회피처이다. 기자회견 이후 중화권 언론은 리 회장의 홍콩 엑소더스에 주목하여 비난 수위를 높이고 있다.

이처럼 최근 홍콩 정세는 불안정해 보이며 미래에 대한 비관적 전망도 증가하는 모습이다. 이 단락에서는 현재 홍콩이 처한 상황과 중국 본토의 대홍콩 정책에 대해 살펴보기로 하자.

중체서용(中體西用) : 과거 홍콩은 중국과 서방을 이어주던 다리

1841년 중국이 영국과의 아편전쟁에서 패배한 이후, 영국령이 된 홍콩은 아편과 이민 노동자 무역을 중심으로 동아시아의 대표적인 자유무역항으로 성장했다. 특히 1860년대 일본, 필리핀, 베트남 등 아시아 각국의 항구가 서구에 개방되고, 미국의 남북전쟁 시기에 면화수출을 중개하면서 많은 이익을 보게 된다.

이후 1950년대 들어 중개무역의 큰 손인 중국이 공산화되고 한국전쟁이 발발하면서 중개무역이 위축되는 상황을 맞게 되었다. 이후 중국 공산당을 피해 홍콩으로 피신한 자본가들을 중심으로 제조업과 해외수출에 집중하게 된다. 1960~70년대에는 한국과 대만 등의 국가들이 경공업 경쟁자로 떠오르자 전자산업과 중화학공업에 주력하였고, 1980년대 이후에는 금융, 유통, 무역 등의 서비스업을 주력산업으로 육성하게 된다.

이러한 배경에는 1978년부터 시작된 중국의 개혁 개방정책이 있었다. 덩샤오핑은 홍콩의 배후지인 상하이, 선전을 비롯하여 광둥성, 푸젠성을 경제특구로 개발하였고, 이에 따라 홍콩은 중국 경제성장에 따른 대중국 투자의 중심지로 발전하게 되었다.

전점후창(前店後廠) : 홍콩은 판매, 중국은 제조

1997년 7월 홍콩은 영국에서 중국으로 반환되면서, 외교와 국방을 제외한 나머지 분야에 대하여 자치권을 부여 받은 특별행정구가 되었다. 중국은 일국양제 정책을 통해 금융과 중개무역에 강점이 있는 홍콩의 경제체제와 글로벌 지위를 유지하여, 외자도입 및 대외무역에 활용한다는 계획을 세웠다.

홍콩은 아직 완전히 개방되지 않은 중국의 관문 역할을 하면서 성장하는 중국경제의 최대 수혜자 지위를 누렸다. 홍콩 시민들은 중국 때문에 부유해졌고, 이에 따라 자신들을 중국 본토사람 보다는 서구인으로 정의하기를 좋아했다. 그러나 지금에 와서 돌이켜보면 홍콩의 성장은 민주주의 때문이 아니라, 중국의 위상과 민주주의에 뒤따르는 돈 때문에 가능했다고 볼 수 있다.

주장(珠江) 삼각주 경제권으로 편입이 예상되는 홍콩

중국의 개방도가 높아지고, 경제가 빠르게 성장하면서 이러한 상황은 많이 변하고 있다. 실제로 중국이 급부상하면서 홍콩은 과거에 비해 인지도가 떨어지고 왜소해지고 있다. 1996년 기준 중국 GDP의 20퍼센트 이상을 차지하던 홍콩의 GDP는 2016년에는 3,224억 달러로 11조 4천억 달러인 중국 GDP의 3퍼센트도 못 미치는 상황으로 전락했다. 수년 전까지 홍콩은 중국의 가장 큰 항구였지만, 지금은 상해에 추월당했고 조만간 광저우에도 역전 당할 것으로 예상된다.

이와 더불어 20년 전 홍콩 여행객의 대부분은 서구인이었지만, 이 제는 엄청난 수의 중국 본토인들이 홍콩을 찾고 있다. 그리고 그들 대부분은 다수의 홍콩 시민들에 비해 훨씬 부유하다. 홍콩의 금융 중심지인 센트럴 지역 고층빌딩의 새 임대계약 절반 이상이 중국계 기업이 체결한 것으로 파악된다. 이러한 상황이 홍콩 시민들의 위기감을 확대시키고, 더 나아가 분노하게 만들고 있다고 볼 수 있다.

중국은 12차 5개년 경제계획(2011~2015년)을 통해, 홍콩을 중국 경제의 한 권역인 주장珠江 삼각주 경제권으로 편입해 인접한 선전과 광저우와 통합 발전을 도모했다. 홍콩과 주하이 지역을 연결하는 "강주아오대교"가 최근 완공됨에 따라, 홍콩 마카오와 광둥성의 경제 통합은 더욱 가속화될 것으로 예상된다.

이와 더불어 2015년 3월 상해자유무역지구를 확대하기 위해 관련 규제를 완화하고, 톈진, 푸젠성, 광둥성에 자유무역 시험구를 신설했다.

그룹 사업구조 재편과 더불어 신설 지주사의 본사를 케이만 제도로 이전하고, 중국과 홍콩 자산을 매각하여 유럽 투자를 확대하고 있는 리카싱 회장의 움직임은, 2047년이면 일국양제 정책이 종료된다는 점과 홍콩의 경제적 위상이 축소되고 있다는 점을 반영하는 대표적인 사례라고 할 수 있다.

자유무역지구와 서비스 산업 관련 수혜주

중국 정부가 현재 시범 시행 중인 상해자유무역지구의 범위를 확대할 것으로 예상됨에 따라, 상해 지역의 부동산 가치 상승이 지속될 것으로 예상된다. 이에 따라 부동산 개발 기업의 실적개선이 기대되며, 대출 수요 증대에 따른 자유무역지구 내 금융기관의 수혜 역시 가능할 것으로 판단된다.

이와 더불어 2015년 경제공작회의에서 광둥성, 텐진, 푸젠성 자유무역지구 신설이 확정된 만큼, 해당 지역의 부동산 개발 기업 및 금융기관의 수혜가 예상된다. 이와 더불어 홍콩의 경제적 위상이 축소됨에도 불구하고, 서비스 산업과 금융업의 경쟁력은 여전히 높기 때문에 경쟁력 있는 관련 기업에 대한 관심 역시 지속적으로 필요할 것으로 판단된다.

중국 증시의 핵심 주도테마
중국 국유기업 개혁의
방향성

중국 국유기업의 강력한 개혁의지

후강퉁 시행 이후 수혜주로 주목받은 철도관련 주식인 중국남차와 중국북차 종목은 최고점 기준으로 양사 모두 500퍼센트가 넘는 상승률을 보였다. 일대일로一帶一路 정책과 중국주도의 AIIB(아시아인프라투자은행) 설립이라는 호재가 있었지만, 주가상승의 촉매제 역할을 한 것은 국유기업 개혁안에 따른 양사의 합병 뉴스였다.

이와 더불어 중국철도건설과 중국중철, 무한철강과 보산철강, 페트로차이나와 시노펙 등 각 산업별 주요 국유기업의 합병이 진행되면서 주가상승이 나타나는 모습이다.

미국 경제지 "포춘"이 발표한 2016년 글로벌 500대 기업 리스트에서 중국기업은 110개를 차지하였는데, 그중 84개 기업이 국유기업이었다. 이처럼 국유기업은 중국경제를 지탱하는 근간이지만, 최근 방만한 경영과 비효율적 생산구조, 그리고 금융위기 이후 지속되는 공급과잉 현상은 개혁의 필요성을 확대시키고 있다.

이에 따라 시진핑 정부는 정권 첫 해인 2013년부터 제18기 3중전회를 통해 적극적인 혼합소유제 추진, 민간자본 개방, 국유자산경영제도 개혁 등을 제시하며 강한 국유기업 개혁의지를 보이고 있다. 이 단락에서는 국내 투자자들이 다소 막연하게 느낄 수 있는 중국의 국유기업 개혁에 대해 살펴보고, 향후 어떤 기업들이 수혜를 볼 수 있는지 고민해보기로 하자.

국유기업 개혁의 역사 살펴보기

중국의 국유기업 개혁은 개혁 개방이 본격화되기 시작한 1978년부터 현재까지 편의상 4단계로 구분할 수 있다.

1978년부터 1992년까지 1단계 시기의 주요 키워드는 "방권양리放權讓利"로, 분권을 통한 기업의 경영 자주권 확대와 이윤 유보 및 배분 자율권을 부여함으로써 경영의욕을 고취시키는 것이었다. 그러나 이 과정에서 무리한 투자 및 방만한 경영활동이 증가하면서 정부는 1987년 국가와 기업이 소유자와 경영자의 입장으로 기업경영에 대한 계약을 맺고, 경영에 대한 책임을 강화하는 "청부책임제"를 도입하게 된다.

1993년부터 2002년까지는 현대적 기업제도가 수립된 2단계 시기로 볼 수 있다. 국가가 경영한다는 의미의 "국영기업"에서 국가는 소유하고, 경영은 민간이 한다는 의미의 "국유기업"으로 명칭이 정식 변경되었다. 국유기업의 흑자경영을 달성하기 위한 구조조정 활성화, 효율성 제고, 정부의 지나친 통제 축소를 추진하였다. 이와 더불어 주식회사 형태의 기업구조를 도입하는 등 국유기업의 재산권 구조를 다양화하는 정책을 시행하였다.

2003년부터는 중앙과 지방 간 국유자산 및 국유기업 관리에 대한 권한과 책임이 불분명하다는 폐단을 시정하기 위한 관리체제 개혁에 집중하게 된다. 이에 따라 중앙과 지방의 국유기업관리, 통일적 관리 감독을 목적으로 하는 국유자산감독관리위원회를 설립하게 된다.

이러한 움직임과 함께 2000년대 중반 이후 국유기업 민영화에 대한 논란이 지속되면서, 국유기업 민영화를 적극 지지하고 신자유주의 시장경제로 나아가려는 광둥모델과, 국유기업 민영화에 반대하고 국가자본주의, 사회주의시장경제 체제를 원하는 충칭모델 사이에 갈등이 존재하기도 했다.

정부 부처 중에서도 중국의 시장화 개혁을 주도하는 국가발전개혁위원회와 상무부 등은 국유기업 민영화에 적극적이나, 국유기업 관리 부처인 국유자산감독관리위원회와 재정부 등은 국유기업 민영화에 소극적인 행동을 보였다.

국유기업 문제와 개혁의 필요성

그렇다면 중국의 국유기업들은 어떠한 문제를 가지고 있기에 지속적인 개혁의 대상이 되는지 살펴보도록 하자.

중국 국유기업의 주요 문제점으로는 방만한 경영으로 인한 낮은 경영효율성과 악화되는 재무구조를 꼽을 수 있다. 국유기업들은 석유화학, 전력, 통신, 철도, 금융 등 주요 기간산업에 진출하여 현재 중국에서 독과점적인 시장지배력을 확보하고 있다. 산업 내 경쟁강도 약화에 따른 이익창출의 용이함 때문에 국유기업들은 상대적으로 높은 고임금과 복지정책을 유지하고 있으며, 이는 결국 국유기업의 비용부담을 사회 전체로 전가시키는 효과를 갖게 되었다.

실제로 중국 국유기업들의 높은 임금과 보너스 그리고 대형마트에서 사용 가능한 카드 지급과 같은 우회적 간접급여 등을 통해, 중국 평균임금의 4배 수준의 고임금을 받고 있는 것으로 파악되고 있다. 이러한 방만한 경영활동의 결과 2013년 기준 국유기업의 ROA(순이익/총자산)는 5퍼센트 수준으로 민영기업의 13퍼센트 대비 한참 낮은 수준을 보였다. 매출액순이익률(순이익/매출액) 역시 국유기업 6.6퍼센트, 민영기업 7.1퍼센트를 기록함으로써 민영기업 대비 낮은 수익성을 기록하고 있다. 이와 더불어 방만한 경영과 도덕적 해이로 부채비율의 경우 매년 증가하는 모습을 보이고 있는 것으로 파악된다.

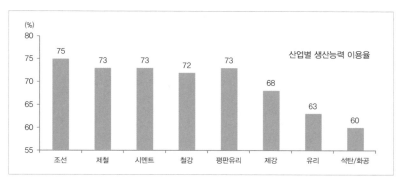

표 2.5 중국 주요 산업 가동률

산업별 생산능력 이용율

자료: Wind, 유안타증권

　국유기업의 방만한 경영의 주요 원인은 경제적으로 낮은 경쟁강도
와 함께, 정치적 관점으로 보았을 때 국유기업이 중국 기득권 계층의
물질적 기반으로 부패의 온상이라는 점이다. 국유기업 경영자는 중국
공산당이 사실상 임명하는 자리라는 점에서 관료들과 정치적으로 우
호적 관계를 유지할 필요성을 느낄 것이다.

　또한 미국 블룸버그 통신 보도에 따르면 중국 고위직 관리 자제들
로 분류되는 태자당 세력이 보유한 국유기업 자산은 1조 달러 이상으
로, GDP의 10퍼센트에 해당하는 것으로 파악되었다. 이러한 구조적
문제는 정경유착을 낳고 더 나아가 방만한 기업경영과 사회적 효율과
공평배분의 훼손으로 이어지고 있다.

국유기업 개혁의 큰 방향성

시진핑 정부는 2013년 제18기 3중전회에서 글로벌 경쟁력을 갖춘

국유기업 육성을 위한 국유기업 개혁 의지를 표명하였다. 그리고 적극적인 혼합소유제 추진, 국유자본 투자부문의 민간자본 개방, 국유자산 경영제도 개선 방안을 제시한 바 있다. 그리고 국유기업을 공익성 국유기업과 경쟁형 국유기업으로 분류하여, 상황에 맞는 개혁안을 적용한다고 발표하였다.

공익성 국유기업은 주로 기간산업 등 공공재의 성격이 강한 분야에 속한 기업이다. 공익성 국유기업의 경우 혼합소유제를 통한 민영화 보다는 규범화된 공공경영과 경영제도 수립, 공공성 기능에 부합되는 출자자 관리제도, 심사평가제도 수립, 경영 투명성 제고 등의 경영관리제도 선진화에 주력하는 것으로 해석된다.

일부 철도, 통신, 금융, 병원 등의 분야에 한해서 민간 자본의 지분 참여는 제한적으로 허용한다는 방침이나, 이는 자본조달을 통한 재무구조 개선 및 효율성 제고 차원일 뿐 근본적인 민영화를 통한 경영권 이전과는 관련이 없는 것으로 파악된다.

경쟁형 국유기업은 시장경쟁이 필요하다고 판단되는 산업 내 기업들로서 경영 효율성과 투명성을 향상시키고, 재무구조를 개선해야 할 필요성이 있는 경우 혼합소유제를 추진함으로써 민영화 작업에 나설 것으로 예상된다. 경쟁형 국유기업은 현재 70퍼센트 이상의 기업이 법인화 되어 있으며 일부는 중국 증시에 상장되어 있다.

이러한 추세를 반영하여 정부는 향후 경쟁형 국유기업을 모두 법인화 한 뒤 주식시장에 상장시킬 계획이다. 또한 산업 내 구조조정이 필요하고 규모의 경제 효과를 극대화하여 글로벌 경쟁력을 확보해야 한다고 판단되는 경우에는, 그룹 내 사업재편과 기업 간 인수합병을 추진할 것으로 보인다.

표 2.6 중국 국유자산 관리체계 개혁 및 개선 의견 요약

항목	내용
국유자산 감독관리기관의 책무 전환	• 국유자산 출자자 감독관리 철저 • 국유자본 배분, 자본 운용 규범화, 수익 제고, 자본의 안정성 유지에 집중
국유자본의 경영체제 개혁	• 국유자본 투자 및 운영사 구조조정 • 국유기업그룹 선정, 국가 목표 위한 투자, 융자, 산업양성, 자본통합 실행
국유자본 배치 및 운용 효율 제고	• 국유기업의 기능 및 효율성 증가 추구 • 구조조정 수요에 따라 국유자본이 주요산업 및 인프라에 집중 유도 • 일부 국유자산 퇴출 및 통합 • 낙후설비 폐쇄 및 과잉생산 해소 가속화, 저효율 자산 처리

자료: 국무원, 유안타증권

주요 산업별 국유기업 개혁 방안

석유화학산업은 전략적 경쟁 산업으로 분류되어 정부의 제한적인 통제가 이루어지고 있으며, 혼합소유제 역시 제한적으로 허용될 전망이다. 제한적 혼합소유제 허용에 따라 중국석유화학(600028. SH)은 민영자본을 30퍼센트까지 확대시킨다는 계획을 갖고 있으며, 규모의 경제 효과를 통한 경쟁력 확보를 위해 동종 산업 간 인수합병을 계획하고 있다.

자동차산업 역시 전략적 경쟁 산업으로 과잉 생산설비로 인해 구조조정의 필요성이 대두되고 있다. 이에 따라 업체 간 인수합병을 통한 구조조정이 활발하게 진행될 전망이다. 이를 통해 2014년 기준 88퍼센트 수준인 상위 10개 업체의 사업 집중도를 향후 90퍼센트 이상으로 향상시킨다는 계획이다.

이 밖에도 대표적 공급과잉 산업인 철강, 조선산업은 전략적 경쟁 산업으로 대형 기업을 중심으로 적극적인 인수합병이 이루어질 것으로 예상된다. 이러한 영향으로 수익성이 낮은 영세업체의 시장퇴출 역시 가속화될 것으로 예상된다.

또한 2014년 기준 10대 기업의 시장점유율이 6.6퍼센트에 불과할 정도로 산업 집중도가 낮은 소매업은 일반 경쟁 산업으로 분류되어, 국유기업과 민영기업 모두 인수합병을 통한 경쟁력 확보에 나설 전망이다.

관련 정책의 투자 유망분야

향후 국유기업 개혁이 본격화될 경우, 경쟁 산업 중 산업 집중도가 이미 높은 기업이거나 공익성 국유기업은 산업 구조조정 보다는 경영 효율성 제고 및 재무구조 개선에 집중할 것으로 전망된다.

이에 따라 혼합소유제를 통한 자본조달을 추진하고, 비상장 자회사의 IPO를 통한 민간자본 조달을 적극 추진할 것으로 예상된다는 점에서, 비상장 자회사를 많이 확보하고 있는 기업의 수혜가 더욱 클 것으로 보인다.

이와 더불어 과잉설비에 대한 우려가 높은 경쟁 산업 내 국유기업들은 적극적인 인수합병을 통한 대형화와 과점화에 치중할 것으로 예상됨에 따라, 자본력의 강점을 바탕으로 인수합병의 주체가 될 수 있는 기업의 수혜가 클 것으로 기대된다.

표 2.7 중국 국유기업 합병 추진 현황

업종	합병 대상	비고
석유	시노펙·페트로차이나(CNPC)	합병 시 세계 최대 석유기업 탄생
고속철 제작	난처(CSR)·베이처(CNR)	세계 최대 고속철 제작사 탄생
자동차	제일자동차·둥펑자동차	중국 2·3위 자동차 기업 합병 초읽기
철도건설	중국중철·중국철건	'일대일로' 사업 수혜
조선	중선그룹·중선중공	조선업 구조조정
원전	중국전력투자공사·원전기술공사	해외 원전건설 분야 진출
해운	중국원양, 중해집운 등 4개사	덩치 키워 해운업 위기 탈출

자료: 언론보도, 유안타증권

전통명절과 국경일을 통해 알아보는
중국의
법정공휴일 제도와 문화

공휴일과 국경일을 중시한 중국인들

우리나라에도 단오절 풍습이 있지만, 중국에서는 단오절을 법정공
휴일로 지정하여 전국적으로 다양한 행사를 진행하고 있다. 단오는
2005년 한국의 유네스코 등재를 놓고 한중 양국이 갈등을 빚기도 했던
명절이다. 당시 중국 내에서는 한국이 중국의 고유 문화유산을 훔쳐갔
다는 비판이 거셌으나, 한국이 유네스코에 등재한 것은 단오라는 절기
가 아니라 강릉 지역에서 지내던 특수한 풍속과 관련한 제사 문화라는
점에서 엄밀히 다른 것임을 알 수 있다.

중국의 단오절은 초나라 시인 굴원을 추모하기 위해 생겨났지만,
한국의 강릉단오제는 신라의 김유신 장군, 고승 범일국사, 대관령의

여신이 된 정씨 처녀의 제사를 모시는 것에서 유래했다는 점에서 완전히 다른 문화인 것이다.

이처럼 중국이 명절 하나에 이렇게 민감하게 반응하는 이유는, 중국의 명절과 법정공휴일은 국가 전체의 행사여서 사회적, 경제적 파급력이 대단히 크기 때문이다. 이 단락에서는 중국의 명절과 국경일의 종류, 그 경제적 파급 효과에 대하여 알아보기로 하자.

법정공휴일 지정의 굴곡과 역사

1949년 중화인민공화국이 수립되고 문화대혁명을 거치면서, 중국 공산당은 유교사상과 전통명절이 봉건사상의 잔재라고 판단하여 철저히 배격해 왔다. 이에 따라 2007년까지 중국의 법정공휴일은 공산당 이념에 부합하는 노동절과 국경절을 제외하고는 설날인 춘제에 국한되었다.

그러나 시간이 흐르며 개혁 개방에 대한 의식이 확대되면서, 중국인의 대다수인 노동자와 농민의 삶의 질을 배려해야 한다는 문제제기가 지속되어 왔다. 여기다 2005년 한국의 강릉단오제 유네스코 등재 사건을 계기로 공자사상 및 역사와 전통에 대한 인식을 새롭게 하기 시작하면서, 중국 공산당은 청명, 단오, 추석과 같은 그들의 전통 명절을 법정공휴일로 지정하게 된다.

중국의 전통명절과 법정공휴일

중국 춘제(춘절)는 음력 1월 1일로 우리의 설날에 해당하는 중국 최대의 명절이다. 기원전 1600여년 경에 건국된 고대 상商나라 시대부터 새해가 되면 조상과 신에게 제사를 지내는 풍습이 있었다. 이러한 전통이 춘제로 발전된 것이다. 춘제에는 중국인 대다수가 함께하는 폭죽놀이가 행해지는데, 폭죽을 터트리는 문화는 액땜의 의미로 대나무를 태우는 전통에서 비롯된 것으로 알려져 있다.

중국에서는 새해가 되면 길함을 상징하는 붉은색 속옷이나 양말 등을 착용하며, 복이 도착했다는 의미로 복福 글자를 거꾸로 붙여놓기도 한다. 이와 함께 세뱃돈의 개념으로 붉은 봉투(홍바오)에 용돈을 넣어주는 풍습이 있다.

칭밍제(청명절)는 양력 4월 5일로 우리의 청명에 해당한다. 칭밍제는 24절기의 하나로 이 날을 기점으로 날씨가 화창해진다는 의미를 갖고 있다.

우리나라에서는 하나의 절기로 가볍게 생각하는 것과는 달리 칭밍제는 진문공의 고된 망명과정에서 본인의 허벅지 살을 도려내어 탕을 끓여 진문공을 보필한 충신 개자추를 기념하기 위해 생겨난 날로, 2000년의 역사를 갖고 있는 명절이다. 진문공은 춘추전국시대 진나라의 군주로 부국강병을 이룬 지도자로 추앙받고 있다. 칭밍제에는 조상의 묘지에 성묘를 가는 것 외에 많은 사람들이 순국선열 기념관이나 각 지역의 사당을 찾아 참배를 하기도 한다.

단우제(단오절)는 춘추전국시대 초나라의 유명 시인 굴원을 기리는 데서 시작되었다. 시인이면서 정치가였던 굴원은 초회왕에게 여러 차례 부패청산과 함께 국가의 기강을 바로잡을 것을 요구하다가 왕의 노여움을 사서 유배를 가게 되었다. 유배지에서 초나라가 진나라에 의해 함락되었다는 소식을 듣고, 비통한 나머지 멱라강에 뛰어들어 스스로 목숨을 끊은 인물이다.

이때가 기원전 278년 음력 5월 5일로 백성들은 굴원에 대한 애도의 표시로, 그 당시 강에 배를 띄워 제사를 지내면서 대나무 통에 찹쌀을 넣어 강에 던졌다. 단오날에 행해지는 용머리 배 경기와 찹쌀을 대나무 잎에 싸서 쪄먹는 쫑즈의 풍습이 이때부터 유래된 것으로 알려졌다.

중추제(중추절)는 음력 8월 15일로 춘제, 단우제와 더불어 3대 명절에 꼽히는 우리의 추석에 해당하는 명절이다. 중추제에는 1년 중 가장 크고 둥근 8월의 보름달을 향해 감사의 제사를 지내고, 소원을 빌며 우리의 송편에 해당하는 월병을 먹는다.

중추제에도 다른 명절과 마찬가지로 지인들과 선물을 주고받는 문화가 있는데, 고가의 화려한 월병과 월병 속에 거액을 담은 뇌물이 오고가고, 고가의 마오타이주 등이 선물로 선호되면서 시진핑 정부의 반부패 정책에 따라 단속 대상이 되기도 하였다.

법정공휴일 지정과 소비활성화

중국에서는 법정공휴일을 국무원에서 매년 12월에 공시하고 있다.

일반적으로 3일에서 최장 7일간 휴무를 하며, 국무원에서는 대체휴일제 등을 활용하여 가급적 법정공휴일과 주말이 연계되어 연휴가 될 수 있도록 일정을 공시한다.

중국 정부가 주말을 포함해서 연휴를 만드는 이유는 정치적으로는 사회 안정을 도모하고, 경제적으로는 소비활성화라는 효과를 얻기 위해서이다. 그러나 춘제와 국경일을 제외하고는 당일만 쉬는 것을 원칙으로 하고 있어 3일 연휴는 주말을 포함한 연휴가 되고, 이에 따라 평일에 추가 휴일이 생길 경우 대체 근무를 해야 한다.

또한 7일 연휴를 즐길 수 있는 춘제와 국경절의 경우에도 대체근무 제도에 근거하여 춘제, 국경절 전후 주말은 출근해야 한다는 점에서 중국인들의 체감 휴일 수는 그리 길지 않은 것으로 여겨진다. 전인대에서 정월대보름과 국가 헌법일, 중양절을 법정공휴일로 지정하자는 논의가 있었으며 많은 중국인들의 지지를 받고 있다.

공휴일 관련 투자 유망분야

소득수준 향상과 삶의 질 추구 트렌드에 따라, 명절을 포함한 연휴 기간 동안 해외여행을 가는 인구가 지속적으로 늘어나는 추세이다. 중국의 관광행정을 총괄하는 국가여유국에 따르면, 매년 춘제 연휴 동안 중국 본토에서 출국한 중국 여행자는 매년 10퍼센트 정도 꾸준히 증가한 것으로 보고되고 있다. 단기 연휴 기간에 가장 선호하는 여행지역은 일본, 한국, 동남아시아 국가인 것으로 나타났다.

이와 함께 모바일 인구 증대에 따라 인터넷 홍바오 문화가 확산되고 있다. 홍바오는 춘제 행사 때 붉은 봉투에 돈을 넣어 선물하는 것으로, 행복과 감사의 마음을 전하는 미풍양속이다. 지난 춘제 연휴 기간 중 춘제 당일 하루에만 "위챗"을 통해 이루어진 인터넷 홍바오 전송건수는 10억 건을 훌쩍 뛰어넘어 모바일 시대에 새로운 풍습으로 자리잡는 모습이다.

5

공해를 지배하려는 중국의 해양굴기
중국의 영토분쟁 현황과
대응정책

인도양 태평양까지 넘보는 중국 해군

지난 2015년 5월 공개된 중국의 국방백서에서 중국이 직면한 안보 위협을 1)미국의 아시아 재균형 전략, 2)일본의 전후 체제 탈피 시도, 3)한반도 및 동북아의 불안정으로 규정하며, 전략적 통로와 해외이익 안전 수호를 이유로 해군의 전략을 근해 방어형에서 원양 호위형이 결합된 형태로 전환하겠다고 선언하였다.

이는 중국이 자국 해군의 영향력을 인근 해역을 넘어 공해까지 확장한다는 것으로, 미국뿐만 아니라 인도, 일본, 동남아시아 등 주변국의 반발을 낳고 있다.

이미 남중국해에서 영유권 분쟁을 겪고 있는 중국은 스리랑카 콜

롬보 항에 잠수함을 2차례 정박시킨 바 있다. 이와 더불어 인도반도를 둘러싼 국가들의 거점 항구 건설을 지원하고, 운영권을 가져오는 진주목걸이 전략을 펼치며 인도양에 대한 패권을 노리고 있다.

중국은 1950년대 이후 주변국들과 내륙 및 해양영토 분쟁을 지속적으로 겪고 있다. 특히 최근에는 남중국해 및 센카쿠 열도(다오위다오)를 중심으로 갈등이 심화되고 있다. 이번 단락에서는 중국이 중심에 있는 국제 영토분쟁 상황과 중국의 영토분쟁 정책에 대해 살펴보기로 하자.

1960~1970년대 중국의 내륙영토 분쟁

중국은 14개국이라는 세계에서 가장 많은 국가와 국경을 접하고 있다. 1949년 중화인민공화국 건국 이후 중국은 베트남, 미얀마, 인도, 네팔, 파키스탄, 아프가니스탄, 소련, 몽골, 북한과 국경문제를 안고 있었다. 중국은 1960년부터 주변국들과 영토 협상을 시작하여 1960년 미얀마, 1961년 네팔, 1962년 북한과 몽골, 1963년에는 파키스탄, 아프가니스탄과 국경조약 및 협정을 체결하였다.

이 과정에서 중국은 대부분의 경우 상대국에게 상당한 지역을 양보하는 대국의 모습을 보였다. 이는 1960~1970년대가 미국과 소련의 냉전체제가 시작되고 중국과 소련의 관계가 악화되면서, 중국의 주변국들과의 우호적 관계유지를 통해 미국과 소련의 위협에 대처하려 했기 때문이다.

물론 같은 시기에 소련, 인도, 베트남, 부탄, 라오스와 국경 문제를 해결하지 못하고, 1962년 중인전쟁, 1969년 중소분쟁, 1979년 중월전쟁을 겪기도 하였다. 소련 및 베트남과의 무력충돌은 영토분쟁 보다는 이념을 무기로 한 정치적 목적이 더 컸던 것으로 평가받는다. 이 시기에 중국은 영토 자체에 대한 목적보다는 주변국과의 관계 안정 목적이 컸기 때문에, 대부분의 경우 군사적 행동 의지를 갖고 있지는 않았다.

다만 인도와의 영토분쟁은 예외였는데 이는 국가안보 및 국가이익과 관련하여 전략적으로 가치가 있는 지역에 한해서는 양보가 없음을 보여주는 사례라고 판단된다. 1962년 인도와 분쟁을 겪던 악사이 친 지역은 티베트를 통제하기 위한 주요 지역으로, 중국은 무력충돌을 감수하고서라도 양보하지 않은 역사가 있다.

1980년대 이후 중국의 내륙영토 분쟁

1978년 덩샤오핑 집권 이후 중국은 개혁 개방을 통한 경제발전을 강조하였고, 이를 위해서는 주변국들과의 평화로운 관계 유지가 필요하다고 판단하였다. 1979년 덩샤오핑은 영토분쟁에 대한 정책 기조로 "구동존이求同存異"의 자세를 언급하며, 분쟁을 보류하고 공동개발을 추구할 것을 강조하였다.

이러한 원칙에 입각하여 중국은 1990년 이후 인도와 부탄을 제외한 대부분의 영토분쟁을 해결하였다. 특히 1991년 소련 붕괴 이후 국경 지역 소수민족의 분리 독립 움직임을 차단하기 위해, 중앙아시아 국가들과도 적극적인 협상을 통해 평화적으로 문제를 해결하는 모습을 보였다.

1991년 라오스를 시작으로 1994년 러시아, 카자흐스탄, 키르기스스탄, 타지키스탄과의 협상을 체결하였으며, 1999년에는 베트남, 2004년에는 러시아와 국경 문제를 해결하여 경제발전을 위한 주변국과의 우호적 관계 증진에 집중하였다.

해결이 어려운 해양영토 분쟁

내륙 국경선은 두 국가가 직접 땅을 맞대고 있기 때문에 협상을 통해 절충할 수 있다는 특징이 있다. 그러나 해양영토 특히 섬의 경우 본토와 떨어져 독립적으로 존재하기 때문에 나눠먹기가 불가능하다. 즉 모두 갖거나 모두 양보해야 하는 사안으로 하나를 양보하게 되면, 다른 섬에 대한 영유권을 주장하기 위한 논리적 설득력이 약해진다는 점에서 협상이 어렵다. 따라서 중국의 해양영토 분쟁은 평화적으로 해결되기가 어려울 것으로 판단된다.

인접국들과 해양 분쟁 – 시사군도와 난사군도

당초 1949년 중화인민공화국이 건국되었을 때, 중국은 통킹만에 위치한 백룡미도와 시사군도 북동쪽에 위치한 선덕군도만을 지배하고 있었다. 그리고 시사군도 남서쪽의 영락군도는 남베트남이 프랑스로부터 물려받아 점령하고 있었다.

이후 1970년대 들어 시사군도 주변에 80억 톤의 석유와 7,500제곱킬로미터에 해당하는 면적에 천연가스가 매장된 것으로 알려지고, 난사군도 주변에는 쿠웨이트 보다 많은 세계 4위 정도의 177억 톤의 석유와 450억 톤의 천연가스가 매장되어 있으며, 전 세계 어획량의 10퍼센트가 집중되어 있다는 사실이 알려지며 주변국들의 관심이 크게 증가하기 시작했다.

이에 따라 남베트남, 필리핀 등 남중국해 주변국들은 난사군도의 무인도를 점령하고 시사군도의 일부를 자국 행정구역에 편입하기 시작하였다. 필리핀은 1970~1971년 난사군도의 5개 섬을 점령하였고, 남베트남은 1973년 난사군도의 6개 섬을 점령하였다. 이러한 상황에서 조급해진 중국은 1974년 남베트남 해군과 교전을 벌여 시사군도를 점령하게 된다.

중국은 현재 시사군도는 명나라 때부터 중국 고유의 영토로 기록되어 있다고 주장하며 실효 지배를 하고 있는 상황이며, 베트남은 1964년 제네바 회담을 통해 시사군도의 영유권은 베트남에 있음을 인정받았다고 주장하고 있다.

1988년 난사군도 분쟁도 베트남과 필리핀의 무인도 점령과 해양탐사가 지속되는 것에 불안감을 느낀 중국에 의해 시작되었다. 1980년대 들어 베트남은 소련과 합작회사를 설립하고 난사군도 지역에서 석유시추를 시작하였고, 필리핀은 8개의 섬을 점령하였다. 자국의 해양 권익을 강화하기 위해 중국은 영서초, 화양초, 남훈초를 점령하고, 베트남이 적과초 근방의 해양탐사를 저지하자 무력을 사용하여 난사군도 전체 섬 중 10개를 점령하였다.

중국은 필리핀과 베트남의 무단점령이 분쟁의 원인이라 주장하고 있으며, 1958년에는 베트남 정부가 중국의 난사군도 편입을 승인했다는 주장을 펼치고 있다.

반면 베트남은 중국의 난사군도 편입을 승인한 주체는 같은 공산주의 체제였던 북베트남이었다는 주장을 하며 서로 팽팽히 대립하고 있다. 이와 함께 필리핀의 경우 200해리 경제수역 권리를 적용하면 난사군도에서 가장 가까운 것은 필리핀이며, 이에 따라 난사군도 전체 섬 중 60개에 대한 권리가 필리핀에게 있음을 주장하고 있다.

센카쿠 열도(댜오위다오) 분쟁

센카쿠 열도는 2002년 일본의 탐사 결과 이라크에 맞먹는 석유와 천연가스 및 기타 광물이 매장되어 있는 보물창고로 언론에 보도가 되었다. 청일전쟁 이듬해인 1895년 중국과 시모노세키 조약을 맺은 일본은 대만을 점령하였고, 이후 센카쿠 열도까지 일본 영토로 편입시켰다.

일본의 2차 대전 패전 이후 미국이 점령하던 센카쿠 열도는 1972년 오키나와 반환과 함께 일본에 넘겨졌고, 현재까지 일본이 실효지배하고 있는 상황이다. 중국은 1372년 명나라 선원들에 의해 섬의 존재가 발견되었다는 역사적 문헌과, 지리적으로 오키나와보다 타이완 섬에서 3배가 더 가깝다는 근거를 바탕으로 센카쿠 열도가 자국 영토임을 주장하고 있다.

일본은 청일전쟁 당시 센카쿠 열도가 무인도임을 확인하고 편입했으며, 100여 년간 실효지배 해왔음을 근거로 자국 영토라고 주장하고 있다. 현재 이곳에는 일본과 중국이 전투기와 함대를 투입하는 등 일촉즉발의 위기상황으로 바뀌고 있다. 일본이 이렇게 강력하게 대응

하는 것은 바로 뒤에 미국을 등에 업고 있기 때문이라고 보는 관점이
많다.

중국의 해양영토 분쟁 인식 변화

2000년부터 2006년까지 중국 국방백서에서는 남중국해 문제에 대
해 크게 언급하지 않고 긍정적인 전망을 내놓기도 했다. 하지만 2010
년 이후에는 영토주권과 해양권익이라는 용어를 사용하며, 해양영토
가 포기할 수 없는 국가적 핵심이익으로 인식하고 있음을 강조하고
있다.

실제로 2015년 5월에 발표한 국방백서에는 "국가 주권과 안전, 국가
해양권익 수호를 강화하고 무장충돌과 돌발사건에 대한 준비를 강화
할 것"이라고 언급하기도 했다.

표 2.8 중국 국방예산 추이

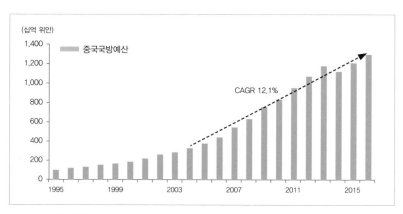

자료: Wind, 유안타증권

혼자 강한 사회에서 함께 어울려 사는 사회로 전환하며 글로벌 리더 국가로 부상하는 상황에서 중국의 해양굴기로 인해, 주변국과 더나아가 "Pivot to Asia" 정책을 펼치는 미국과의 갈등은 지속될 가능성이 높다. 그리고 이러한 갈등은 자본시장에서는 변동성 확대라는 결과를 낳을 수 있다.

6

모방은 창조의 어머니
중국의 짝퉁,
산자이山寨 문화

선진국으로 가기 위한 지름길, 모방과 짝퉁

중국의 짝퉁 제품이 명품 가방 및 지갑, 의류에서 최근에는 화장품까지 확대되고 있는 것으로 나타나고 있다. 실제로 국내 화장품 기업들의 짝퉁 쿠션 파운데이션과 기초제품 등이 중국 시중에 유통되고 있는 것으로 파악되고 있다. 한류 드라마가 인기를 끌면서 짝퉁 방송뿐만 아니라 짝퉁 연예인까지 생겨날 실정이다.

또한 정식 발매가 되지도 않은 IT 기기의 가짜 제품이 벌서 돌아다니기도 한다. 우리나라 역시 불과 30~40년 전에는 일본의 유명 브랜드 제품을 모방해서 특수를 누리던 시기가 있었던 것처럼, 짝퉁 산업의 성장은 선진국으로 발전하기 위한 필연적 과정이라고 볼 수도 있다.

짝퉁 천국이라고 하는 중국의 짝퉁, 즉 산자이 문화의 역사와 현황에 대해 살펴보도록 하자.

중국의 독특한 산자이(山寨) 문화

중국어로 짝퉁은 산자이山寨라고 불린다. 산자이는 본래 산적들의 소굴이라는 산채를 의미한다. 그러다가 정부의 관리를 받지 않는다는 의미로 사용되면서 강한 모방성과 신속성을 갖춘 저렴한 생산체계의 뜻으로 확장되었고, 이후 짝퉁이라는 의미로 통용되고 있다.

산자이라는 말은 소규모 공장 단위로 은밀히 명품을 유통하던 홍콩의 일부 산촌과 외딴섬에서 시작된 것으로 보인다. 원래 중국에서 가짜 제품을 의미하는 말로 '가모위열(가짜와 저급한 제품)'이라는 단어가 존재하였으나, 모든 짝퉁 제품을 포괄하지 못하면서 산자이라는 단어가 대중화되기 시작하였다.

현재 가모위열이라는 단어는 멜라닌 분유나 유황 처리된 버섯 등에 사용하며, 가짜 IT 기기나 소프트웨어, 영상콘텐츠물 등에는 산자이라는 표현을 사용하고 있다. 이에 따라 산자이는 중립적인 단어로 탈바꿈되었으며, 도덕성 문제에서도 해방된 모습이다.

실제로 중국 공산부에서는 짝퉁 제품을 단속하고 있지만, 그 속에 내재된 창조적 가치는 보호되어야 함을 강조함에 따라, 짝퉁이라는 단어가 불법적인 의미보다는 가치중립적 의미로 받아들이는 효과를 가져다주었다.

중국에서 산자이는 단순히 짝퉁 제품만을 의미하는 것이 아니라 하나의 문화로 정착되었다. 실제로 바이두와 같은 검색포털에서는 산자이를 검색하면 연관 검색어로 '산자이 문화'가 가장 먼저 등장한다. 산자이 문화는 표절, 모방, 복제 등을 통해 발전함으로써, 탈권위, 반주류, 반지성, 해체성을 특징으로 하는 포스트 모더니즘류의 대중문화를 의미한다.

경제적으로는 후발주자인 중국기업들이 선발주자인 글로벌 메이저 기업들을 벤치마킹하여 단기간에 경쟁력을 확보하고, 원작을 뛰어넘는 제품을 만들겠다는 의미를 가지고 있는 것으로 볼 수 있다.

표 2.9 짝퉁에 대한 중국인의 인식 설문(2000명 대상)

21%

19%

60%

■ 자유롭게 발전해야
■ 제지해야
■ 중립

자료: 중국청년신문, 유안타증권

산자이 문화의 역설적 효과

지난 2008년 베이징 올림픽을 앞두고 중국 정부는 대대적인 짝퉁과의 전쟁을 벌였다. 당시 짝퉁 제품을 수거해 포크레인으로 부수는 퍼포먼스까지 보이며 짝퉁 근절에 대한 의지를 보였다. 하지만 올림픽 이후 정부의 단속 의지는 다시 약화되면서 짝퉁 시장은 다시 활성화된 것으로 보인다.

산자이 문화는 정부의 묵인과 일부 엘리트층의 지지 속에서 성장하였다. 널리 알려진 대로 소득격차가 엄청나게 큰 중국에서 저소득층이 유명 브랜드의 IT 기기, 의류, 식료품에 대한 소비열망을 해소해 줄 수 있는 수단이 짝퉁이라는 것이다.

사회학자 '아이쥔'은 산자이 제품은 개발도상국에서 일부 합리적인 소비자들의 소비능력 부족을 해소하고, 생필품에 대해 만족하지 못하는 사람들에게 소비욕망을 충족시키는 역할을 하고 있으며, 그래서 장기간 혁신되지 않는 제품들에 대해 복제, 모방의 방식을 통해 신속성과 일반성, 시장성, 염가성의 특징을 갖게 하는 역할을 한다고 주장하였다.

이러한 다소 억지스러운 논리와 함께 실질적으로 정부가 산자이 문화를 근절하지 못하는 이유는 산자이 시장이 중국의 가장 큰 지하시장이기 때문이다. 블랙마켓 전문조사 기관인 '하보스코프 닷컴'의 자료에 따르면 글로벌 짝퉁 시장규모는 1조 달러로 추정되는데, 그중 중국이 상당한 비중을 차지하고 있는 것으로 보고 있다.

중국에서 짝퉁 산업은 최소 500만 개에서 최대 2,000만 개의 일자리를 창출하는 것으로 파악되고 있다. 고용창출을 통한 내수 활성화 및 짝퉁제품으로 인한 외국관광객 유치 효과와 자국 산업 보호를 통한 경쟁력 확보 등의 효과를 감안한다면, 짝퉁 산업이 중국 경제에 미치는 영향은 무시할 수 없는 수준이라고 볼 수 있다.

표 2.10 글로벌 주요국 짝퉁 산업 규모

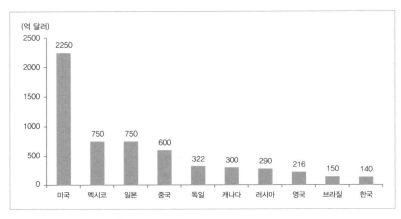

자료: 하보스코프닷컴, 유안타증권

짝퉁 산업이 만든 대륙의 실수

IT 기기를 중심으로 싸고 조악하다는 통념을 깨는 중국 제품들이 속속 등장하면서, 한때 '대륙의 실수'라는 표현이 유행했다. 모방은 창조의 어머니라는 말처럼 중국 기업들은 모방과 복제 과정을 통해 기술진보를 이루었고, 샤오미와 같은 일부 기업은 애플과 삼성전자 수준 혹은 그 이상의 제품을 만들어 내고 있다. 특히 중국 기업들은 가격경쟁력까지 확보하고 있어 향후 국내기업들의 무서운 경쟁자가 될 것으로 우려된다.

중국은 2011년을 기점으로 2006년 이후 지속적으로 1위 자리를 지키던 미국을 제치고, 발명 특허 건 수 기준 세계 1위에 등극하였다. 짝퉁 국가로 무시당하던 중국이 특허 대국으로 성장하며 고부가가치 첨단산업의 헤게모니를 장악하기 시작했다는 점에 주목해야 할 것이다.

중국이 특허 대국으로 성장하기 시작하면서 중국 정부도 2015년 3월 '특허침해 및 모조품 처벌 방안' 법안을 제정함으로써 특허 및 저작권 보호, 공정한 시장경쟁, 소비자 권익 향상 등에 관심을 갖기 시작하였다.

중국 정부는 정보화부, 공안부, 문화부 등 12개부서의 협업을 통해 전자상거래, 저작권, 대리상 문제, 화장품 등 상대적으로 법적 보호가 취약했던 부분에 대한 대책을 발표하였다. 또한 온라인상의 상표와 모조품, 광고카피 등을 적극적으로 단속하고 처벌한다는 계획이다.

이러한 중국의 정책은 짝퉁에 대한 사회적 인식 변화라는 긍정적 효과를 가져 올 것으로 예상하지만, 특허 장벽을 통한 중국 자국기업 보호 및 해외기업에 대한 보이지 않는 진입장벽으로 작용할 가능성도 있는 것으로 판단된다.

산자이 문화 관련 투자 유망 분야

샤오미를 비롯한 중국의 IT기업들은 당초 모방의 대상이던 메이저 기업들을 뛰어넘는 수준으로 발전하였다. 또한 중국 로컬 자동차 기업들 역시 메이저 자동차 회사와 유사한 디자인에 가격경쟁력을 앞세워 자국 내 점유율을 확대하고 있다.

이와 같이 정부의 지원 속에서 원작을 넘어설 것으로 예상되는 IT, 자동차, 소비재, 콘텐츠 산업에 대한 관심이 필요할 것으로 보인다. 반면에 핵심 경쟁우위 요소를 갖추고 있어 짝퉁 영향이 낮은 기업에 대한 관심 역시 필요할 것이다.

이와 더불어 핵심 기술 및 브랜드 강화를 위해 인수 합병이 예상되는 국내 IT, 소비재, 콘텐츠, 제약/바이오 기업의 수혜가 기대된다.

7

중국의 비밀 당정 최고 회의
베이다이허 회의
주요내용

베일에 싸인 그들만의 비밀 회담

중국 최고 지도부와 정치 원로들이 여름휴가를 보내면서, 주요 정책을 논의하는 베이다이허 회의가 주목을 받고 있다. 베이다이허 회의는 중국의 밀실정치를 대표하는 비공개 회의로, 회의 개최시기는 대략 7월 말에서 8월 초인 것으로 알려져 있다.

하지만 구체적인 일정이나 의제 등은 베일에 가려져 있기 때문에 통상적으로 중국정부의 지도부 동정보도가 사라진 시점을 개막시기로, 동정보도가 재개된 시점을 종료시기로 추정하고 있다.

2016년 회의에서는 시진핑 국가주석과 리커창 총리 등 현 지도부와 장쩌민, 후진타오 전 주석 등 원로들이 참석한 것으로 관측되었다. 특히 이번 회의에서는 그동안 불화설이 돌았던 시진핑 주석과 장쩌민 전주석이, 장쩌민의 90회 생일잔치에서 만남으로 화해를 했다는 보도가 나오고 있다.

주로 최근의 정치와 경제현안에 대한 논의와 함께 중국과 공산당이 나아갈 방향에 대한 심도 있는 토론이 진행된다고 한다. 이번 단락에서는 베이다이허 회의의 역사 및 특징과 함께, 2016년 집중 논의되는 주요 의제에 대하여 살펴보도록 하자.

베이다이허 회의는 중국 정치권의 블랙박스

베이다이허 회의는 보하이 만을 따라 22.5킬로미터의 해변을 끼고 있는 중국 허베이성 친황다오시에 위치한 휴양지 베이다이허에서 개최되는 비공식 비밀회의다. 역사적으로 베이다이허 지역은 황제를 비롯한 주요 인사들이 많이 찾는 휴양지였는데, 청나라는 1898년 베이다이허를 '내외국인 별장 주거지'로 지정하면서 719동의 별장을 지었으며, 마오쩌둥의 95호 별장도 이곳에 위치하고 있다.

베이다이허 회의는 1952년 공산당 중앙간부들에게 일주일의 휴가를 베이다이허에서 보낼 수 있게 허락한 것에서 유래한 것으로 알려져 있다. 이후 베이다이허 회의는 문화대혁명 시기와 사스 유행 시기 등에만 잠시 중단된 적이 있을 뿐, 지금까지 지속되고 있다.

베이다이허 회의는 대략 7월 말에서 8월 초 사이에 열리는 것으로 추정된다. 우리나라의 여름휴가 시즌과 비슷하다고 하겠다. 구체적인 개최시기와 의제, 참석인원에 대해서 공식 발표된 적은 없어, 베이다이허 일부 지역이 봉쇄되면 회의가 개최된 것으로 추측만 할 뿐이다.

일반적으로 베이다이허 회의에는 중앙정치국 위원, 퇴직한 정치 원로그룹, 중앙부처 및 각 성시의 책임자가 참석하는 것으로 파악된다. 전, 현직을 아우르는 지도층이 주요 현안에 대해 치열한 토론을 통해 최종적으로 화합하는 모습을 연출하는 '토론과 합의의 정치'라는 중국식 사회주의 정치 특성을 보여주고 있다.

이와 함께 베이다이허 회의는 국가 주요 현안을 공산당 엘리트를 중심으로 비밀스럽게 결정한다는 점에서 '비밀주의'의 특성을 가지고 있다. 중국인들의 정치의식이 높아지고 있고, SNS 대중화 등에 따라 민주화 추세가 강화되고 있다는 점을 감안하면 많은 부작용 가능성을 안고 있는 것으로 판단된다. 실제로 과거 1958년 회의에서는 '대약진

표 2.11 베이다이허 회의 주요 일지

1958년(마오쩌둥)	타이완 진먼섬 포격 및 인민공사 설립 제철운동 실시
1983년(덩샤오핑)	엄중한 형사범죄 타격 결정 최고인민법원의 사형 재심권 폐지 지방법원에 일임
1997년(장쩌민)	15차 당 전국대표대회 정치보고 및 주요 안건 확정
2003년(후진타오)	2003년부터 SARS 등의 이유로 비개최 2007년 다시 부활
2013년(시진핑)	정치, 경제 개혁 방안 논의 보시라이 전 충칭시 당 서기 처리 방안 논의

자료: 언론보도, 유안타증권

정책' 시행이 결정되었고, 이는 3년간 3천만 명 이상의 아사자를 낳는 최악의 결과를 가져오기도 했다.

조율이 예상되는 반부패 개혁

이번 베이다이허 회의에서 시진핑 주석이 '10년 집권'의 불문율을 깨고 장기집권을 논의했을 가능성이 있다는 AFP통신 보도가 있었다. 2016년 3월 중국 양회(전국인민대표대회, 전국인민정치협상회의) 중 '충성스러운 공산당원들'이 '시진핑 동지'에게 퇴진을 요구해 파문을 일으킨 공개서한도 이 점을 지적했다. 시진핑 주석이 모든 권력을 틀어쥐면서 정치, 경제, 사상 등 온갖 방면에서 권력 사유화에 대한 비판적인 목소리가 나오고 있다.

특히 외교적 측면에서 시진핑 주석이 덩샤오핑의 도광양회(韜光養晦·재능을 감추고 때를 기다림) 정책을 폐기함으로써, 중국에 호의적인 국제 환경을 해쳤다는 언론보도가 나오고 있다. 또한 북한이 핵실험에 성공하도록 허용해 중국 안보에 위협을 끼치고, 미국이 아시아에 영향력을 행사하고 한국과 일본, 동남아시아가 중국을 견제하게 만들었다고 시진핑 정부의 강경노선에 대하여 우려하고 있다.

하지만 시진핑 주석은 위와 같은 일부 보도에 대하여 언급을 삼가고, 오히려 지금까지 자신이 일관되게 추구해온 부패척결 의지를 강조하며 정면 돌파를 시도하고 있다. 하지만 시진핑 정부의 반부패 사정 움직임이 2016년 들어 금융권까지 확대되고, 장쩌민, 쩡칭홍 등 상하이방 원로들의 자제 및 핵심 측근까지 반부패 사정 대상에 해당되면서, 반부패 노선에 대한 피로도가 높아지고 있다. 그래서 원로그룹과 반시진핑 세력의 반발을 낳고 있어, 이번 베이다이허 회의를 계기로 일정 수준의 조율이 있었을 것으로 판단된다.

정치적 관점에서 부패척결 드라이브가 다소 완화될 가능성이 있을 것으로 전망되고 있어, 증시 및 실물경제의 불확실성이 제거되고 안정성이 높아질 수 있다. 이렇게 되면 경제 전반에 다소 숨통이 트여 다양한 경제 활동이 기존처럼 진행될 것으로 기대된다.

이번 회의 최대 화두는 경제문제

이번 회의에서는 향후 5년 동안 중국의 경제 설계도라고 할 수 있는 '13차 5개년 계획(2016~2021년)'까지의 경제계획, 13.5 규획이 집중적으로 논의된 것으로 보인다. 또한 최근의 경제성장 둔화와 증시급락 후 안정화 대책에 대한 논의가 활발하게 이루어졌다는 후문이다.

이번 13.5 규획은 시진핑 정부의 첫 5개년 규획이라는 점에서 의미가 있으며, 중국정부의 경제성장률 둔화에 대한 우려가 크지 않다는 점을 감안하면, 향후 중장기 발전 방안에 대한 내용이 주를 이룰 것으로 판단된다.

13.5 규획의 주요 키워드로는 '전면적인 경제체제 개혁', '안정적인 거시정책', '유연한 미시정책', '자원배분의 시장기능 강조', '공산당 주도의 경제정책', '실크로드 건설', '경제벨트 건설', '해양산업의 기간산

업화', '신형도시화 건설' 등인 것으로 파악된다. 이러한 정책은 앞으로 중국이 나아가야 할 방향을 이끌고, 실질적으로 중국의 경제발전에 영향을 미칠 것으로 예상된다.

이번 회의에서는 증시 안정화를 위한 대책 마련과 향후 증시 안정 정책의 출구전략을 논의한 것으로 예상된다. 공매도 규제 및 국가자금의 투입 등과 같은 기술적인 대책들과 함께, 근본적으로 시장의 신뢰를 회복할 수 있는 경기부양책과 국유기업 개혁안에 대한 논의가 있었을 것으로 판단된다.

중국정부는 현재 증시 통제 가능 여부와 증시 급락에 따른 국유기업 개혁과, 투자 집행 의지에 대해 시장의 의구심을 받고 있는 상황이다. 결국 시장 참여자들의 신뢰가 회복되어야 증시로 자금이 추세적으로 유입된다는 점에서, 신뢰 회복을 위해 국유기업 개혁에 속도를 낼 것으로 판단된다. 이에 대한 구체적인 방안이 이번 베이다이허 회의에서 논의되었을 것으로 보인다.

이와 더불어 구체적인 부양책으로 금리인하, 지준율 인하와 같은 통화완화 정책, 지방채 차환 확대, 민관 합작펀드 조성 등이 언급되었을 것으로 보인다.

베이다이허 회의와 관련한 투자 유망분야

베이다이허 회의를 통해 중국정부의 궁극적인 증시 안정화 목적인 국유기업 개혁안이 구체화되고 가속화될 것으로 예상됨에 따라, 관련 기업들에 대한 관심이 필요할 것으로 판단된다. 이와 더불어 향후 13.5 규획을 통해 언급될 성장 동력과 관련된 산업 및 기업들 역시 중장기적인 관심이 필요할 것이다.

강력한 성장 드라이브 정책으로

경제 발전을 위해 노력하고 있는 중국

자본주의 국가보다 출발은 늦었지만

선진국을 따라잡으려고 애쓰고 있다.

수출로 벌어들인 자금을 이제는

해외로 눈을 돌려 막대한 투자를 하고 있다.

또 각종 규제를 제거하고 금융을 선진화해서

외국의 투자를 끌어들이고 있다.

자본주의와 비교해서도 당당한 경제 정책으로

명실상부한 G2를 추구하고 있다.

이 장에서는 중국 경제의 방향성에 대해 살펴보기로 하자.

중국의
경제 금융

3장

향후 5년 이상 지속될 거대한 물결
중국의
인프라 투자

육상 해상 비단길의 영화를 다시 한 번

향후 몇 년간 중국경제의 핵심 키워드는 신창타이, 서비스산업, 일대일로라고 할 수 있다. 특히 철도산업을 중심으로 하는 일대일로 정책은 향후 5년 이상 지속될 중국의 거대한 물결이라는 점에서 관심을 갖고 지켜봐야 할 산업이다.

일대일로一帶一路 정책은 중국이 해외 진출을 활성화하기 위하여, 육상으로는 철도, 해상으로는 항로를 개발하여 예전의 비단길의 영화를 재현하겠다는 야심찬 계획이다. 일대일로 정책은 바로 육상과 해상의 인프라 투자라고 할 수 있다. 이번 단락에서는 중국이 계획하는 야심찬 인프라 투자에 대하여 살펴보기로 하자.

경제 성장을 위한 기반인 인프라 투자

국무원, 인민은행, 증권감독관리위원회, 은행감독관리위원회, 국무원 개발연구센터, 주택도시농촌건설부, 재정부, 국가통계국 등의 담당자들이 참석한 베이징 경제회의에서, 앞으로 최우선 과제로 안정적 경제성장을 꼽았다. 이를 위해 각 담당자들은 "일대일로一帶一路", "징진지(베이징, 텐진, 허베이성) 일체화", "경제벨트 활성화"를 중심으로 중국 내 인프라 투자 확대 필요성에 대해 뜻을 같이 했다고 한다.

新실크로드인 일대일로(一帶一路) 정책

2014년 11월 시진핑 주석이 조장직을 수행하고 있는 '중앙재경영도소조'의 8차 회의에서 처음 "일대일로" 정책을 발표했다.

일대일로는 유라시아 대륙을 철도로 연결시키는 것으로 총 철도길이는 10,000킬로미터, 총 투자 규모는 3~5천억 위안에 이를 것으로 예상되는 대형 프로젝트다. 중국 정부는 이를 위하여 아시아인프라은행 AIIB, 실크로드기금을 설립하였다.

중국은 글로벌 금융위기 이후 4조 위안의 대규모 경기부양책에서 확대된 과잉 생산능력의 구조조정이 진행 중이다. 부동산 시장 성장 둔화와 이에 따른 과도한 부채를 통한 투자 위험 역시 지속적으로 부각 중인데, 이를 해결하기 위해 중국 정부는 일대일로 정책을 통해 개발도상국에 대한 투자를 확대한다는 계획이다.

SOC 투자기금을 설립하고, 개발도상국 정부에 투자자금을 대출하고 지원함으로써 위안화 국제화, 자본시장 육성, 정치적 영향력 강화 등의 효과를 얻을 것으로 기대된다.

이와 더불어 중국 기업들의 해외진출이 용이해짐으로써 생산능력 과잉 해소가 가능할 것으로 예상되며, 개발도상국 투자에 대한 반대급부로 천연자원 확보도 가능할 것으로 전망된다.

수도권인 징진지 광역권 구상

징진지 일체화 정책은 수도권 일대의 베이징, 텐진, 허베이성을 하나의 경제권으로 묶는 것이다. 우리나라로 치면 서울과 인천 그리고 경기도를 하나의 경제권으로 합치는 것으로 볼 수 있다.

징진지 광역권 세부내용은 2020년까지 징진지 주요도시를 둘러싼 9,000킬로미터의 고속도로망 건설을 통한 3시간 교통권 구축, 9,500킬로미터의 철도망 건설을 통한 핵심지역 1시간 교통권 구축, 베이징 국제공항 유동 이용객 1억 명을 달성한다는 것이다.

기대되는 중국 인프라 투자의 다양한 효과

중국은 완화적 통화정책이 당분간 지속될 것으로 기대됨에 따라, 인프라 투자 및 부동산 개발 사업이 더욱 탄력을 받을 것으로 예상된다.

우선적으로 철도 시공과 열차 제작 업체들에게 큰 기회가 있을 것으로 기대된다. 일대일로 정책 외에도 중국 정부의 철도발전계획에 따르면 2015년까지 12만 킬로미터, 2020년까지 15만 킬로미터의 철도를 설

표 3.1 중국 인프라 투자 확대 기대

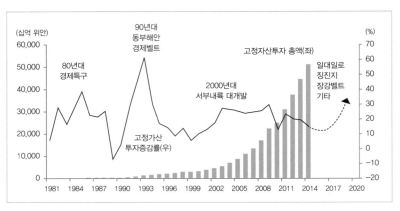

자료: Wind, 유안타증권

치할 계획이고, 이를 위해 단기에 150조원을 투자할 것으로 파악된다.

이와 더불어 일대일로 정책으로 연결되는 주요국과 중국 도시의 도로, 전력, 항구 등의 기초 인프라 설비를 건설할 수 있는 업체 역시 수혜가 가능하다. 이 과정에서 자금지원, 위안화 결제 등의 역할을 수행할 금융기관 역시 수혜가 있을 것으로 기대된다. 장기적 관점에서는 실크로드 통과 주요국과의 무역 확대의 수혜 역시 가능할 것이다.

글로벌 기업에 대한 자산 투자
위안화 국제화와
중국의 해외투자 전략

글로벌 자산에 대한 투자 본격화

2015년 2월 중국의 안방보험이 우리나라 생명보험 시장 8위 업체인 동양생명의 지분 57퍼센트를 1조 1천억 원에 인수하였다. 또한 안방보험은 네덜란드 4위 금융그룹인 SNS레알의 자회사 비바트보험 지분 100퍼센트를, 미국 뉴욕 맨해튼 중심가의 빌딩을 사모펀드 블랙스톤으로부터 5천억 원에 인수하면서 해외기업과 부동산 투자에 많은 자금을 투입하는 모습을 보여주고 있다.

이처럼 최근 중국기업들이 글로벌 기업과 자산 투자에 무서운 속도를 내고 있다. UN무역개발협회의 '2015년 세계 투자보고서'에 따르면 중국의 해외 직접투자액은 전년대비 14퍼센트 증가한 1,010억 달러(110조 원)로 미국과 일본에 이은 세 번째 규모인 것으로 파악된다. 그 중 절반인 502억 달러가 해외기업 M&A에 사용된 것으로 알려졌다.

중국은 어느덧 세계의 공장에서 풍부한 외환보유고를 바탕으로 글로벌 기업과 자산을 사들이는 세계의 지갑으로 변신하였다. 이 단락에서는 중국의 위안화 해외투자 전략과 현황에 대하여 살펴보도록 하자.

상품 수출국에서 자본 수출국으로 변신

과거 중국은 정부 주도의 외자 유치 정책을 통해 인프라 설비를 구축하였고, 이를 기반으로 수출 중심의 성장을 해왔다. 성장 잠재력이 높은 자국의 내수시장과 해외기업의 기술 및 자본을 맞바꾸는 방식으로 부족한 기술과 자본을 유치하였고, 이러한 글로벌 기업의 투자 유치를 통해 기술을 베끼고 익혀 자동차, 철도, 기계 등의 산업이 빠른 성장을 할 수 있었다.

중국 상무부는 2014년을 기준으로 중국이 해외직접투자 순유출(자본수지 적자) 국가로 전환되었고, 향후 중국이 자본 수출국 역할을 확대할 것이라고 발표했다. 이는 상품 수출을 통해 벌어들인 풍부한 외환보유고를 바탕으로 적극적인 해외투자에 나서겠다는 의미로 해석된다.

중국이 자본 수출국으로 성장 전략을 변경하는 이유는 위안화의 기축통화 위상을 확보하기 위한 것으로 판단된다. 기축통화 지위를 확보하게 되면 통화정책의 독립성과 자율성을 확보할 수 있게 되며, 자국의 부채를 다른 국가로 전가시키고, 이를 활용하여 소비대국으로 성장할 수 있기 때문이다.

표 3.2 중국 위안화 SDR 편입 효과

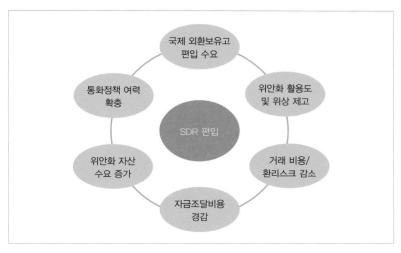

자료: 유안타증권

실제로 글로벌 기축통화 역할을 하는 미국의 통화정책 결정에 모든 나라가 주목하고 있으며, 미국의 국채는 높은 수요로 인하여 안정적인 금리수준을 보이고 있다. 이런 효과로 인해 중국, 일본, 영국의 GDP 대비 소비규모가 50~60퍼센트 수준을 보이는 것에 비해 미국은 72퍼센트로 소비대국의 지위를 확보하고 있다.

중국은 미국의 서브프라임 금융위기 이후 달러 패권에 도전하기 위해 위안화 국제화 전략을 점진적으로 시행해 나가고 있다. 위안화 경제권인 홍콩, 대만, 싱가포르, 마카오와 단일 경제권을 형성하고, 영국,

한국, 독일, 프랑스 등과 위안화 허브 구축하며, 아세안 지역 및 남미, 아프리카, 러시아 등에는 통화스왑과 무상차관과 같은 전략을 다양하게 실행하고 있다. 위안화 국제화를 위해서는 위안화 유통이 확대되어야 하며, 이를 위해서 중국은 경상수지 흑자 유지 속에서 자본수지(직접투자+포트폴리오투자+기타투자) 적자정책을 추진하고 있다.

포트폴리오(주식+채권) 해외투자 확대

중국에서 해외투자가 가능한 기관은 1)국부펀드CIC, 2)외환관리국SAFE, 3)연기금NSSF, 4)해외펀드QDII, 5)국가발전개혁위원회, 상무부가 인가한 기관이다. 국부펀드CIC의 자산규모는 7,500억 달러로 과거에는 정책 방향성에 맞추어 원자재 및 금융 산업에 집중 투자했으나, 최근에는 소비재와 IT 관련 기업에 투자 비중을 확대하고 있다.

외환관리국SAFE은 중앙은행으로부터 위탁받은 외환보유고를 직접 운용하고 있으며, 현재 미국채 투자비중이 30퍼센트 이상인 것으로 파악된다. 그러나 2012년 이후 미국과 일본 국채 비중을 점진적으로 축소하고, 신흥국과 유로존 채권과 금 투자를 늘리고 있다.

2004년부터 시행된 해외펀드는 로컬 감독기관의 승인을 받은 금융기관의 해외투자 라이센스로 현재 홍콩과 미국 투자비중이 80퍼센트 수준인 것으로 파악된다. 한국의 경우 홍콩, 미국에 이은 세 번째 투자국가이지만, 투자규모는 상대적으로 많지 않은 상황이다. 그러나 미국의 투자비중이 지속적으로 축소되고 있다는 점에서, 한국을 비롯한 이머징 자산에 대한 투자확대 추세는 중장기적으로 지속될 것으로 예상된다.

중국이 필요로 하는 것 – 기술, 브랜드, 콘텐츠

최근 중국의 해외기업 M&A는 과거와는 다른 패턴을 보이고 있다. 과거에는 국유기업을 중심으로 정책 방향성에 따라 에너지, 원자재, 금융 산업 중심의 M&A가 많았다면, 최근에는 민영기업을 중심으로 경쟁력 강화를 위한 M&A가 주로 시행되고 있다.

향후에도 중국 경제의 안정 성장 단계 진입, 대체에너지 수요 증가, 과잉 생산설비 구조조정 지속, 자원외교 확대 등의 요인으로 에너지와 원자재 관련 M&A 및 직접투자 수요는 지속적으로 둔화될 것으로 예상된다. 반면 상대적으로 현재 중국이 필요로 하는 기술, 브랜드, 콘텐츠 측면에서 활발한 M&A가 추진될 것으로 전망된다.

특히 최근 혼합소유제 등 국유기업 개혁 정책의 시행으로 민영기업들의 자본력이 강화될 것으로 예상됨에 따라 기업의 경쟁력을 높이기 위해 민영기업 중심으로 활발한 M&A가 예상된다.

1) 기술

과거에도 선진국과의 기술격차를 줄이기 위한 중국의 해외 M&A 사례는 많이 있었다. 그리고 그 과정에서 인수한 회사의 성장보다는 기술 유출에만 관심이 있었다는 의혹도 있었던 것이 사실이다.

2002년 현대전자에서 분사되어 중국 BOE그룹에 매각된 하이디스나, 2005년 상해자동차에 매각된 쌍용차의 경우 신제품 개발과 신규투자가 지연되면서 경쟁력 열위로 법정관리에 들어갔다. 이러한 의혹에도 불구하고 선진 기술 확보를 위한 중국의 M&A는 지속될 것으로 전망되며, 특히 상대적으로 기술격차가 큰 것으로 파악되는 의료, 바이오, 나노, 소프트웨어 등의 분야에서 활발한 움직임이 있을 것으로 보인다.

강소장전테크놀로지가 싱가포르 패키징 업체인 스태츠칩팩을, 철도부품업체 남차전기가 영국의 심해저 로봇과 해저 엔지니어링 업체인 SMD를 인수했고, 팹리스 업체인 SMIC가 우리나라의 동부하이텍 인수의향을 보이는 등 하이테크 분야의 M&A는 지속적으로 확대될 것으로 전망된다.

2) 브랜드

짝퉁으로 대표되는 이미지를 불식시키기 위해 중국기업들은 해외 브랜드 인수에 주력하고 있다. 특히 경기둔화로 경영난에 처해지고, 유로화 약세로 저가 매력이 높은 유럽기업들에 대한 인수가 늘어나고 있다.

대당 80억 원이 넘는 고급 요트를 제조하는 이탈리아의 자랑인 '페레티'는 현재 중국의 산둥중공업이 운영하고 있다. 레노보는 브랜드 이미지를 높이기 위하여 'ThinkPad'로 유명한 IBM의 PC사업부를 12억 5천만 달러에 인수하였고, 구글로부터 모토로라 모바일 사업을 29억 1천만 달러에 인수하면서 글로벌 3위 휴대폰 업체로 부상하였다.

2010년에는 길리자동차가 포드로부터 볼보의 승용차 부문을 18억 달러에 인수하기도 하였다. 한국에서도 예외는 아니다. 대표적으로 랑시그룹이 국내 1호 유아복 업체인 아가방앤컴퍼니를 320억 원에 인수하였고, 2013년에는 홍콩 리앤펑그룹이 유아복 브랜드 블루독과 밍크뮤를 보유한 서양네트웍스를 1,960억 원에 인수하였다.

3) 콘텐츠

콘텐츠 분야에서는 중국 내 한류 열풍에 따라 한국기업 인수 및 협업에 관심이 확대되는 것으로 파악된다. 텐센트가 2014년 CJ게임즈에 5,300억 원을 출자한 데 이어, 모바일게임 개발업체인 파티게임즈에 200억 원을 투자를 하였다. 또한 모바일게임 개발업체 네시삼십삼분 지분 25퍼센트를 1천억 원에 인수하였다. 텐센트는 카카오에도 지분을 출자하여 협업을 하고 있다.

표 3.3 중국 모바일 게임시장 규모 및 성장률

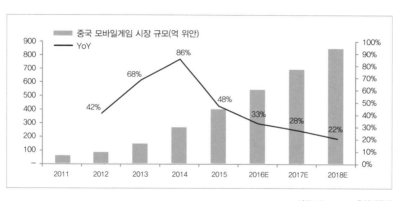

자료: iResearch, 유안타증권

이와 더불어 중국 주니인터내셔널이 '올인'과 '주몽'으로 한류열풍을 이끈 초록뱀미디어에 120억 원을 투자함에 따라 이 회사의 경영권을 확보하였다. 이 밖에도 화처미디어는 국내 영화배급사인 뉴의 지분 15퍼센트를 535억 원에 매수하였고, 소후닷컴은 키이스트에 150억 원을 투자함으로써 2대 주주에 올랐다.

중국의 모바일 산업이 고속성장하고 있으며 특히 LTE 서비스의 대중화에 따라 관련 콘텐츠의 수요가 증가할 것으로 예상됨에 따라 중국 기업들의 콘텐츠 확보 경쟁은 당분간 지속될 것으로 예상된다. 특히 한중 FTA 체결 이후 미디어 산업 분야의 중국자본 진출이 가속화될 것으로 전망된다.

3

새로운 중국을 매수하다
선강퉁深港通
살펴보기

후강퉁 다음으로 선강퉁 시행

2015년 전국인민대표대회 정부 업무보고에서 리커창 총리는 경제 발전 목표를 제시하면서, 심천거래소와 홍콩거래소 간의 교차거래를 의미하는 '선강퉁'을 2016년 내 시행할 계획임을 발표했다.

후강퉁 시행 이후 상해 증시가 상승하고 거래대금이 증가했던 학습효과의 영향으로, 리커창 총리의 선강퉁 시행 발언이 나오자 심천 증시에 대한 관심이 확대되고 있다. 이와 관련하여 골드만삭스자산운용 회장 짐 오닐은 인터뷰에서, 중국 소비가 중요한 투자 아이디어이며 이러한 관점에서 소비재, IT, 헬스케어 등 변화하는 중국 소비 트렌드를 반영하는 섹터 비중이 높은 심천 증시가 New China를 대표하는 주식시장이라고 언급했다.

이에 따라 이 단락에서는 심천 증시의 개요와 현황, 예상되는 선강 통 기대 효과에 대해서 알아보기로 하자.

심천거래소의 구성과 특징 살펴보기

세계거래소 협회에 따르면 2016년 9월말 기준 심천거래소의 시가 총액은 3조 2854억 달러로, 3조 9757억 달러인 상해거래소 보다는 작 지만, 세계 거래소 중 7위에 해당하는 위상을 확보하고 있다.

표 3.4 세계 주요 거래소 시가총액, 거래대금

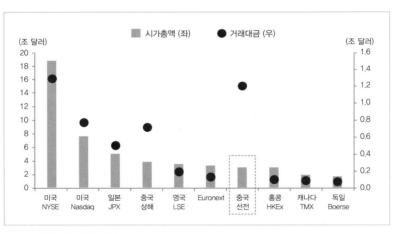

자료: 세계거래소협회, 유안타증권

메인보드 시장으로만 구성되어 있는 상해거래소와는 달리 심천거 래소는 메인보드, 중소기업시장SME과 벤처기업 위주의 차이넥스트

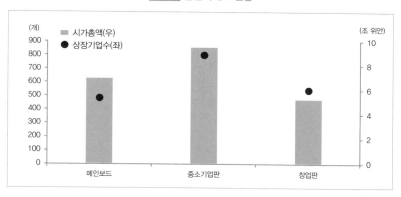

표 3.5 심천거래소 현황

(개)   ■ 시가총액(우)   (조 위안)
900   ● 상장기업수(좌)
800
700
600   10
500   8
400   6
300
200   4
100   2
  0   0
        메인보드   중소기업판   창업판

자료: 심천거래소, 유안타증권

Chinext로 구성되어 있다는 차이점이 있다. 이는 국유기업, 대기업 위주의 상해거래소와는 달리 심천거래소는 중소기업 및 벤처기업 육성을 위한 자본조달 목적을 갖고 설립되었기 때문이다. 우리나라로 생각하면 상해거래소는 코스피, 심천거래소는 코스닥으로 생각하면 이해가 쉽다.

이러한 정책적 목적에 따라 2004년 설립된 SME와 2009년 설립된 ChiNext 모두 높은 성장세를 보였다. 2004년 설립 초기 40여개 미만이었던 SME 시장의 상장기업 수는 현재 799개까지 증가하였으며, ChiNext 시장 역시 2009년 상장기업 36개로 시작하여 현재 532개까지 성장하였다.

시가총액 역시 SME는 최근 5년간 5배 이상, ChiNext 시장은 17배 성장하여, SME의 경우 현재 메인보드 시장의 시가총액을 넘어선 상황이다. 2016년 9월말 기준 심천거래소의 시가총액 비중은 메인보드 32퍼센트, SME 44퍼센트, ChinNext 24퍼센트로 구성되어 있다.

표 3.6 상해, 심천, 항셍지수 비교

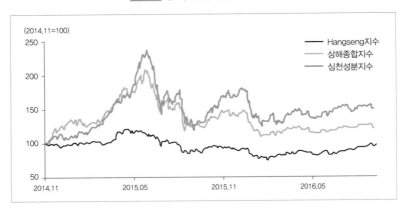

자료: Wind, 유안타증권

심천거래소의 경우 심천성분지수를 대표지수로 사용하고 있다. 심천성분지수는 우리나라의 코스피200 처럼 심천거래소 내 상장회사 중 업종 대표주 500개를 뽑아 개별 주가를 가중평균 한 지수이다. 1994년 7월 20일 1,000포인트에서 시작한 심천성분지수는 2016년 9월 30일 종가기준 10,567포인트까지 상승하였다.

선강퉁 실시의 기대효과

중국은 선강퉁 시행을 통해 대형국유기업 위주의 상해거래소 외에, 중소기업 및 벤처기업 육성을 위한 기업 단계별 자본시장 육성 정책을 가속화할 수 있을 것으로 기대된다.

이와 더불어 선강퉁 시행을 계기로 지속적인 증시 개방을 통해 시장제도 감독체계 업그레이드, 펀드, 채권, 선물옵션 등 업무 다양화 및 제도 개선 역시 가능할 것으로 예상된다. 또한 일대일로 정책을 지원하기 위한 자본시장 국제화 효과도 얻을 수 있을 것으로 기대된다. 이러한 관점에서 심천거래소는 실크로드지수를 따로 발표하기도 했다.

선강퉁에 주목해야 하는 이유

심천 증시의 구성 섹터 비중, 접근성, 시장수급 측면에서 선강퉁에 관심을 가져 볼만한 것으로 판단된다. 현재 글로벌 저금리 기조에 따라 유동성이 풍부한 상황에서 유효수요 부족에 따라 저성장, 저물가 기조가 이어지고 있다. 이에 따라 성장에 대한 프리미엄은 점차 높아지고 있는 상황이다.

이와 더불어 각 국가별로 유효수요 창출을 위해 SNS, 모바일, 전기차, 헬스케어 등의 신성장산업을 적극적으로 육성하고 있다. 특히 IT 기기의 발달과 모바일 인터넷 속도 개선에 따라 다양한 산업이 생겨나고 있으며, 기존 전통산업과도 융합하면서 새로운 사업기회를 창출하고 있다.

심천거래소의 업종별 비중을 살펴보면 IT 21퍼센트, 경기소비재 18퍼센트, 산업재 17퍼센트, 소재 14퍼센트, 금융 10퍼센트, 헬스케어 9퍼센트 순으로 구성되어 있다. 이에 비하면 상해거래소는 금융 33퍼센트, 산업재 18퍼센트, 경기소비재 11퍼센트, 에너지 10퍼센트 등으로 구성되어 서로 차이와 특징을 알 수 있다.

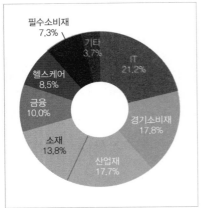

표 3.7 심천거래소 업종별 비중

필수소비재 7.3%
기타 3.7%
IT 21.2%
헬스케어 8.5%
금융 10.0%
소재 13.8%
산업재 17.7%
경기소비재 17.8%

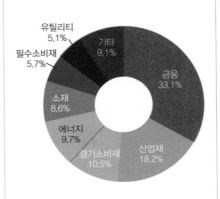

표 3.8 상해거래소 업종별 비중

유틸리티 5.1%
필수소비재 5.7%
기타 9.1%
금융 33.1%
소재 8.6%
에너지 9.7%
경기소비재 10.5%
산업재 18.2%

자료: Wind, 유안타증권

    또한 심천거래소에는 신성장산업 내에서 고속성장을 보이는 벤처, 중소기업이 많이 상장되어 있어 글로벌 투자자들의 관심이 확대될 것으로 예상된다. 국내 투자자들이 관심이 높은 모바일, SNS, 헬스케어, 콘텐츠 등의 성장 기업이 많이 상장되어 있고, 국내기업과도 협업이 활발하게 이루어지고 있다는 점에서 리서치 측면에서의 접근 가능성도 상해 증시 대비 상대적으로 높을 것으로 판단된다.

    실제로 심천의 BOE테크놀로지는 한국의 LG디스플레이의 경쟁 상대로 부상하고 있으며, 한국 디스플레이 장비업체들로부터 많은 장비를 구매하고 있다. 심천의 GREE는 한국의 LG전자와 글로벌 에어컨 시장에서 경쟁하고 있으며, 심천의 화이브라더스는 국내업체로부터 영화를 구매하여 중국에서 배급하고 있다.

    국내기업들의 경쟁사 혹은 협력사로 언급되는 기업들에 실제로 투자할 수 있는 기회가 열린다는 점에서, 상해거래소의 대형국유기업 보다는 분석이 용이할 것으로 기대된다.

수급측면에서는 최근 중국정부의 신용거래 규제가 이어지고 있고, IPO 등록제가 시행됨에 따라 시장수급이 분산되고 종목별 수익률 차별화 현상이 심화될 것으로 예상된다.

특히 대형국유기업의 경우 국유기업 개혁의 일환으로 혼합소유제 정책이 진행되고 있어, 수급 측면에서 부담으로 작용할 가능성이 높다. 따라서 심천 증시의 상대적 강세흐름이 당분간 지속될 것으로 전망된다.

높은 밸류에이션과 변동성 주의

상해거래소의 이익증가율 추정치가 한자리 수에 그칠 것으로 예상되는 것에 비해, 심천거래소의 경우 20퍼센트 이상의 성장을 보일 것으로 예상된다. 그러나 심천거래소의 PER은 40배 수준이며, 12개월 포워드 PER 역시 20배를 상회하고 있어, PER 21배 수준인 한국의 코스닥 시장 및 기타 글로벌 시장 대비 부담스러운 수준을 보이고 있다.

이와 더불어 최근 개인투자자 매매를 중심으로 시장이 상승했다는 측면에서 변동성 확대도 투자 시 주의해야 할 것으로 판단된다.

표 3.9 중국증시 밸류에이션 비교

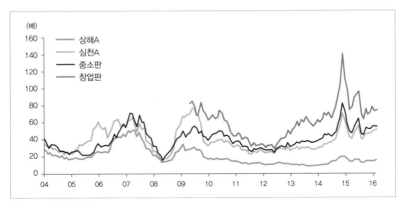

자료: Wind, 유안타증권

선강퉁 거래 예상 종목

선강퉁은 후강퉁과 매매 시스템 측면에서는 큰 변화가 없을 것으로 보인다. 홍콩거래소를 통해 심천 주식을 거래하는 선강퉁의 대상종목은 심천성분지수와 심천중소창신지수를 구성하는 종목 중 시가총액 60억 위안 이상의 종목과, 심천과 홍콩에 동시 상장한 종목(A+H)으로 880여 개의 종목이 포함된다.

다만 선강퉁 시행 초기에는 차이넥스트ChiNext는 우선 전문적인 기관 투자자들만을 대상으로 열리게 된다.

미국 중심의 세계질서를 재편하다

아시아인프라투자은행_{AIIB}과 중국의 금융굴기

AIIB 출범과 중국의 글로벌 위상

2013년 시진핑 주석이 동남아 순방 중 건립을 제안한 이후, 2014년 인도, 싱가포르 등 아시아 21개국 국가가 설립을 위한 양해각서에 서명했다. 2015년에는 미국의 전통적인 혈맹국인 영국을 비롯하여 프랑스, 독일, 이탈리아 등 유럽의 주요 국가들도 가입함으로써, G2 국가로서의 중국의 글로벌 위상을 다시 한 번 확인할 수 있었다.

미국 중심의 글로벌 금융질서가 새롭게 재편되려는 움직임을 보이는 시점에서, 미국과 미국의 전통적 우방국인 일본은 AIIB에 참가를 하지 않은 상황이지만, 우리나라는 양 강대국 사이에서 눈치를 보다가

고민 끝에 경제적 관점에서 결국 참가를 선언했다.

이에 따라 이번 단락에서는 중국 주도의 아시아인프라투자은행의 위상과 역할, 그리고 앞으로의 세계 금융시장에 대한 영향력과 미래모습에 대하여 살펴보기로 하자.

AIIB는 新실크로드 정책의 금융지원 역할

AIIB는 중국 주도로 창설된 국제금융기구로 아시아 개발도상국들이 사회간접시설을 건설할 수 있도록 자금을 지원하여, 중국의 일대일로 정책을 완성하려는 목적을 갖고 있다고 하겠다. 2014년 아시아 21개국이 설립을 위한 양해각서에 공식 서명함으로써, 초기 자본금 500억 달러 규모로 출범하였다. 2015년에는 영국, 프랑스, 독일, 이탈리아 등이 양해각서를 체결함으로써 참여 국가는 57개국으로 늘어났다. 이들 참여국의 투자를 받아 1,000억 달러까지 자금을 확충하여 2016년부터 본격적으로 운영을 해오고 있다.

AIIB가 각국에 미치는 긍정적 영향

AIIB의 1차적인 목표는 아시아 지역의 개발도상국들에게 인프라투자에 필요한 자금을 지원함으로써, 상대적으로 수혜를 받지 못한 국가를 구제하는 것이다. 2010~2020년까지 아시아 지역에는 인프라투자를 위해 매년 8천억 달러의 자금 지원이 필요하지만, 실제 지원은 연 100억 달러에 그치고 있다. 기존 미국 중심의 선진국 투자은행은 아시아 개발도상국에 대한 지원이 부족해서 사각지대로 놓여있는 상태였다.

AIIB는 일대일로 정책을 중심으로 한 新실크로드 전략과 관련된 인프라 투자에 집중할 것으로 예상된다. 新실크로드 전략에 따르면 육상 실크로드는 동북아시아에서 중앙아시아를 거쳐 독일까지 연결되고, 해상 실크로드는 동북아시아에서 동남아시아와 인도양을 거쳐 유럽까지 연결될 계획이다.

중국은 일대일로, 新실크로드 정책을 통해 철도, 원자력, 건설 등 주력 사업의 해외진출, 과잉 생산설비의 효율적 이용, 미국 중심의 금융, 물류, 안보질서 재편 등의 효과를 얻을 것으로 기대된다. 이와 더불어 인도, 아세안, 중동국가는 항만, 도로, 전력 등의 기초 인프라 투자를 위한 투자자금과 기술을 지원받음으로써 제조업 경쟁력 강화, 일자리 창출, 상품 부족에 따른 구조적인 인플레이션 해결, 산업 다각화에 따른 원자재 가격 하락 영향 분산 등의 성과를 거둘 수 있을 것으로 기대된다. 유럽 국가 입장에서는 남유럽위기 이후 침체된 경기를 회복시킬 수 있는 기회가 될 것으로 판단된다.

물론 1,000억 달러 규모까지 늘어난 AIIB의 자본금은 현재 1,650억 달러에 이르는 ADB(아시아개발은행)의 자본금 대비 낮은 수준이다. 하지만 ADB의 경우 아시아 태평양 지역의 빈곤 해소를 가장 큰 목표로 환경 문제부터 성 불평등 문제 등 거의 모든 분야에 자금을 지원한다는 점에서, 일대일로 정책 관련 인프라 투자에만 자금을 지원하는 AIIB의 자본금이 결코 적다고 할 수는 없겠다.

미국과 중국의 금융 발 헤게모니 경쟁

AIIB가 최근 더 주목받게 된 이유는 미국과 일본이 오랫동안 주도해온 WBWorld Bank, ADB(아시아개발은행) 등 기존 국제 금융기구에 맞서, 중국의 영향력을 키우기 위한 대항마 성격이 강하기 때문이다. 미국은 그동안 글로벌 기축통화인 달러를 바탕으로 세계 경제에 영향력을 행사해왔고, IMF, WB, ADB 등의 국제 금융기구가 미국의 첨병 역할을 해왔다.

기축통화는 국제 간의 결제나 금융거래의 기본이 되는 통화로, 쉽게 말해 모두가 글로벌 결제나 금융거래를 하기 위해서는 달러를 써야 한다는 것이다. 따라서 달러는 모든 국가에서 항상 수요가 있을 수밖에 없고, 이에 따라 미국의 금융정책에 따라 각 국가의 경제는 영향을 받을 수밖에 없다.

달러가 부족한 나라는 IMF 등의 국제 금융기구를 통해 자금 지원을 받으면서, 미국이 원하는 정치, 경제적 요구를 들어줄 수밖에 없었다. 중국이 미국 중심의 IMF와 WB에 대항하기 위한 NDBNew Development Bank 설립을 추진 중이고, IBRDInternational Bank for Reconstruction and Development, ADB와 경쟁하기 위해 AIIB를 설립한 것은 이러한 미국 중심의 금융질서를 바꾸겠다는 의지로 해석할 수 있다.

풍부한 외환보유고를 기반으로 한 적극적인 해외투자와 더불어 중국은 후강퉁, 선강퉁과 같은 자본시장 개방, 외환시장 개방, 통화스왑 등의 정책을 통해 위안화 국제화를 추진하고 있다. 중국은 위안화 국제화를 통해 위안화를 기축통화로 만들고 글로벌 통화정책의 주도권을 확보하며, 타국가로의 부채 전가 등을 통해 글로벌 소비대국으로 성장한다는 계획을 갖고 있다.

금융, 인프라 부문뿐만 아니라 미국의 TTP~Trans-pacific partnership~과 중국의
한중일 FTA가 현재 대립하는 모습으로 국제통상 분야에서도 양국의
헤게모니 싸움은 치열해질 것으로 예상된다.

표 3.10 주요 국제 금융기구 현황

구분	아시아개발은행 (ADB)	세계은행 (WB)	국제통화기금 (IMF)	아시아인프라투자은행 (AIIB)
설립목표	아시아–태평양 경제개발지원	전세계 개도국 경제개발지원	세계무역 및 외환시장 안정	아시아–태평양 개도국 인프라 건설
설립연도	1966년	1945년	1945년	2015년
자본금규모	1,650억 달러	2,232억 달러	8,374억 달러	1,000억 달러
회원국	67개	188개	188개	57개

자료: 언론보도, 유안타증권

AIIB 이후 글로벌 통화 전쟁

최근 각국의 양적완화 및 금리인하를 통한 환율전쟁이 심화되고 있
다. 각국은 자국의 환율 약세를 통해 수출경쟁력을 확보하고, 수입물
가 하락을 방지하여 디플레이션 상황을 방지한다는 목적을 갖고 있다.

그러나 채권왕 빌 그로스가 지적했듯이 현재 상황은 글로벌 유효수
요가 부족한 'New Normal' 시대다. 유효수요 부족은 소비와 산업생산
둔화로 이어지고, 이는 다시 기업의 투자부진으로 이어지며 디플레이
션 우려를 확대시킨다. 이에 따라 글로벌 각국은 유효수요 창출과 인

플레이션 상황 유발을 위해 기존의 환율 약세 정책과 더불어 재정확대 정책에 나설 가능성이 높다. 그리고 그 계기는 AIIB 설립과 중국의 일대일로 정책일 가능성이 높다고 판단된다.

AIIB의 본격적인 운영이 진행되려면 향후 1~2년 정도 더 두고 봐야 하겠지만, 향후 재정확대 정책의 본격적 시행은 글로벌 유효수요 창출에 기여할 것으로 기대되며, 인플레이션에 대한 기대감 확대는 글로벌 위험자산 선호 심리에 긍정적인 영향을 줄 것으로 기대된다.

AIIB 출범과 활성화에 대한 투자 유망분야

AIIB의 설립으로 중국의 일대일로 정책이 구체화될 것으로 예상됨에 따라 관련 산업의 수혜도 가시화될 것으로 전망된다. 가장 먼저 철도산업의 경우 일대일로 정책의 직접적인 수혜가 가능한 분야로서, 중기적인 관점에서 일대일로 프로젝트의 실적 기여가 가능할 것으로 기대된다.

이와 더불어 철도산업의 후방산업인 철강산업도 그동안 공급과잉 상황에 놓여있었으나, 철도 프로젝트 증가에 따른 수요개선 및 신환경법에 따른 공급 감소로 수급 불균형 해소가 가능해질 것으로 기대된다.

또한 중국 정부는 일대일로 정책 추진 시 철도산업의 해외진출과 함께 원자력발전의 동반진출을 추진하고 있다는 점에서 관련 산업과 기업의 수혜가 예상된다. 중장기적으로는 물동량 증가 및 여행객 증가에 따른 물류, 운송, 여행업체의 수혜 역시 기대된다.

5

중국 뉴노멀시대, 한중 합작의 새로운 기회
the bell 차이나 콘퍼런스 참가기

한국과 중국의 합작과 새로운 기회

더벨이 주최하는 차이나 콘퍼런스는, 국내 투자자들에게 중국의 현황과 투자 방향을 설정하는데 좋은 정보를 제공하고 있다. 2015년에는 "뉴노멀시대, 한중 합작의 새로운 기회"라는 주제로 개최되어, 한중 전문가들의 심도 있는 발표와 토론이 진행되었다. 한중 양국 합작 사업에 관한 좋은 자료라 이 책에서 소개한다.

최근 한국과 중국은 경제와 산업 그리고 문화와 엔터테인먼트 등에서 합작 사업을 많이 진행하는데, 이번 콘퍼런스에서 그에 대한 많은 정보가 논의 되었다. 특히 중국이 뉴노멀 시대에 진입하고 적정한 투자와 내수중심의 성장모델을 목표로 설정했다는 점에서 관심이 집중되었다. 이번 단락에서는 향후 높은 성장이 기대되는 헬스케어와 문화 콘텐츠 분야의 산업 전문가들의 분석과 통찰을 투자자들이 공유하는 좋은 기회를 가져보기로 하자.

뉴노멀 시대, 한중 합작의 새로운 시대

기조연설을 맡은 저우쿤 중국 상장사 협회 감사장은 중국은 뉴노멀 시대에 진입했으며, 고속 성장에서 중고속 성장으로 전환하였다고 밝혔다. 그래서 규모와 속도를 중시하던 성장모델에서 내실과 효율을 우선하는 성장모델로 변화하고 있다고 언급했다.

그러면서 중국 성장구조 변화의 구체적인 내용으로 소비의 업그레이드, 투자방향의 전환, 수출구조 고도화, 전통산업 구조조정과 신흥산업 부상, 신성장 동력과 혁신을 꼽았다. 저우쿤 감사장은 이러한 성장구조의 변화는 투자자들에게 새로운 기회를 제공할 것이라고 전망했다. 특히 중국 정부가 에너지절약, 환경보호, 정보기술, 바이오 등 신성장산업의 부가가치 비중을 2020년까지 GDP의 15퍼센트 수준까지 확대시킬 계획이라는 점에 주목해야 한다고 강조했다.

불황 탈출을 위한 중국 정부의 노력

이어 발표한 장시위안 중국 서남증권 수석연구원은 현재 과잉생산, 소비침체, 국유기업 및 지방정부의 부채 확대와 같은 중국 경제의 구조적인 문제점은, 고성장 시기에 축적된 부작용들과 2008년 금융위기에 대한 과도한 대응에 의한 것이라고 진단하였다.

장연구원은 중국이 구조적 경기 둔화에서 벗어나기 위해서는 단기적으로 소비 촉진 정책이 필요하다고 언급하였다. 그래서 최근 공무원 급여 인상 정책은 이러한 소비 촉진 정책의 일환이라고 설명하였다. 중기적으로는 부동산 완화 정책과 함께 안정적인 투자가 지속되어야 한다고 언급하였다. 특히 중국의 공공시설은 서유럽 국가의 38퍼센트, 북미 국가의 23퍼센트에 불과하고, 서비스업 수준은 중국과 비슷한 개발도상국 대비 10퍼센트포인트 이상 더 낮은 수준이기 때문에 이러한 분야에 투자가 집중되어야 한다고 강조하였다.

장기적인 성장을 위해서는 저우췬 감사장의 의견과 마찬가지로 혁신이 필요함을 강조하였다. 중국 정부가 강력하게 추진하는 "중국 제조 2025" 프로젝트에 대한 관심이 필요하며, 과거 과잉생산 압력에 시달리던 미국이 2차 세계대전과 마샬플랜을 계기로 해외진출을 가속화하면서 어려움을 극복한 것처럼, 중국 역시 일대일로 정책을 계기로 적극적인 해외진출에 나설 것으로 전망하였다.

이와 더불어 국유기업 개혁은 중국 경제의 새로운 트렌드가 될 것으로 예상하고 있으며, 국유기업 개혁은 경제성장, 지방부채 완화 등의 효과와 민간자본의 진출 기회를 가져올 것으로 전망했다.

한중 헬스케어 산업의 합작 및 투자기회

먼저 중국 뷰티산업에 대해 발표한 천광 웨이메이두 미용체인그룹

대표는 2014년 2,726억 위안 규모인 중국의 뷰티 화장품 산업이 2018년 4,759억 위안으로 연평균 12퍼센트 이상의 성장률을 보일 것으로 전망했다. 특히 소비자 요구가 다양해지면서 뷰티 화장품 산업은 세분화 추세가 지속될 것으로 보이며, 화장품에 대한 수요도 개인적인 사용을 넘어 뷰티숍, SPA숍, 힐링스파, 마이크로시술, 안티에이징시술 등 전문적인 서비스로 진화하고 있다고 설명했다.

또한 천광 대표는 한국의 높은 재생케어, 안티에이징 성형기술을 중국에 도입하고 싶다는 의사를 보이면서, 중국의 뷰티 화장품 산업은 이제 초급에서 중급으로 넘어가는 단계로, 전문기관의 소비 트렌드 리딩이 필요한 시장임을 강조했다. 이에 따라 차별화된 기술을 확보하고 있는 한국 기업과의 파트너십 체결 가능성도 염두하고 있다고 언급했다.

표 3.11 중국 의료미용 시장규모 추이

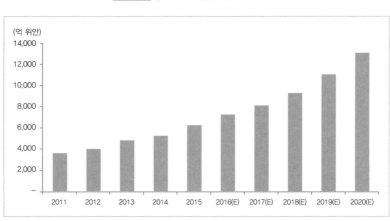

자료: 중국산업정보망, 유안타증권

이어서 중국 웰빙산업 투자협력에 대해 발표한 궈하이타오 선전 GTJA인베스트그룹 파트너는 중국의 총 보건비와 인당 보건비는 모두 선진국 및 중진국 대비 낮은 수준으로, 향후 5년간 미국의 6퍼센트 대비 상대적으로 높은 12퍼센트 이상의 고 성장세를 보일 것으로 전망했다. 이에 따라 의학 산업이 GDP에서 차지하는 비중은 2011년 3.3퍼센트에서 2015년 5.2퍼센트까지 확대될 것으로 전망했다.

세부적으로는 감염성 질환, 소화계통 질환 보다는 악성종양, 심뇌혈관, 관절염 등의 만성질환, 우울증 관련 약품의 성장률이 높을 것으로 예상했다. 특징적인 것은 중국의 헬스케어 관련 산업 규제는 점차 완화되고 있으나, 인증, 심사, 위생, GMP설비 같은 기준은 오히려 국제수준 이상으로 높아지고 있다는 점이었다.

두 번째 세션의 진행을 맡은 박성호 SV인베스트먼트 대표의 발표가 인상적이었다. 5년 전 넥슨, 엔씨소프트와 같은 한국의 게임 개발사들은 중국 보다 앞서 있었으나, 단순히 한국의 게임을 중국에 파는 데 집중하다 보니, 현재 시점에서는 한국 게임업체가 정체되어 있는 것과는 달리 중국의 게임 개발사들은 이미 한국을 넘어섰다는 평가를 받고 있다고 했다. 그 예로 한국 게임을 퍼블리싱 하던 텐센트는 시가총액 기준으로 삼성전자를 넘어 아시아 최고의 IT기업으로 성장했다고 전했다.

덧붙여서 최근 중국이 뷰티산업과 헬스케어 산업에 집중하고 있는데 과거 게임 산업의 사례처럼 우리가 앞서 있는 짧은 순간에 단순히 물건만 팔고 끝나는 모델이 아닌, 지속 가능한 협력관계 및 비즈니스

모델 구축이 중요하다고 언급하면서 한국의 위기의식이 필요하다고 강조하였다.

한중 문화콘텐츠 산업의 발전현황 및 투자기회

세 번째 세션의 첫 순서는 쉬야오원 쑹청엔터테인먼트 CIO의 발표로 시작되었다. 쉬야오원 투자총괄은 글로벌 문화소비는 1인당 GDP가 5,000달러를 상회할 때 본격 성장하며, 중국은 2011년 1인당 GDP가 5,400달러를 돌파하면서 문화소비가 급성장하는 시기에 진입했다고 언급했다.

또한 정부 역시 스포츠, 인터넷, 미디어출판을 포함한 12개의 지원정책을 발표하고 지원해오고 있다. 그리고 모바일 인터넷 사용자가 급증하는 등 소득 정책 인프라 관점에서 중국의 문화산업은 당분간 고성장 할 것으로 예상했다.

현재 중국의 주요 문화 소비층은 90년대생 주링허우로, 이들은 중국 영화 관객의 52퍼센트를 차지하고 있다고 했다. 주링허우는 인터넷 발전과 함께 성장한 세대로 개성 추구 욕구가 강하며, 애니매이션, 코믹, 게임 등에 관심이 많은 세대다. 이에 따라 최근 중국에서는 인터넷 미니드라마와 하이틴 영화 그리고 아이돌그룹이 인기가 있으며, 한국 기업들과 투자자들은 이러한 트렌드에 관심을 가져야 한다고 강조했다.

중국 미디어산업 관련 기업의 시가총액은 최근 5년간 10배 증가하였으며, 현재 PER은 94배에 이르고 있다고 했다. 향후 지적재산권을

표 3.12 중국 영화관수 추이

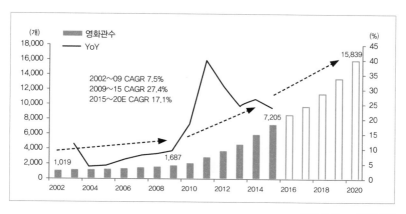

자료: EntGroup, 유안타증권

중심으로 경쟁이 이루어지는 산업의 특성을 감안하면 M&A가 더욱 활성화될 것으로 예상되며, 지적재산권을 중심으로 영상, 예능, 캐릭터, 게임, 테마파크 등 다양한 산업으로 파생이 가능하다는 점을 고려 시 중국 문화산업 내 기업들의 주가 상승은 지속될 수 있을 것으로 전망했다.

두 번째 발표를 맡은 중국문화산업투자펀드 디렉터 탕샤오밍은 중국의 문화산업 내에서도 e스포츠 산업은 현재 초기 단계로, e스포츠 생방송 시장규모는 2018년까지 연간 108퍼센트의 높은 성장세를 보일 것으로 전망했다. 이와 더불어 교육, 스포츠, 관광, 패션, 외식 등의 분야에서도 한국 기업과의 협업이 활발히 진행될 것으로 예상됨에 따라, 국내 투자자들 역시 관련분야에 대한 관심을 지속적으로 가져야 할 것이라고 조언했다.

표 3.13 중국 e스포츠 가입자 수

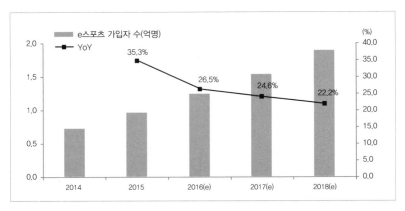

자료: iResearch, 유안타증권

한중합작 투자 유망분야

중국 증시에서는 인프라투자 확대 수혜가 가능한 기업들과 인터넷 플러스, 중국제조 2025 정책, 국유기업 개혁 등의 수혜가 가능한 정책 수혜주 중심의 접근이 여전히 유효한 것으로 판단된다. 이와 더불어 한국 기업의 경우 문화, 뷰티, 헬스케어 등의 산업에서 지적재산권을 기반으로 중국과 협업할 수 있는 기업들이 지속 가능한 성장을 보여줄 것으로 예상된다.

6

레버리지를 통해 살펴보는 중국 증시
중국 그림자 금융의
현황

증시를 흔드는 그림자 투기자금

중국 정부가 우산신탁을 통한 증시에서의 신용거래를 규제하겠다고 밝히면서 증시가 출렁거리기도 했다. 이와 더불어 최근에는 장외 레버리지 상품을 통한 투기자금 유입의 규제 가능성이 확대되면서, 증시 조정과 맞물린 신용물량 청산이 증시의 급격한 가격조정으로도 나타나기도 했다.

2008년 글로벌 금융위기 이후 바닥을 다진 중국 증시는 이후 완만한 상승을 해왔다. 그런 가운데 2013년에는 은행의 자산관리상품이 폭발적으로 성장하면서, 단기로 조달한 자금을 광산이나 부동산과 같은 장기 투자처에 투자하는 자금의 미스매치 현상이 늘어났다. 이에

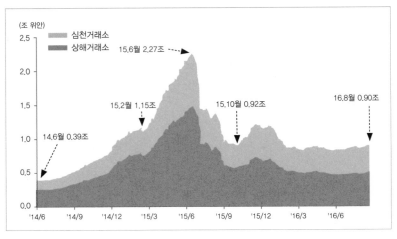

표 3.14 중국증시 신용잔고 추이

(조 위안)

■ 심천거래소
■ 상해거래소

15.6월 2.27조

15.2월 1.15조

15.10월 0.92조

16.8월 0.90조

14.6월 0.39조

자료: Wind, 유안타증권

따라 사상 유례가 없는 유동성 경색을 겪기도 했다.

이처럼 우산신탁, 장외 레버리지 상품, 자산관리상품 등과 같은 그림자 금융은 상대적으로 규제가 약하고, 수익구조가 복잡하다는 특징 때문에 잠재적 부실 우려를 낳고 있다. 이에 따라 최근 국유은행의 경우 국유기업 개혁의 일환으로 혼합소유제 시행과 함께, 자산관리상품 업무를 분리하는 방안을 검토하는 것으로 알려졌다. 이번 단락에서는 수면 아래에 숨어있는 중국의 그림자 금융의 현황과 그것이 증시에 미치는 영향에 대하여 살펴보기로 하자.

그림자 금융의 정의와 종류

그림자 금융은 투자은행, 헤지펀드, 사모펀드, 구조화투자회사 등

표 3.15 중국 P2P 대출규모 추이

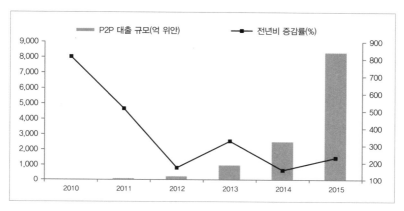

자료: Wind, 유안타증권

과 같이 은행과 비슷한 역할을 하면서도 중앙은행의 규제와 감독을 받지 않는 금융기관과, 머니마켓펀드MMF, 환매조건부채권RP, 자산유동화증권ABS 등과 같은 금융상품, 그리고 이러한 금융기관들 사이의 거래를 의미한다. 그림자 금융이라는 표현은 은행 대출을 통해 자금이 유통되는 일반적인 금융시장과 달리, 투자 구조가 복잡하여 손익이 투명하게 드러나지 않는다는 점에서 유래한 것으로 파악된다.

중국에서는 그림자 금융을 은행의 여신 계정에는 포함되지 않으나, 신용중개 기능이 가능한 방식의 대출을 통칭하는 것으로 정의하고 있다. 바클레이즈 증권에서는 2013년 말 기준 중국의 그림자 금융 규모를 40조 위안으로 추정하고 있다. 그 중 은행의 자산관리상품WMP과 신탁사의 신탁상품이 30조 위안을 상회하며 대부분의 비중을 차지하고 있고, 최근에는 P2P 대출이 급격히 늘어나고 있는 것으로 파악된다.

은행의 자산관리상품은 예금과 대출 등 전통적 업무 외에 고객이 맡긴 자산을 대신 관리하고 증식해주는 상품으로, 국내의 실적 배당형 상품과 유사한 특성을 갖고 있다. 은행의 자산관리상품은 채권과 MMF, 신탁과 연계된 비상장기업, 대출, 부동산 등에 투자하게 된다.

한편 신탁사의 신탁상품은 투자자금을 모집해 제도권 대출이 어려운 중소기업과, 부동산, 지방정부와 연계된 SOC 사업에 대한 대출, 지분투자를 하고 있다.

그림자 금융 확대 요인

중국의 그림자 금융은 2010년 66퍼센트의 성장률을 기록한데 이어 2011년 28퍼센트, 2012년 36퍼센트, 2013년 31퍼센트의 높은 확장세를 보이고 있다. 이처럼 중국의 그림자 금융이 확대된 이유는 먼저 경제의 고성장 과정에서 자금수요가 공급보다 많았기 때문이다.

중국은 글로벌 금융위기 이후 4조 위안의 대규모 자금을 투입하여 경기부양책을 펼쳤고, 이후에도 고정자산투자 비중을 GDP 대비 50퍼센트 이상 유지하며 경제 성장을 이끌었기 때문에, 지방정부와 기업들의 자금 수요가 많았다.

반면 주식, 채권시장 같은 직접금융 시장이 발달하지 못한 상황에서, 정부의 높은 지급준비율 및 예대비율 규제 등에 따라 기업들이 은행에서 자금을 빌리기가 어려웠다. 또한 경제성장률 대비 비정상적으로 낮은 예금금리 탓에 개인고객 역시 은행에 예금하기 보다는 고금리 그림자 금융 상품에 관심을 갖는 것이 당연한 상황이었다. 은행들 역

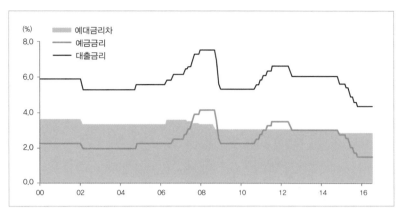

표 3.16 중국 은행의 대출금리와 예금금리, 예대금리차

자료: Wind, 유안타증권

시 정부의 장외 레버리지 상품 규제로 인하여 수익원이 제한적이었기 때문에 고수익 그림자 금융을 선호하게 되었다.

특히 대표적인 그림자 금융인 자산관리상품을 통해 위탁받은 자금은 은행 자본에 포함되지 않아 해당 자금에 대해서는 은행이 별도의 준비금을 마련하지 않아도 되고, 회계적으로도 은행법이 규정한 재무제표에 기재할 필요가 없는 등 전통 은행 업무와 달리 엄격한 규정을 받지 않는다는 점 때문에 은행의 선호도가 높았던 것으로 판단된다.

과거 투자 중심의 경제성장 구조로 인하여 부동산, 광산 등 실물자산에 대한 투자비중이 높았으나, 제조업 및 원자재 설비의 공급과잉이 지속되고, 부동산 경기가 둔화되면서 관련 자금 수요 역시 둔화되었다. 반면 직접금융 시장을 통한 자금조달이 늘어남에 따라 증시와 연계된 그림자 금융의 성장 속도가 빠른 상황이다.

증시에서 레버리지 복병인 그림자 금융

중국 증시에서 마진 트레이딩(신용거래)을 할 수 있는 수단은 크게 증권사 신용거래, 우산신탁, 장외 레버리지 상품이 있다. 전체 증권사 자기자본의 4배의 금액인 3조 위안을 한도로 사용할 수 있는 증권사 신용거래는 2015년 증시 상승과 함께 2조 위안을 돌파하기도 했다.

2010년부터 시작된 증권사 신용거래는 증권거래소와 개인투자자 자금을 원천으로 하고 있으며, 20거래일 일평균 계좌금액이 50만 위안 이상인 투자자에게만 열어주고 있다. 레버리지 비율은 최대 2배이며 담보비율은 130퍼센트 수준으로 리스크 관리를 하고 있는 것으로 파악된다.

정부의 규제 소식으로 증시 조정의 빌미를 제공했던 우산신탁은 하나의 신탁 아래 여러 개의 하위신탁이 존재하는 상품이다. 은행은 자산가 및 헤지펀드 등을 대상으로 일반 예금보다 고금리의 자산관리상품을 판매하고, 이 상품을 통해 모집한 자금을 우산신탁의 시니어트랑셰로 편입한다.

그리고 시니어트랑셰의 자금은 서브트랑셰 혹은 주니어트랑셰에 대출하는 방식으로 자금을 운용하게 된다. 또한 주니어트랑셰 레벨의 하위신탁은 개인투자자자들에게 주식담보대출을 해주면서 자금운용을 하고 있는 것으로 파악된다.

이러한 우산신탁의 레버리지 비율은 2~4배 수준으로 시간대 별로 레버리지 수준을 파악하여 경고전달 및 반대매매를 통한 리스크 관리를 하고 있다.

레버리지와 신용거래 – 잘 쓰면 약, 못 쓰면 독

신용물량 청산에 따른 증시 급락의 원인으로 주목 받고 있는 장외 레버리지 상품은 2014년부터 본격적으로 확대되기 시작했다. 장외 레버리지 상품은 민간 대부업체 및 P2P 대출업체들이 자산가 등에게서 자금을 모집하여 개인투자자들에게 주식담보대출을 해주는 형태로 운용되고 있다. 최소 개좌개설 금액은 2~3천만 위안이며, 레버리지 비율이 최대 10배까지 가능하다는 점에서 증시 변동성 확대 요인으로 작용하고 있다.

증시에 투자하는 장외 레버리지 상품이 급격하게 확대된 이유는 P2P 산업의 성장과 관련이 있는 것으로 판단된다. 중국의 P2P 대출은 낮은 규제에 따른 다수의 상업은행의 진출에 따라 현재 2,700개 이상의 업체가 존재하는 것으로 파악되며, 2012년 9억 4천 달러 규모에서, 2015년에는 78억 달러로 대출 규모 역시 급증하는 모습을 보이고 있다.

대표 P2P 대출기업 중 하나인 91Jin Rong의 경우 A증시 개인투자자 대상 대출사업을 확대하였고, 연 20퍼센트에 가까운 고금리에도 불구하고 서비스 출시 2개월 만에 신용거래 잔고는 10억 위안을 돌파하기도 하였다. 이러한 무분별한 장외 신용거래 업체의 급증에 따라 증시 변동성이 확대되면서, 중국 정부는 증권사들에게 장외 신용융자 업체와의 거래중단을 요청했으며, 불법 업체들에 대한 조사와 규제를 강화할 것을 발표하기도 하였다.

단기적으로 장외 신용융자 업체의 담보회수와 불법 업체 구조조정에 따른 물량 청산과정이 진행될 전망이나, 중장기적으로는 증시의 신용거래를 통제 가능한 영역으로 편입한다는 측면에서 긍정적으로 해석해야 할 것이다.

그림자 금융 단속과 관련한 투자 유망분야

통제가 어렵고 높은 레버리지를 활용하는 장외 신용융자 업체에 대한 조사와 불법 업체 규제는 중장기적으로 증권사 신용거래로의 자금유입이 확대될 수 있는 여건이 조성되는 것으로 해석할 수 있다.

특히 중국 증권사들은 1조 위안까지 증자를 계획하고 있어 신용거래 한도가 확대될 가능성이 높고, 정부 역시 현재 6개월인 증권사 신용거래 기한을 연장하는 방안을 검토 중이라는 점도 이 같은 해석이 현실화될 가능성이 높음을 보여준다고 하겠다.

이와는 별개로 중국의 전통 금융시스템이 커버하지 못하는 영세기업 및 자영업자, 신용도가 낮은 개인들을 커버할 수 있는 P2P 대출 산업은 지속적으로 성장할 것으로 예상되며, 국유은행 개혁을 통한 관련 산업 진출이 예상된다는 점에서 개혁 수혜가 가능한 대형 국유은행에 대한 관심이 필요할 것이다.

7

거액 자산가의 투자성향을 통해 살펴보는
중국의
재테크 트렌드

주식 투자가 늘었지만 여전히 저조한 실정

중국 주식 투자자의 수가 9,000만 명으로 공산당원 수 8,800만 명을 넘어섰다는 기사가 나왔다. 과거 중국인들은 부동산, 은행예금, 금을 중심으로 재테크를 해왔으나, 후강퉁 시행 이후 증시 상승과 함께 주식투자 비중을 늘리고 있는 것으로 보인다.

실제로 2012~2013년 2년 동안 주식 위탁계좌가 1천만 개 증가하였는데, 2014년 1천만 개, 2015년에는 1천만 개가 훌쩍 넘는 위탁계좌가 늘어났다. 신용거래 잔고도 급증하여 2조 위안을 넘어서기도 했다.

그러나 9천만 개의 주식 계좌 중 실제 매매가 이루어지는 계좌 수는 5천만 개에 불과하며, 이는 중국 전체 인구의 4퍼센트 수준에 불과한 상황이다. 미국과 홍콩의 경우 전체 가계의 50퍼센트와 30퍼센트가 주식 투자를 하고 있는 것에 비하면 여전히 중국 재테크 수단에서 주식 투자가 차지하는 비중은 낮은 것으로 파악된다. 이 단락에서는 중국의 변화하는 재테크 트렌드를 살펴보고, 향후 주식 투자 비중이 지속적으로 확대될 수 있는지 여부를 파악해 보도록 하자.

재테크에 대한 중국인들의 전통적 시각 변화

전통적으로 중국은 일정 지역에 거주하며 생활하는 농경과 정주문화를 바탕으로 발전해왔다는 측면에서, 부동산에 대한 선호도가 높다. 이와 함께 수많은 왕조의 교체와 전쟁을 겪어왔기 때문에 현금과 금에 대한 선호도 역시 높은 것으로 보인다.

표 3.17 주요국 가계자산 중 부동산 비중

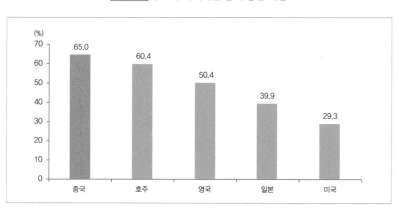

자료: CITI, 유안타증권

급격한 도시화 정책과 기업들의 투자 확대로 부동산에 자금이 몰렸고, 이에 따라 중국 부유층의 14퍼센트가 부동산 투자를 통해 자산을 증식했다고 응답할 정도로 중국인들의 부동산 투자는 중요한 재테크 수단이었다. 개인투자자들이 2006~2007년 잠시 증시로 집중하여 증시 상승을 이끌었으나, 이후 증시 급락과 부동산 시장의 버블 붕괴 우려로 다시 저축 중심의 재테크가 대세로 자리 잡은 상황이 이어졌다.

표 3.18 중국의 저축률 추이

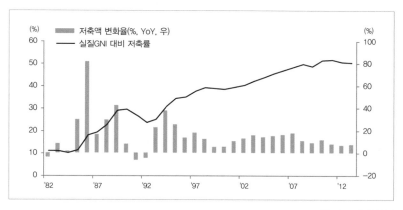

자료: CEIC, 유안타증권

2008년 인민은행 조사 결과에 따르면, 중국인의 60퍼센트가 금융자산 중 예금이 가장 큰 비중을 차지하고 있다고 응답하였다. 최근 조사에서도 그 비중은 53퍼센트로 높은 수준을 유지하고 있다. 다만 정부의 점진적인 금리인하 정책과 증시에 대한 관심 증가에 따라 예금 및 저축 비중은 감소하고 있는 추세다. 예/적금에서 이탈된 자금은 은행과 신탁회사의 자산관리상품 등 그림자 금융으로 이동하였고, 이러한 유동성을 바탕으로 중국의 그림자 금융은 2010년 이후 30퍼센트 이상의 고성장세를 기록하였다.

실제로 2015년 발표된 인민은행 통계에 따르면 중국 예금액은 지속적으로 감소하는 추세이다. 이는 2015년 증시 호황에 따른 주식 투자자 증가 및 펀드, 우산신탁과 같은 재테크 상품 증가에 따른 것으로 보인다.

2015년 중국 개인재산 부호 보고

글로벌 컨설팅 업체인 베인앤컴퍼니와 중국 자오상은행이 중국 부호들의 투자성향을 조사한 "중국 개인재산부호 보고"를 발표하였다. 보고서에 따르면 2015년 기준 투자 가능 자산이 1,000만 위안 이상인 중국의 거액 자산가 수는 100만 명 이상으로, 2012년 대비 33만 명 이상 증가한 것으로 파악된다.

지역별로는 광둥성에 12만 8천 명이 거주하여 전체의 10퍼센트 이상을 차지하고 있으며, 거액 자산가 수의 증가율 측면에서는 쓰촨성이 연간 28퍼센트씩 증가하며 처음으로 5만 명을 넘어섰다. 이들의 투자성향을 보면 저금리, 증시 상황과 맞물려 고위험, 고수익을 선호하는 투자자 비중이 급증하는 것으로 보인다.

2013년 10퍼센트 미만의 고위험, 고수익 선호 투자자 비중은 2015년에는 15퍼센트까지 확대된 반면, 중위험, 중수익 선호 투자자 비중은 70퍼센트에서 65퍼센트로 감소하였다.

또한 전통적인 재테크 수단인 예/적금에서 자금이 이탈되면서 자본시장 관련 투자 상품과 PEF, M&A, 벤처 투자 등에 대한 투자 비중이 크게 증가하고 있는 것으로 보인다. 특히 해외투자의 경우 헤지펀드와 사모펀드의 형태를 선호하고 있어, 비상장주식 투자와 같은 발행시장 및 해외시장 투자 관련 산업의 성장이 예상된다.

최근 들어 예/적금에 대한 투자 비중이 감소하고, 직접 주식 투자 및 고수익 상품에 대한 수요가 증가하고 있다고 하지만, 여전히 중국 가계 금융자산에서 은행 예금이 차지하는 비중은 주요국과 비교할 때 높은 수준이다. 중국 가계의 금융자산은 현재 100조 위안으로 추정되며, 이 중 53조 위안이 은행 예금인 것으로 보인다.

반면 은행 및 신탁회사의 자산관리상품은 15조 위안, A주 투자는 23조 위안 수준으로 2014년 기준 한국의 가계금융자산 중 현금 및 예금 비중이 45.5퍼센트이고, 미국이 12.7퍼센트인 점을 감안하면, 향후 추가적으로 자금 이동이 일어날 것으로 예상된다. 다만 한국의 가계 금융자산 중 주식의 비중은 2014년 기준 16.7퍼센트이고, 채권과 펀드를 합쳐도 25.0퍼센트라는 점에서 중국의 주식 비중 23퍼센트는 미국과 비교할 경우 현저히 낮은 수준이나, 한국, 일본, 영국 등과 비교할 경우 유사하거나 오히려 높은 것으로 파악된다.

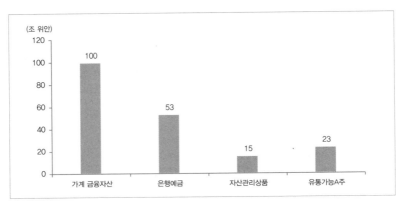

표 3.19 중국 가계 금융자산 구성

(조 위안)

자료: Wind, 유안타증권

중국 재테크 시장에서 주목할 키워드

첫째, 금리인하이다. 중국의 전문가들은 정부의 추가 금리인하 정책 기대로 채권형 펀드가 유망할 것으로 전망하고 있다.

둘째, 성장주 투자이다. GDP 성장률이 둔화되고 있기 때문에 성장에 대한 프리미엄이 높아지고 있으며, 특히 국유기업 개혁의 효과 및 경제구조 재편에 대한 수혜를 누릴 수 있는 성장기업에 대한 관심이 필요할 것으로 보인다.

셋째, 인터넷 금융이다. '위어바오' 등의 모바일 금융상품의 경우 투자금을 쉽게 관리할 수 있고, 최저 투자금액 제한이 없다는 장점이 있다. 수익률이 최근 낮아지기는 하였으나, 다양한 부가서비스를 제공하고 있다는 점에서 여전히 매력적이라는 판단이다.

재테크 관련 투자 유망분야

중국 가계 금융자산에서 직접 주식 투자가 차지하는 비중이 한국과 유사하지만, 주식 투자자의 수로 볼 때 여전히 전체 인구의 5퍼센트 미만이라는 점을 감안하면 주식투자 인구는 지속적으로 확대될 것으로 보인다.

이와 함께 직접 투자보다는 주식형 펀드와 같은 간접 투자 상품의 비중 확대도 예상되며, 다른 나라의 금융자산 구성과 비교 시 중장기적으로 보험과 연금에 대한 수요가 크게 증가할 것으로 예상됨에 따라 보험업계의 성장이 기대된다. 또한 전체적인 통합 자산관리에 강점이 있는 대형 금융사의 수혜가 클 것으로 보인다.

우마차를 타고 휴대폰을 하던 중국이

인구를 바탕으로 정부의 지원과 글로벌 IT 기업 주도로

이제는 가장 앞선 인터넷 강국이 되었다.

출발은 늦었지만 선진국을 다 따라잡고

이제는 신성장 산업에서 세계를 주도하고 있다.

굴뚝 산업을 구조조정하고

미래 먹거리를 위한 새로운 패러다임으로

중국은 새롭게 변신하고 있다.

이 장에서는 중국이 주도하는 신성장 산업이

세계 경제를 이끄는 현상에 대해 살펴보기로 하자.

중국의
신성장 산업

4장

금융과 기술의 융합
중국의
핀테크 산업

인터넷 강국 한국을 뛰어넘는 중국의 핀테크

최근 국내 금융시장에서는 핀테크 이슈가 화두이다. 정부는 핀테크 산업을 중점 금융 사업으로 선정하여 오프라인 중심의 금융 산업 구조를 재편한다는 계획이다.

한국의 핀테크 산업이 각종 규제에 묶여 정체되어 있는 동안, 중국은 BAT(바이두, 알리바바, 텐센트) 기업을 중심으로 앞서나가는 모습을 보이고 있다. 중국의 인터넷 기술은 한국보다 늦게 시작했지만, 정부 주도의 드라이브 정책과 탄탄한 인구를 바탕으로 한 내수를 기반으로, 오히려 한국보다 핀테크 산업에서 우위를 점하고 있다. 여기에는 신용카드 시대를 건너뛰고 곧바로 핀테크로 진입한 중국의 경제적 환경도 한몫을 하고 있다.

이번 단락에서는 날로 발전하고 있는 중국의 핀테크 산업 현황에 대하여 살펴보기로 하자.

핀테크(FinTech)의 개념

핀테크FinTech란 파이낸셜Financial과 기술Technique의 합성어로, 금융과 ICT 의 결합을 통해 새롭게 등장한 산업 및 서비스 분야를 통칭하는 용어다. 핀테크의 영역은 크게 비트코인 및 카카오뱅크 등으로 대표되는 전자화폐/송금 분야, 알리페이, 페이팔 등 우리에게 친숙한 전자결제 분야, 개인자산 관리와 클라우드 펀딩 등을 포함하는 금융투자 분야로 구분할 수 있다.

핀테크라는 용어가 최근에 이슈가 되고 있지만, 사실 우리가 흔히 사용하는 ATM과 인터넷뱅킹 등이 모두 핀테크 영역에 속한다고 볼 수 있으며, 다만 최근의 핀테크는 모바일을 기반으로 하고 있다는 점에서 차이가 있다.

스마트폰 대중화와 정부 지원 효과

글로벌 핀테크 관련 투자금액은 최근 5년간 3배 이상 증가했으며, 중국의 2015년 온라인 전자결제 시장규모는 10조 위안으로 전년대비 40퍼센트 이상 성장한 것으로 추정되고 있다.

이러한 핀테크 산업의 성장은 스마트폰 보급률 증가와 이에 따른 모바일 산업의 성장에 기인한다고 볼 수 있다. 최근 중국의 공신부 자료에 따르면 중국의 모바일 인터넷 이용자 수는 10억 명에 이르고 있다.

특히 LTE 서비스가 확산되면서 모바일 인터넷 속도가 개선되었고, 이에 따라 관련 산업이 본격적으로 성장하는 모습을 보여 주고 있다.

중국 인민은행은 "중국 금융 안정 보고서"를 통해 핀테크에 대한 규제완화 의지를 표명했다. 중국은 신용카드 사용 비중이 10퍼센트 수준으로 신용소비가 아직 대중화되어 있지 않고, 전통적 제도권 금융과 오프라인 유통채널 및 물류시스템의 수준이 높지 않다.

이에 따라 중국 정부는 핀테크 산업이 전통 산업의 모자란 부분을 채워주고, 금융혁신을 가속화하며 전자상거래라는 새로운 수요를 창출할 것으로 기대하고 있다. 스마트폰 대중화라는 토양 아래 정부의 적극적인 지원 정책이 맞물리면서 중국의 핀테크 산업은 향후 수년 간 고성장 할 것으로 예상된다.

표 4.1 중국 온라인 전자결제 시장 규모

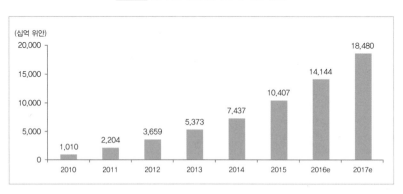

자료: iResearch, 유안타증권

알리바바와 텐센트를 통해 본 중국의 핀테크

모바일 기반 확대와 우호적 정부정책을 바탕으로 중국의 ICT 플랫폼 사업자들은 핀테크 플랫폼으로 진화하고 있다. 특히 거대한 가입자 기반을 확보하고 있는 BAT 3사는 관련 기업들을 인수함으로써 핀테크 생태계를 구축하고 있다. 더 나아가 오프라인 채널과의 결합을 확장하면서 O2O Online to Offline 비즈니스까지 영역을 확대하고 있다.

1) 알리바바의 핀테크

타오바오, 티몰이라는 중국 최대의 전자상거래 플랫폼을 확보하고 있는 알리바바는 알리페이를 중심으로 핀테크 사업을 영위하고 있다. 알리바바의 금융관계사인 ANT Financial의 자회사인 알리페이는 2004년 12월부터 전자결제 솔루션을 제공했으며, 최근 중국 모바일 전자결제 시장의 70퍼센트를 점유하고 있다.

알리바바는 금융투자 분야에서 2013년 4월 모바일 신용카드를 출시하였고, 6월 온라인 MMF 상품인 위어바오를 출시하였다. 정기예금 대비 높은 수익률을 강점으로 어필한 위어바오는 출시 1년만에 570억 위안의 자금을 모집하면서 수탁금 기준 중국 1위, 글로벌 4위 위상을 확보하였다.

위어바오 외에도 알리바바는 다양한 금융상품을 출시 중이며, 청도 하이얼과의 WGB를 통해 O2O 사업까지 영역을 확장하고 있다.

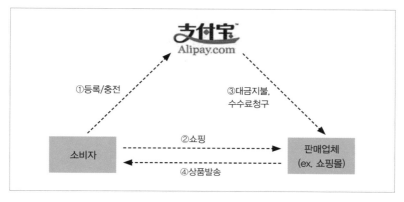

표 4.2 중국 알리페이 서비스 구조

①등록/충전
③대금지불,
수수료청구

②쇼핑
④상품발송

소비자
판매업체
(ex. 쇼핑몰)

자료: 금융위원회, 유안타증권

2) 텐센트의 핀테크

텐센트는 무료 메신저 QQ와 위챗의 가입자 기반을 통해 현재 거대 게임 플랫폼으로 성장하고 있다. 2005년 9월 결제 서비스 텐페이를 출시하였으나, 알리바바와 달리 전자상거래 부문이 취약해 크게 주목을 받지는 못했다.

하지만 최근 중국 2위 전자상거래 사이트인 징동닷컴에 2억 달러를 투자하여 지분 21퍼센트를 보유하는 최대주주로 등극하였다. 이에 전자상거래 시장의 절대강자 알리바바를 추격하기 위한 움직임이 본격화됐다는 분석이 나오고 있다. 텐센트의 국민메신저 위챗을 통해 축적한 사교 데이터와 징동닷컴의 구매 데이터가 합쳐지면 전자상거래 사업에서 큰 시너지를 발휘할 수 있을 것으로 기대하고 있다.

텐센트 역시 MMF 상품인 리차이통을 출시하여 수탁금 기준 2위 자리를 유지하고 있으며, 궈진증권과 평안보험 등의 금융사와 제휴를 통해 간편 결제 서비스 점유율을 확대하고 있다. 무엇보다도 전 중국인의 모바일인 위챗의 성장을 등에 업고 모바일 결제 분야에서 두각을 나타내고 있다.

핀테크 관련 투자유망 분야

현재 핀테크 산업은 ICT 플랫폼 사업자와 기존 금융업체가 주축이 되어 에코시스템을 구축하고, 관련 기술을 확보하여 신규 서비스를 제공하는 방식으로 발전하고 있다. ICT 업체들은 막대한 자금력과 고객 데이터를 확보하고 있어 자체적인 생태계 구축과 신규 사업 진출이 용이하고, ICT 기술을 활용한 차별화된 금융서비스 제공이 가능하다는 강점을 보유하고 있다.

ICT 플랫폼 업체를 중심으로 지급결제 서비스 및 빅데이터, 클라우드, 정보보안 등 각종 솔루션을 제공하는 SW 업체들의 수혜도 예상된다. 특히 최근 금융 데이터 분석, 금융 소프트웨어 분야의 투자비중이 확대되고 있어 상대적으로 큰 수혜가 있을 것으로 전망된다. 이와 더불어 트래픽 증가에 따른 통신장비, 근거리무선통신 기술보유 업체 등의 수혜가 기대되며, 중장기적으로 금융 및 물류와 유통산업의 성장도 기대된다.

양적성장에서 질적성장으로
중국
환경보호산업의 성장

심각한 중국의 환경오염

2014년 중국 베이징에서 APEC 회의가 개최되어 아시아−태평양지역 21개국 정상들과 경제, 무역 분야 장관급 인사, 재계 인사들이 아태지역 경제통합 등에 대해 논의하였다. 중국 정부는 베이징의 악명 높은 스모그 현상을 우려하여 회의 두 달 전부터 낡은 중고차량 8만 5천 대를 폐차시켰고, 회의가 열리는 6일간 임시휴일을 선포하였다.

이러한 중국의 스모그 및 미세먼지는 우리나라에까지 영향을 미칠 정도로 심각한 수준이다. 중국은 특히 남동해안에 공장이 많이 위치하고 있어 그곳에서 내뿜는 매연으로 인해 많은 고통을 겪고 있다. 그래서 인구가 많은 남동해안 지역의 공장을 내륙지방으로 이전까지 검토하고 있다. 이 단락에서는 중국 환경보호 상황과 환경산업에 대해 살펴보기로 하자.

중국의 환경오염 실태

아시아개발은행과 칭화대학교 연구에 따르면, 세계보건기구가 제시한 대기질 표준에 부합하는 도시는 중국 500대 도시 중 1퍼센트 미만인 것으로 파악된다. 특히 베이징, 상하이, 광저우 등 대도시의 대기오염이 심각한데, 가장 심한 수도 베이징의 경우 스모그 경보가 발생하는 1월에는 맑은 하늘을 볼 수 있는 날이 한 달 중 5일에 불과한 것으로 나타났다.

수질오염의 경우 지속적인 관리에 따라 강과 저수지 등의 수질은 다소 개선된 것으로 파악되나, 중국 국토의 60퍼센트 지역의 지하수에서 기준치를 초과하는 오염물질이 검출되는 등 지하수를 중심으로 여전히 오염이 심각한 상황이다.

도시화 공업화가 환경오염의 주요 원인

세계적으로 널리 알려진 환경오염 사건들은 대부분 도시화와 공업화가 가속화되는 1인당 국민소득 8천~1만 달러 시기에 집중적으로 발생했다. 중국의 경우 베이징 등 주요 도시의 소득수준이 이미 이 구간에 진입한 상황에서, 석탄 에너지 소비 증가와 자동차 운행대수 확대에 따른 배기가스 증가로 인하여 환경오염이 심해지고 있다.

표 4.3 베이징 Air Quality Index

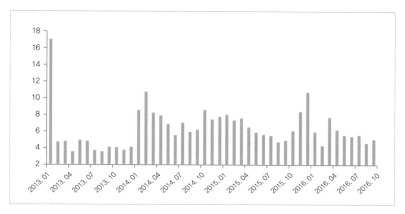

자료: Wind, 유안타증권

중국의 1차 에너지 소비 중 석탄 에너지 비중은 70퍼센트 수준인 것으로 파악되는데, 글로벌 평균 석탄 사용 비중이 30퍼센트 수준인 것을 감안하면, 중국의 석탄 에너지 의존도는 상당히 높은 상황임을 알수 있다.

자동차 운행대수 증가는 소득수준 향상에 따른 필연적인 현상이지만, 중국의 경우 상대적으로 열악한 대중교통 시스템이 자가용 사용을 부추기는 측면도 존재하는 것으로 보인다. 중국의 대중교통망은 밀도가 낮고 노선 분포가 비효율적으로 배치되어 있다. 또한 지하철 인프라는 급성장 중이지만 아직 국제 대도시와 비교하면 인구 대비 부족한 상황이다.

실제로 스모그가 가장 심각한 도시 중 하나인 베이징의 경우, 시민 2천만 명 가운데 4분의 1이 자가용을 보유하고 있는 상황이다. 높은 자가용 운행 비율과 더불어 저품질 휘발유 역시 문제로 지적된다. 국영 석유화학 업체가 공급하는 휘발유의 이산화황 함유량은 선진국 대비 높기 때문에, 대기오염 유발효과가 상대적으로 더 큰 것으로 파악된다.

칭화대학교 연구에 따르면 베이징 대기로 배출되는 이산화탄소, 탄화수소, 이산화질소에 대한 자동차의 기여율은 각각 86퍼센트, 25퍼센트, 57퍼센트 수준으로, 저품질 휘발유와 이를 사용하는 자동차의 운행 확대가 실제 대기오염의 주된 원인이라는 점을 보여주고 있다.

표 4.4 중국 13.5 규획 개요 중 녹색발전

	주요내용
시장체제 개혁	• 국유기업 개혁안에 의거해 2020년까지 국유기업 개혁의 실질적 성과를 이루고, 회사 제도의 도입을 마무리 • 전력, 통신, 교통, 에너지 등 독점 분야의 개방확대를 통해 시장경쟁체제 완비 • 금융체제개혁을 통해 금융시장 발전을 추진하고 금융시장화, 자유화 확대
대외개방	• 위안화 SDR 편입 가속화, 위안화 역외거래 확대, 외화관리규제 완화 등을 통해 위안화 국제화를 추진 • 외국인 투자자의 내국민대우+네거티브리스트 관리방식을 도입, 외국인 투자 활성화 실현 • '일대일로', 자유무역 협정을 적극적으로 시행. 해외 인프라건설 프로젝트, 에너지 수송 관련 프로젝트를 적극 가동
녹색발전	• 역대 5개년 경제개발계획으로는 처음으로 생태문명 건설을 핵심 안건으로 편입 • 대기오염, 물오염, 토양오염 예방관리를 강화할 방침 • 천연가스, 셰일가스 등 신에너지 개발을 추진하고 현재 에너지소비구조를 조정할 예정
산업구조 조정	• '중국제조 2025', '인터넷 플러스' 등 전략을 통해 중국 제조업의 산업수준을 업그레이드 • 전략적 신흥산업의 발전을 계속 지원하고 국가 차원에서 자금 지원을 확보 • 서비스산업의 발전을 추진, 관련 산업의 전문성을 높여 높은 수준의 서비스업 생태계 구성

자료: 국무원, 유안타증권

新환경보호법과 청정에너지 발전 산업 육성 정책

중국은 이미 환경오염에 의한 경제손실이 GDP의 3퍼센트, 환경오염으로 인한 의료비용이 연간 10조 위안 이상인 것으로 추정된다. 반면 소득증대에 따른 삶의 질 추구, 건강에 대한 관심 확대 추세에 따라 환경오염의 위해성에 대한 인식은 점차 높아지고 있다.

이에 따라 중국 정부는 2015년 1월 1일부터 중국 역사상 가장 엄격한 신환경보호법을 시행했다. 신환경보호법은 위법 일수에 따른 벌금 누적, 책임자 구속, 공익소송 대상 확대 등을 통한 기업의 오염방지 책임 강화, 환경위법행위의 법적 제재 강화를 주요 골자로 하고 있다.

또한 신환경보호법의 시행과 더불어 6조 위안(1,000조 원) 이상의 자금을 투입하여 물과 대기 그리고 땅의 3대 오염처리 액션플랜을 시행한다는 방침이다.

표 4.5 중국 환경보호 관련 투자금액 추이

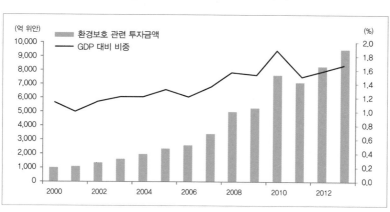

자료: Wind, 유안타증권

중장기적인 정책 중 하나로 중국 정부는 '신에너지 산업 발전 트렌드 보고서'를 통해 청정에너지 발전 산업 육성 의지를 표명했다. 이 보고서에 따르면 중국은 생태계 보호를 위해 청정에너지 산업을 육성하여, 2050년에는 총 발전량의 58퍼센트를 청정에너지를 이용하여 생산한다는 계획을 세운 것으로 파악되고 있다.

이를 위해 구체적으로 2020년까지 기존 전기 가격 지원 정책 하에서 청정에너지의 순차적 발전을 추진하고, 2030년까지 청정에너지 발전 원가를 낮추어 총 전력의 42퍼센트를 청정에너지로 생산하며, 2050년까지 석탄 화력발전소 건설을 중단하여 전력의 신규수요는 모두 청정에너지로 충족시킨다는 계획이다.

신환경보호법 관련 정책 수혜주

신환경보호법이 시행되는 등 규제가 강화되고 환경세 확대 논의가 확산됨에 따라 철강, 화학 등 오염배출이 심각한 산업을 중심으로 탈황설비, 수처리 설비 등의 환경설비 수요가 증가할 것으로 예상된다. 중국의 '에너지절약 환경보호산업 발전 규획'에 따르면, 중국 정부는 환경보호산업이 향후 연평균 15퍼센트 이상 성장할 것으로 전망하고 있다. 또한 관련 비용 증가에 따른 경쟁력 열위 기업의 퇴출이 증가할 것으로 보여 상위 업체의 과점화 수혜가 기대된다. 이와 더불어 전기차와 같은 친환경자동차의 수요 역시 정책적 지원이 예상됨에 따라 확대될 것으로 보인다. 중장기 청정에너지 발전 산업 육성 정책에 따라 태양광, 풍력, 원자력 발전 산업 역시 성장 가능성이 높을 것으로 기대된다.

사물인터넷 시대를 위한 준비
시스템 반도체 1위를
노리는 중국

막강한 자금력으로 반도체 업체 인수합병

언론보도에 따르면 중국의 파운드리(위탁생산) 업체인 SMIC가 우리나라의 동부하이텍 인수의사를 밝힌 것으로 알려졌다. SMIC는 2015년부터 퀄컴의 28나노 스마트폰 프로세서를 공급하기로 합의하면서 주목 받기 시작한 파운드리 업체다.

동부하이텍은 디스플레이 구동칩, 전력반도체, 가전기기 구동칩, 이미지센서, 터치스크린 구동칩 등을 위탁생산하는 글로벌 9위 규모의 파운드리 업체다. SMIC가 동부하이텍을 인수하게 될 경우 관련 설비와 기술 그리고 영업네트워크를 단번에 확보할 수 있게 된다.

SMIC 외에도 중국 1위이자 글로벌 6위 반도체 패키징 업체인 강소장전테크놀로지가 글로벌 4위인 싱가포르 스태츠칩팩을 인수하면서 글로벌 3위 패키징 업체로 도약했다.

2016년 7월에는 미국 D램 반도체 기업인 마이크론을 인수하려다 미국 정부의 제동으로 실패한 중국 반도체 설계 기업 1위 칭화유니그룹이 자국 내 국영 반도체 기업인 XMC를 합병하겠다고 발표했다.

이처럼 중국 반도체 기업들은 정부 지원에 힘입어 글로벌 M&A를 활발하게 추진하고 있다. 중국이 필요로 하는 것이 기술, 콘텐츠, 브랜드라는 관점에서 볼 때, 향후에도 여전히 풍부한 외환보유고를 기반으로 관련업체들을 적극적으로 인수할 것으로 예상된다. 이 단락에서는 중국 반도체 산업의 현황과 향후 발전 방향에 대하여 살펴보기로 하자.

표 4.6 중국 반도체 산업 매출액 추이

자료: Wind, 유안타증권

스마트폰이 이끄는 반도체 산업

리서치 기관인 IHS에 따르면 2016년 글로벌 반도체 시장 규모는 3,473억 달러인 것으로 추정된다. 국내 기업이 강점을 보이는 메모리 반도체 시장 비중은 20퍼센트, 비메모리(시스템) 반도체 시장 비중은 80 퍼센트 수준으로 파악된다.

비메모리 반도체는 스마트폰, 자동차, 가전제품의 통신, 구동, 시스템 제어, 운영 등의 기능을 담당하여 전자기기의 두뇌역할을 하는 핵심 부품이다. 그리고 비메모리 반도체 관련 기업은 통상적으로 반도체 설계와 칩 제조 모두 실행하는 종합 반도체기업과 팹리스(반도체 설계 전문기업), 파운드리(위탁생산 기업)으로 구분하고 있다.

2007년을 기점으로 PC 시장의 성장이 둔화되고, PC 대비 작은 메모리 용량을 필요로 하는 스마트폰이 PC를 대체하면서 메모리 반도체 시장은 최근까지 정체하는 모습을 보였다. 반면 스마트폰의 통신 속도 및 처리용량이 발전함에 따라 시스템 반도체의 기능은 계속 업그레이드되면서 시장 성장을 이끌어 왔다.

다만 최근 스마트폰의 AP가 발달하면서 탑재되는 메모리 용량도 점차 확대되고, 사물인터넷 등 스마트 디바이스가 점차 늘어나고 있어, 모바일 D램을 중심으로 메모리 반도체 시장 역시 재차 성장하는 모습이다.

IT 분야 리서치 기업인 가트너 자료에 따르면 글로벌 반도체 시장은 꾸준히 상승하고 있고, 그 중에서도 메모리 반도체 시장의 성장률이 가장 높은 것으로 나타났다. 2016년에도 시장조사업체 D램익스체

인지에서는 메모리 반도체 시장이 두 자릿수 성장을 보일 것으로 전망하고 있으며, 글로벌 1위 파운드리 업체인 TSMC에서는 2016년 파운드리 시장이 10퍼센트 이상 성장할 것으로 전망하고 있다.

표 4.7 중국 스마트폰 출하량

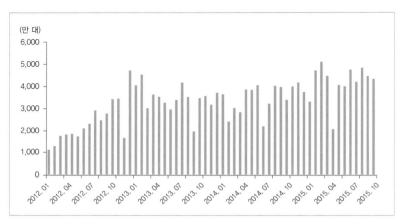

자료: Wind, 유안타증권

시장은 크지만 외국에 의존하는 중국 반도체 산업

중국이 글로벌 IT 기기의 주요 생산기지 역할을 하고, 스마트폰 시장이 급성장하면서 중국의 반도체 시장 역시 빠르게 성장하고 있다.

초창기 2011년에 1억대에도 미치지 못하던 중국의 스마트폰 시장 규모는 2015년 말 11억대를 넘어섰다. 그리고 2020년에는 18억대에 이를 것으로 전망하고 있다. 시장조사업체인 TNS에 따르면 중국의 스마트폰 보급률이 최근 80퍼센트에 육박하면서 중국의 모바일 D램, 낸드플래시, AP 등 반도체 수요 역시 급성장하고 있다.

2008년 글로벌 반도체 수요의 39.5퍼센트를 차지하던 중국의 반도체 수요는 2015년 말 50퍼센트 후반에까지 이르렀다. 최근 중국 이동통신사들이 LTE 기기에 대한 보조금을 축소하면서 LTE 가입자 증대에 대한 우려가 있으나, 이는 고가폰에 대한 보조금 마케팅을 일부 축소하는 것으로 중저가 스마트폰을 중심으로 LTE 서비스 전환은 지속될 것으로 전망된다.

이에 따라 반도체 시장의 성장 역시 지속될 것으로 예상되며, 관련 업체에 따르면 2016년 중국 반도체 시장 성장률은 전 세계 성장률 5퍼센트를 크게 앞선 두 자릿수 성장을 이룰 것으로 추정된다.

한편 중국 반도체 시장 규모는 글로벌 1위이지만 자급률이 낮아 해외 의존도가 높은 것으로 파악된다. 2016년 현재 중국의 반도체 자급률은 20퍼센트에 불과한 것으로 파악되며, 특히 메모리 반도체 부문에서는 경쟁력이 떨어지는 상황이다. 이는 메모리 반도체 산업의 경우 막대한 투자를 필요로 하는 자본, 기술 집약적 산업이기 때문에 후발 주자가 경쟁력을 확보하기 쉽지 않다.

반면 중국은 다양한 전기전자 기기의 조립가공 부문이 발달했기 때문에 관련 시스템 반도체 산업은 상대적으로 글로벌 경쟁력을 확보하고 있는 것으로 파악된다. 특히 팹리스 업체의 경우 반도체 생산설비를 갖추지 않아도 되어, 자본과 인력을 바탕으로 빠르게 경쟁력을 확보하였다. 그래서 패키징 및 후공정 검사 분야는 글로벌 시장을 거의 잠식하고 있는 상황이다.

중국에는 팹리스 업체가 600여 개 이상 존재하는 것으로 알려지고 있으며, 이들 중 상당수는 미국 실리콘밸리에서 활동하던 엔지니어들이 설립한 회사인 것으로 파악된다.

사물인터넷 시대를 대비하는 정부의 지원

중국 정부는 중국계 기업이 생산하는 모바일 기기에는 자국산 반도체를 우선 탑재하도록 권고하고 있다. 특히 스마트폰의 CPU 역할을 수행하는 AP칩과 통신에 사용되는 베이스밴드 칩은 철저하게 자국산 제품을 사용하게 하고 있어, 자국 내 팹리스 기업들이 빠르게 성장하는데 중요한 도움을 주고 있다.

최근 정부가 퀄컴에 대해 로열티를 낮추도록 요구하고, 반독점 조사를 진행하는 것 또한 이러한 자국기업 육성의 일환으로 판단된다.

중국 정부는 2020년까지 반도체 산업을 연평균 20퍼센트 이상 성장시키고, 2030년까지 반도체 수요량의 40퍼센트를 직접 생산한다는 목표를 설정하고, 구체적 방안으로 '국가IC산업보조기금'을 설립하였다. 산업기금의 초기 규모는 1,250억 위안(21조 원)인 것으로 파악되며, 지분투자 방식의 자금지원 60퍼센트, M&A에 40퍼센트를 사용할 것으로 알려졌다.

실제로 강소장전테크놀로지가 싱가포르의 스태츠칩팩을 인수할 때, 이때 조성된 산업기금과 중국 파운드리 업체인 SMIC가 각각 1억 5천만 달러, 1억 달러를 투자하기도 했다.

관련 유망 수혜 기업

이러한 중국 정부의 반도체 산업에 대한 적극적 지원은 모바일 디바이스의 대중화와 이에 따른 사물인터넷 시대를 대비하는 것으로 판단된다. 가트너 자료에 따르면 사물인터넷에 사용되는 반도체 시장은 최근 연평균 20퍼센트 이상 성장하고 있으며, PC와 스마트폰 반도체 부진을 충분히 상쇄할 것으로 예상했다.

특히 전자기기를 구동하는 마이크로 컨트롤러, 광학센서 등 중국이 강점을 확보할 수 있는 시스템 반도체의 수요가 급증할 것으로 예상됨에 따라, 자국 시스템 반도체 밸류체인 내 기업을 중심으로 정부의 적극적인 지원이 지속될 것으로 전망된다.

MWC & CES 2015에서 만난 중국기업
중국
IT 산업의 현황

글로벌 IT 박람회에서의 중국 열풍

모바일 월드컵으로 불리는 MWC_{Mobile World Congress}가 열려 모바일 산업의 미래를 미리 보려는 사람들로 북적였고, 참가기업들은 새로운 IT 기기와 기술을 선보였다. 2015년 MWC는 웨어러블 디바이스와 핀테크 그리고 중국기업의 약진이 두드러진 대회로, 발전하는 IT 산업의 진면목을 볼 수 있는 좋은 기회라 생각되어 이 책에서 다루도록 하겠다.

이와 더불어 CES(국제전자제품박람회)에서도 기술력으로 무장한 중국기업들의 빠른 성장세가 눈에 띈다고 하겠다. 이처럼 IT 기술이 우리 생활에서 중요한 역할을 차지하면서 IT 관련 박람회와 전시회의 영향력도 지속적으로 확대되는 모습이며, 시간이 갈수록 중국 기업들의 위상도 확대되는 모습이다.

주요 전시기업이 모여 있는 전시장에서 중국 업체들이 가장 넓은 면적을 차지하는 것으로 볼 때, 제품과 기술 측면에서도 중국 업체들의 추격이 무섭게 느껴졌다는 것이 참가자들의 일반적이 평이다. 이번 단락에서는 최근 IT 전시회와 박람회에 출시된 중국 업체들의 제품과 기술을 중심으로, 중국 IT 산업의 현황에 대하여 살펴보기로 하자.

중국의 LTE 시장 전망은 긍정적

8억여 명의 가입자를 확보하고 있는 중국 1위의 이동통신 사업자인 차이나모바일도 이번 MWC에 참가하여 LTE 사업현황과 5G 비전 등을 선보였다. 차이나모바일 전시관 현장 직원에 따르면 전체 무선가입자 중 LTE 전환율은 2015년 기준으로 40~50퍼센트 수준인 것으로 파악된다. 이를 위해 TD(시분할)—LTE 방식의 기지국 30만 개 투자를 계획하고 있다.

중국 정부는 LTE 가입자 비중을 선진국 수준으로 끌어올린다는 계획인데, 이를 위해 차이나유니콤과 차이나텔레콤에 FD(주파수분할)—LTE 라이센스를 승인하였다. LTE 부문에서 뒤처진 경쟁력을 회복하기 위하여 양사의 투자가 본격화될 것으로 전망된다. 특히 이번에 승인받은 기술이 한국, 미국, 일본, 유럽 등에서 사용하는 FD 방식이라는 점에서 국내기업들의 중국 수출 가능성도 기대된다.

디자인 경쟁력이 돋보이는 중국 제품들

모바일 업체 중 삼성전자와 마찬가지로 휴대폰, 칩셋, 통신장비를 모두 공급할 수 있는 업체인 화웨이는 메인홀에서 삼성전자 바로 옆에 비슷한 규모의 초대형 부스를 설치하고 다양한 스마트 디바이스 모델을 선보였다. 스마트폰 부문에서는 중저가 라인업을 확대함에 따라 아날로그시계 디자인을 구현한 화웨이 워치는 LG전자의 스마트워치와 함께 이번 전시회의 히트 아이템이었다.

디자인이 개선되고 가격이 하향조정 되면서 스마트워치 시장은 2016년부터 본격적인 성장세를 보이고 있다. 화웨이는 팔찌 형태의 토크밴드도 공개했는데, 시계의 뚜껑 안쪽에 블루투스 이어폰이 장착되어 있어 필요 시 분리가 가능하다는 차별화 포인트를 구축하고 있다.

이에 대해 국내 모바일 산업 관계자들은 디자인 부문까지 중국 업체의 경쟁력이 향상되었다고 평가하며, 국내업체와의 격차가 거의 나지 않는다고 언급하기도 했다.

화웨이 뿐만 아니라 레노보는 모토로라 인수를 통해 빠르게 모바일 부문의 경쟁력을 확보하고 있다. 이번 전시회에서 레노보는 최고 저가 스마트폰과 최고 웨어러블 기기 부문에서 수상하면서 한국 업체들을 위협하는 모습을 보여주었다.

TV와 디스플레이 부문의 중국 도전

퀀텀닷 디스플레이는 기존 LCD에 퀀텀닷으로 구현된 BLU를 사용하는 방식이다. 퀀텀닷이라는 반도체 나노입자를 사용하면 다양한 색

구현이 가능해지는데, 이 물질을 필름 표면에 균일하게 도포하여 LCD 디스플레이를 생산할 경우 색감 형상이 가능하다.

당장은 가격이 비싸다는 문제가 있으나, LCD 업체들로서는 기존에 투자한 설비를 사용할 수 있고, 아직 OLED 기술이 완벽하지 않다는 점에서 퀀텀닷 기술은 향후 틈새시장을 형성할 것으로 판단된다.

이번 CES에서 나타난 글로벌 TV 시장 트렌드는 UHD TV 시장이 본격 성장할 것이라는 점과, 세부적으로는 글로벌 1위 TV업체인 삼성전자가 퀀텀닷, 2위 LG전자는 OLED TV에 주력하며 경쟁구도가 형성되었다는 점이다. 세계 3위 TV 업체인 중국의 TCL과 하이센스도 퀀텀닷 기술을 전면에 내세웠고, 스카이워스, 창홍, 콩가는 OLED TV를 주력으로 밀고 있는 상황이다.

TCL과 하이센스는 이미 2015년에 퀀텀닷 TV를 업계 최초로 공개한 바가 있다. 당시 기술적 수준은 다소 미흡한 부문이 있었으나, TCL은 이번 CES에서 CEO가 직접 기술 향상에 대해 강조하며 OLED TV 대비 색 재현성이 110퍼센트에 이른다고 언급하였다. 그러나 아직까지는 삼성전자와 LG전자 대비 기술적 수준은 다소 낮은 것으로 판단된다.

IoT(사물인터넷) 시장 공략을 위한 반도체 경쟁력 강화

CES에서는 다양한 사물과 스마트 디바이스간의 실시간 정보 공유, 제어를 통해 우리 생활 패턴의 변화를 가져오는 사물인터넷의 구체적인 방향이 제시되었다. 스마트카, 스마트워치 등을 통한 사물인터넷

표 4.8 중국 클라우드 컴퓨팅 시장 규모 및 성장률

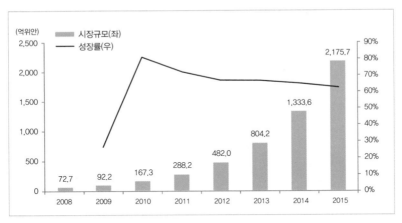

자료: Wind, 유안타증권

기술은 다양한 비즈니스를 창출할 것으로 기대된다.

중국은 사물인터넷 시장이 열릴 것에 대비하여 적극적인 반도체 산업 육성에 나서고 있다. 가트너 자료에 따르면 사물인터넷에 사용되는 반도체 시장은 향후 연평균 36퍼센트 성장할 것으로 예상된다. 특히 전자기기를 구동하는 마이크로 컨트롤러, 광학센서 등 비메모리 반도체 수요가 급증할 것으로 예상됨에 따라, 중국 정부는 반도체산업보조기금을 설립하여 관련기업의 M&A 및 기술개발 지원과 자국산 반도체 우선 채용 정책 등 적극적인 지원에 나서고 있다.

IT 혁신 관련 투자 유망분야

중국 이동통신사들의 관련 투자가 본격적으로 진행될 것으로 예상됨에 따라 통신장비 업체들의 수혜가 기대된다. 특히 코어망과 디바이스를 무선으로 이어주는 기지국 투자가 크게 증가할 것으로 보여 기지국 장비 업체들의 수혜가 클 것으로 예상된다.

스마트폰 부문에서는 애플, 삼성에 이어 중국 업체들까지 메탈 케이스 채택률이 확대되고 있어 관련 부품업체들의 수혜가 기대된다. BOE가 10세대 투자를 단행하는 등 중국 디스플레이 업체들의 LTPS 및 OLED 패널 투자가 확대되고 있기 때문에, 장비 업체들에게 긍정적인 영향을 줄 것으로 기대된다.

이와 더불어 사물인터넷 시장 형성에 따른 소프트웨어 업체와 최근 빠르게 경쟁력을 강화하고 있는 반도체 업체들도 수혜가 될 것으로 예상된다.

5

온라인과 오프라인의 경계가 사라진다
중국의
O2O 산업

O2O로 편리한 생활을 하는 왕서방

베이징에 거주하는 왕서방은 늦잠을 자는 바람에 아침 회의시간에 지각을 할 위기에 처했다. 그는 '디디추싱' 앱을 사용하여 3분 만에 택시를 타고 출근할 수 있었다. 다행히 왕서방은 회의 시작 전에 도착할 수 있었고, 그는 위챗의 간편 결제 시스템을 이용하여 택시요금을 결제했다.

왕서방이 회사에서 업무를 마무리하고 퇴근을 준비할 때 집에 있는 아내로부터 위챗 메시지를 받았다. 아내가 감기몸살에 걸려 장을 보지 못했으니, 퇴근길에 마트에 들러 저녁거리는 사오라는 것이었다. 일단 왕서방은 '구주통'의 'U의U약' 앱을 작동시키고, 위챗의 간편 결제 시스템을 이용하여 아내에게 줄 감기약을 주문했다. 그리고 근처 약국으로 가 주문내역을 보여주고 감기약을 수령했다.

또한 '용후이' 슈퍼의 가상마트에서 QR코드 스캔을 통해 저녁식사용 식재료를 구매했다. QR코드로 구매한 물건들은 집으로 배달되었다.

이처럼 다른 나라와 마찬가지로 중국에서도 O2O는 일상생활에 중요한 일부분으로 자리 잡고 있다. 이번 단락에서는 중국의 O2O 사업을 좀 더 자세히 살펴보면서, 온라인과 오프라인의 경계가 허물어지고 있는 최근의 생활 트렌드에 대해 알아보도록 하자.

표 4.9 중국 O2O 시장규모 추이

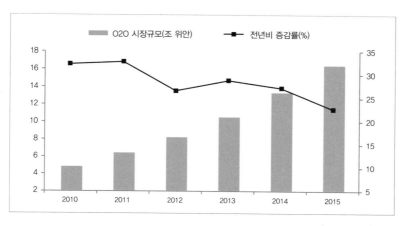

자료: Wind, 유안타증권

O2O 개념과 성장배경

O2O Online to Offline란 온라인, 모바일로 결제한 후 오프라인에서 실제 서비스나 물건을 받는 소비 형태를 의미한다. 다시 말하면 온라인에서 소비자들의 구매를 유도하고, 오프라인 가게로 불러내는 것이다.

초기 미국의 그루폰, 한국의 티몬, 쿠팡과 같은 공동구매 소셜커머스 형태의 사업모델에서, 최근에는 위치정보, 결제, 쌍방향 소통 서비스를 묶은 소비자 분석, 할인 제공, 쿠폰 같은 개인 맞춤형 서비스로 점차 발전하고 있다. 중국의 O2O 시장은 2012년 967억 위안에서 2015년 4,188억 위안(71조 원)으로 연평균 60퍼센트 성장하고 있는 것으로 파악된다.

O2O 시장의 고성장은 스마트폰의 대중화와 이에 따른 모바일 인터넷 활성화에 따른 것으로 판단된다. 2012년 2억 1천만 대에 불과했던 중국의 스마트폰 보급대수는 2015년 4억 4천만 대를 넘어 2016년에는 7억 대를 돌파할 것으로 예상된다. 또한 중국의 모바일 인터넷 이용자 수는 10억 명에 달하며, 모바일 인터넷 사용률은 85퍼센트로 유선 인터넷 사용률 80퍼센트를 넘어서고 있다.

이러한 모바일 인터넷 대중화 환경과 더불어 넓은 국토 탓에 전통적인 물류산업이 발달하기 어려웠다는 점도 O2O 사업이 다른 나라 대비 더 빠르게 성장할 수 있는 원인이 된 것으로 판단된다.

최근 중국의 O2O 산업 현황

중국의 O2O 시장은 BAT로 불리는 3대 인터넷 기업 바이두, 알리바바, 텐센트가 주도하고 있다. 이들은 2013년 이후 대대적인 M&A 정책을 펼치면서 간편 결제, 공동구매, 택시예약, 대리운전, 가정관리서비스, 의약품 전자상거래 등 O2O 관련 자체적인 생태계 조성에 나서고 있다.

알리바바 그룹 O2O 사업부는 중국석유화학Sinopec이 보유한 2만여 개의 주유소 중 5천 개를 인수하였다. 알리바바는 시노펙의 주유소를 인수하여 자사의 간편 결제 서비스인 '알리페이'를 활용하여 소비자들이 주유금액을 지불할 수 있게 만들었다.

이와 더불어 물류기업인 '중통'을 사업 파트너로 참여시킴으로써 휘발유 택배사업에도 진출할 것으로 예상되며, 알리바바의 전자상거래 사이트에서 구매한 물건을 5천 곳의 주유소에서 받을 수 있는 서비스도 계획하고 있다.

중국 최대 부동산 개발기업인 '완다그룹'이 텐센트, 바이두와 함께 전자상거래 기업을 설립하고, 글로벌 최대 규모의 O2O 플랫폼을 만든다는 계획을 언론을 통해 밝혔다. 이들 3사는 50억 위안을 투자하여 '페이판왕'이라는 전자상거래 쇼핑몰을 런칭하였다. 페이판왕은 온라인 쇼핑 플랫폼 기반으로 호텔, 리조트, 영화, 공연, 맛집 등 다양한 서비스를 제공하여 1억 명 이상의 고객을 확보한다는 방침이다.

의약품분야에서도 일찌감치 전자상거래와 모바일 메신저가 결합한

O2O 비즈니스가 활성화되어 있는 상황이다. 의약품 전자상거래 업체인 '구주통'은 텐센트, '백운산'은 알리바바와 협업하고 있다. 이들 사업모델은 모바일 메신저를 통해 구매한 의약품 구매내역을 가까운 약국에 가서 보여주고 수령하는 것으로, 향후 중국 정부의 전문의약품 전자상거래 허용 시 본격적으로 시장이 확대될 것으로 기대된다.

바클레이즈 증권에서는 보고서를 통해 O2O 시장 성장과 함께 공동구매 시장 역시 고성장할 것으로 전망하고 있다. 보고서에 따르면 현재 O2O 시장 내에서 가장 큰 부분을 차지하고 있는 서비스는 공동구매 서비스이며, 2013년 이후 100퍼센트 이상 고성장을 보이는 것으로 파악된다.

업체별로는 알리바바가 지분을 보유한 '메이투안'이 전체 공동구매 시장에서 점유율 55퍼센트를 차지하고 있으며, 텐센트가 20퍼센트의 지분을 보유하고 있는 '디앤핑'이 20퍼센트, 바이두의 '누오미'가 13퍼센트의 점유율을 차지하고 있다.

O2O 시장 성장에 따라 전자상거래 플랫폼 기업과 물류기업과의 협업도 확대되고 있다. 텐센트는 15억 홍콩달러를 들여 중국의 대형 물류회사인 '화난청'의 지분 10퍼센트를 인수하여 전자상거래와 물류 영역에서 협력하기로 했다. 알리바바 역시 '인타이상업'과 함께 15억 홍콩달러를 투자하여 O2O 관련 합작사를 설립하기로 하였으며, 바이두는 중국 주택개발 기업인 '완커그룹'과 상업 부동산 영역에서 O2O 사업을 추진하기로 했다.

표 4.10 중국 모바일 인터넷 이용자 추이

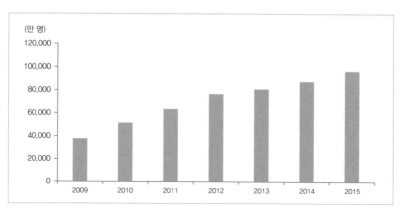

자료: Wind, 유안타증권

투자유망분야 : 집객 → 결제 → 서비스

O2O 사업을 위해서는 집객, 결제, 서비스의 밸류체인 확보가 필요하다. 이에 따라 BAT 3사를 중심으로 다양한 기업들이 모바일 메신저나 지도 서비스, 브라우저, 검색엔진 등을 통해 유저들을 모으고, 간편결제 서비스를 활용하여 손쉽게 결제를 한 뒤 다양한 서비스를 이용할수 있도록 관련 기업들의 인수합병, 제휴 등을 통한 환경 조성에 주력하고 있다.

모바일 메신저 부문에서는 11억 명의 누적 가입자를 확보하고 있는 텐센트의 위챗이 압도적인 경쟁우위를 보이고 있으며, 검색 부문에서는 일반 키워드 검색, 지도 검색 모두 바이두가 강점을 갖고 있다.

특히 모바일 지도의 경우 이용자들은 이 서비스를 통해 주변 음식점과 교통노선, 상가 등을 찾는다. 이에 따라 택시 예약 서비스와 같이 모바일 지도에 기반을 둔 O2O 서비스가 점차 확대될 것으로 전망되며, 이 경우 모바일 지도 부문에서 50퍼센트 이상의 시장점유율을 확보하고 있는 바이두에게 다양한 사업 기회가 올 것으로 판단된다.

컨설팅 그룹인 iResearch에 따르면 모바일 결제 시장은 최근 3년간 2배씩 급성장하고 있으며, 간편 결제로 불리는 모바일 결제 부문에서는 알리바바의 알리페이가 70퍼센트 이상의 압도적인 점유율을 보이고 있다. 이는 알리바바의 막강한 전자상거래 플랫폼이 뒷받침하고 있기 때문으로 판단된다. 간편 결제 서비스 외에도 보안, 인증, NFC 통신 등 관련 기술을 보유하고 있는 기업에 대한 관심도 필요할 것으로 판단된다.

6

산업색깔이 황금색에서 녹색으로
중국의
태양광 산업의 명암

환경오염을 막아줄 청정에너지 개발

미국의 시사지 '타임'은 중국의 관심사가 경제개발에서 환경으로 전환되는 과정을 '중국의 색깔이 황금색에서 녹색으로 바뀌고 있다'는 표현으로 묘사하였다. 중국은 현재 에너지 소비량의 60퍼센트를 수입에 의존하고 있고, 세계에서 가장 많은 탄소를 배출하는 국가로 많은 도시에서 스모그 현상이 나타나고 있다.

계속되는 도시화 정책에 따른 에너지 수요에 대응하기 위하여 중국 정부는 비화석 청정에너지 산업 육성에 주력하고 있으며, 태양광 산업도 그 중 하나로 볼 수 있다. 증시에서도 태양광 관련주들이 등락을 거듭하며 활발한 움직임을 보여주고 있다. 이번 단락에서는 중국 태양광 산업의 현황과 향후 발전 방향에 대해 살펴보도록 하겠다.

태양광 산업의 영광과 몰락

태양광 산업은 공익성이 높은 전력산업의 특징과, 기존 화석연료와 경쟁이 가능한 지점인 Grid parity 도달 전까지 가격경쟁력이 열위에 놓인다는 특징을 가지고 있다. 이에 따라 각국 정부의 보조금 및 정책에 따라 산업의 사이클이 형성되어 왔다.

중국의 경우 2003년 에너지 위기를 계기로 신재생에너지에 주목하기 시작했고, 독일을 벤치마킹하여 2006년 '재생가능에너지법'을 시행했다. 정부의 추진력과 자금력을 기반으로 '썬텍'을 비롯한 500개 이상의 기업이 태양광 산업에 진입하였다. 2009년 금융위기 이후 유럽을 중심으로 각국 정부는 보조금을 축소하기 시작했고, 공급과잉 현상이 나타나면서 폴리실리콘과 모듈 및 태양전지 가격은 급락하였다.

실제로 2009년부터 2011년 사이에 글로벌 태양전지 생산능력은 4배 증가하였으며, 유럽의 보조금 축소 이후 2011년 한 해에만 패널 가격은 40퍼센트 하락하였다. 다만 2014년부터 추가적인 판가 하락은 제한적인 상황에서 산업 내 구조조정이 진행되면서 상위 업체 위주로 수익성이 다소 회복되는 것으로 파악된다.

향후 태양광 산업은 과거 정부 보조금 정책에 좌우되던 것에서 탈피하여 시장 주도형 경쟁이 진행될 것으로 판단되며, 제품의 품질과 가격경쟁력이 우수한 상위 업체 위주로 재편되는 흐름이 지속적으로 나타날 것으로 예상된다. 2013년 부도가 난 중국 최대의 태양광 패널 업체 '썬텍'에 이어 2014년 상해의 태양광 업체 '차오르', 국유 전력설비 업체 '바오딩티엔웨이' 등 한계기업의 연이은 퇴출은 이러한 흐름을 잘 보여주고 있다.

미래의 신재생에너지 태양광 산업

중국은 2013년 11.8GW, 2014년 10.3GW, 2015년 15.1GW의 태양광 발전소를 신규 완공하면서 누적 설치용량을 50GW까지 확대하였다. 이는 글로벌 1위 규모이며, 중국에 이어 독일, 일본, 이탈리아, 미국 순이다.

2014년에는 신규 발전용량이 당초 정부의 목표치인 14GW에 못 미쳤는데, 이는 태양광 발전 허가 방식이 국가발전개혁위원회 승인 방식에서 중앙 정부의 지역별 쿼터 할당 방식으로 바뀌면서 업체들이 쿼터를 받는데 시간이 소요되었기 때문이다.

2015년 발전용량 증대로 중국은 현재까지 50GW 규모의 태양광 발전이 가능해졌으며, 2020년 목표치를 100GW로 정하고 꾸준히 투자와 성장을 지속하고 있다.

중국의 태양광 발전 산업은 환경오염 방지와 함께, 인프라 투자 확대를 통한 경기둔화 방어라는 목적을 가지고 있다는 점에서 지속적인 성장이 예상된다. 특히 정부는 공급과잉 설비를 해소하기 위하여 태양광 산업을 철도와 원자력과 함께 해외진출 전략사업으로 선정하고, 적극적인 해외 세일즈를 하고 있는 것으로 파악된다.

실제로 2015년 4월 시진핑 주석은 파키스탄을 방문하여 총 1만 6,400MW의 전력을 생산할 수 있는 화력, 수력, 풍력, 태양광 발전소 건설 지원을 약속하기도 했다.

더욱 효율적으로 사용하기 위한 방안

현재 중국의 태양광 발전설비는 대부분 서북부 신장자치구, 네이멍구자치구, 저장성 등에 배치되었으며, 초고압 송배전 설비를 이용하여 전기를 운반하고 있는 것으로 파악된다. 향후에는 서부 지역에 주로 설치되는 대형 프로젝트 외에 투자비용이 적게 드는 분산형 루프탑 발전소의 비중이 점차 늘어날 것으로 전망된다.

현재 태양광 발전이 집중되고 있는 서부 지역은 전력 수요가 동부 지역보다 적기 때문에 잉여 전력을 수송해야 하지만, 송전 인프라 부족으로 지역 내 수급 불균형이 나타나고 있다. 이를 위해 정부는 분산형 발전의 보조금을 상향 조정하고 그 범위도 확대 적용하여, 현재 중국 내 비중 20퍼센트에 불과한 분산형 발전의 비중을 글로벌 수준인 60퍼센트까지 확대한다는 방침이다.

2015년 상해 정부는 분산형 태양광 발전 설치 규모를 확정하고 추가로 0.25위안/kWh의 보조금을 지급하기로 하였다. 저장성과 장시성도 분산형 태양광 발전에 대해 중앙정부 보조금 외에 각각 0.1위안/kWh, 0.2위안/kWh의 보조금을 지급할 예정이다.

다만 분산형 태양광 발전의 경우 소유권에 대한 문제가 발생할 수 있으며, 발전 효율 극대화를 위해서는 에너지 저장장치가 필요하다는 점에서 관련 산업 육성 역시 필요한 상황이다. 최근 테슬라는 가정용 에너지 저장장치를 출시하고, 태양광 발전과의 연동 계획을 발표함에 따라 분산형 루프탑 태양광 발전소 증가와 함께 에너지 저장장치의 수요 역시 크게 증가할 전망이다.

구조조정이 필요한 태양광 산업

그러나 여전히 태양광 발전 산업 내 공급과잉은 지속되고 있는 것으로 판단된다. 지속적으로 하락하고 있는 폴리실리콘 사업은 한국의 OCI, GCL-Poly 등 메이저 업체들의 생산능력이 추가로 늘어나며 공급과잉 상황이 지속될 전망이다. 이에 따라 폴리실리콘 가격은 기업들의 원가에도 못 미치는 수준에서 형성될 가능성이 높아 보이며, 이 경우 하위 업체의 수익성 악화와 시장 퇴출이 가속화 될 것으로 예상된다.

태양광 모듈 및 셀의 경우 공급과잉 상황이 더욱 심한 것으로 파악되며, 폴리실리콘 사업과 마찬가지로 원가경쟁력, 캡티브 마켓 및 고객 다각화, 재무적 안정성 등을 갖춘 상위 업체의 시장 지배력 확대가 나타날 것으로 전망된다.

이와 더불어 유틸리티형 태양광 발전 사업의 경우 수익이 가능하다는 점에서 발전 사업에 진출하는 업스트림 업체의 수는 늘어날 것으로 보인다.

표 4.11 중국 주요 태양광 업체 매출액 증가율 추이

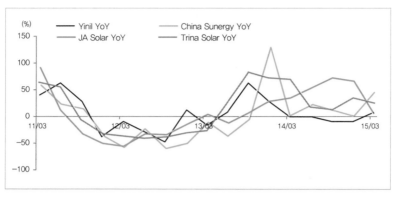

자료: Wind, 유안타증권

태양광 산업 관련 투자 유망분야

가격경쟁력과 기술력을 바탕으로 시장 지배력을 확대해가는 밸류체인 내 선도업체의 수혜가 더욱 강화될 것으로 기대된다. 이와 더불어 과거 서부 지역 중심으로 대형 유틸리티 타입의 태양광 발전소가 많이 지어졌으며, 생산된 전력을 동부 지역으로 수송하기 위한 초고압 송배전 설비의 수요가 지속적으로 증가할 것으로 예상된다. 향후 분산형 루프탑 발전소 확대 시 ESS로 불리는 에너지 저장장치와 스마트 그리드 시스템의 수요 역시 크게 증가할 것으로 기대된다.

실제로 알리바바는 2015년 중국 최대 태양광 인버터 생산업체인 '양광전원'과 합작 계약을 체결하고, 지능형 태양광 발전 클라우드를 구축한다는 계획이다. 또한 중국 최대 민영투자회사인 중국민생투자는 닝샤 지역에 200메가와트급 태양광 발전소를 건설하였고, 애플 역

시 미국 2대 태양광 업체인 썬파워와 쓰촨성에 40메가와트급 태양광 발전소 2기를 건설하기로 하는 등 여전히 높은 수익률을 기록하고 있는 발전소 운영 사업에 대한 관심이 지속되고 있다.

7

세상을 바꾸는 혁명
비상하는
중국의 로봇산업

한국과 일본을 능가하는 중국의 로봇 기술

2015년 미국 국방부 산하 방위고등연구계획국DARPA 로봇공학 챌린지에서, 한국의 인간형 로봇 휴보가 1위를 차지한 적이 있다. 일본 후쿠시마 원자력발전소 사고 이후 인간이 접근하기 힘든 재난현장에서 로봇을 활용하기 위해 로봇공학 챌린지를 개최하고 있다. 휴보는 재난현장에서 발생할 수 있는 8개 미션을 가장 빠르고 정확하게 처리하여 24개 팀 중 1위를 차지하면서 국내 로봇 기술이 글로벌 수준임을 입증했다.

하지만 중국의 'DJI'라는 회사가 한일 양국이 주도하고 있는 로봇 산업에서 두각을 나타내고 있다. DJI사는 소형 드론 분야의 신흥 강자로

2014년 5천억 원의 매출을 달성하였으며, 2015년에는 1조 원 이상의 매출을 올렸다.

중국은 산업구조의 변화와 함께 산−학−연 사이의 긴밀한 협력을 바탕으로 로봇, 소형무인기, 항공우주 등 신성장 산업에서 빠른 발전을 보이고 있다. 이번 단락에서는 최근 급성장하고 있는 중국의 로봇산업에 대해 살펴보도록 하자.

표 4.12 중국 민간용 무인기 시장 규모 및 성장률

자료: 선전무인기협회, 유안타증권

글로벌 기업들의 로봇산업 투자

경기둔화에도 불구하고 글로벌 기업들은 로봇산업을 향후 신성장 동력으로 선정하고 막대한 투자를 집행하고 있다. 특히 구글의 행보가 눈에 띄는데, 미국의 대표 국방 로봇기업인 '보스턴다이내믹스'등 로봇과 인공기능 기술 보유기업 15개를 인수한 것으로 전해진다.

일본 소프트뱅크 역시 프랑스 대표 로봇기업인 '알데바란로보틱스'
를 인수하며 세계 최초 인공지능 양산 로봇인 '페퍼'를 출시하였다. 도
요타와 혼다도 각각 '키로보', '아시모' 개발 프로젝트에 투자하였다. 이
러한 서비스 로봇시장 외에 산업용 로봇시장에서도 일본 기업들의 약
진이 두드러진다.

    일본 4대 로봇기업인 파낙, 야스카와전기, 후지코시, 가와사키중공
업은 2015년 로봇 관련 매출이 30퍼센트 이상 증가하였으며, 독일의
쿠카, 스웨덴과 스위스의 합작법인인 'ABB' 역시 산업용 로봇시장 강
자로 부상 중이다.

표 4.13 주요국 산업용 로봇 시장규모

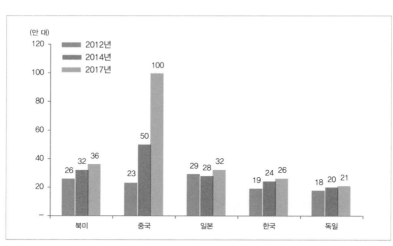

자료: IFR, 유안타증권

중국은 거대한 산업용 로봇 시장

중국 기업들도 활발한 인수합병을 통해 글로벌 경쟁력을 강화하는 모습이다. 중국의 스마트 모빌리티 기업인 나인봇은 세그웨이를 인수하면서 400여 개의 핵심기술 특허와 유통망을 확보하였다. 리드드래곤 컨소시엄은 우리나라의 동부로봇을 인수하는 등 후발주자인 중국 기업들은 거대한 자국시장을 배경으로 빠르게 글로벌 선두업체들을 추격하고 있다. 2016년 8월에는 중국 가전업체 메이디그룹이 독일 정치권의 반대에도 불구하고, 독일 로봇산업의 자존심으로 꼽히는 쿠카를 인수하여 로봇산업 굴기에 박차를 가하고 있다.

세계로봇연맹에 따르면 2017년 중국의 산업용 로봇 수요는 2013년 대비 3배 이상 증가한 10만대 수준으로 성장할 것으로 전망된다. 중국에서는 10년 전부터 매년 20퍼센트씩 상승하는 인건비 문제와 고령화 및 청년층의 3D 업종 기피 등의 요인으로, 남부지역에서 시작된 인력

표 4.14 중국 산업용 로봇 판매량 추이 및 전망

자료: IFR, 유안타증권

난이 동부 연안도시를 거쳐 내륙까지 확산되면서 400만 명에 이르는 숙련기능공 부족 사태가 나타나고 있다.

이에 따라 BYD, 폭스콘과 같은 대형 제조 기업을 중심으로 공장자동화와 산업용 로봇을 적극적으로 도입하기 시작했다. 2008년 이후 중국의 로봇 구매량은 연평균 30퍼센트 이상 증가하였고, 2014년에는 글로벌 수요의 20퍼센트인 3만 7천 대까지 수요가 확대되면서 세계 1위 로봇시장으로 성장하였다.

폭발적인 산업용 로봇 수요 증대에도 불구하고 중국은 인구 대비 로봇 사용량이 적은 국가로 분류된다. 2015년 기준 중국 노동자 1만 명당 로봇 보유량은 30대로, 한국의 437대, 일본 323대, 독일 282대, 미국 152대에 크게 못 미치는 수준이다. 글로벌 평균 58대에도 미달한다는 점에서 여전히 중장기 성장 잠재력이 높은 것으로 판단된다.

표 4.15 주요국 산업용 로봇 밀도

자료: IFR, 유안타증권

현재 중국로봇산업협회에 따르면 중국 산업용 로봇시장의 80퍼센트는 외국기업이 차지하고 있으며, 그 중 일본기업과 유럽기업의 시장점유율은 각각 50퍼센트와 30퍼센트 수준인 것으로 파악된다.

일본의 파낙, 야스카와, 독일의 쿠카, 스위스의 ABB 등 상위 5개 업체의 점유율이 60퍼센트에 달하는 것으로 파악되며, 100여 개 이상의 중국 로컬업체들은 대부분 중소기업으로 단순 조립위주의 사업모델에 그치고 있다.

로봇강국으로 성장하려는 중국

고령화 및 인건비 증가 추세와 산업구조의 고부가가치화 등에 따라 로봇산업은 지속적으로 고성장하고 있다. 하지만 외국기업들의 시장 지배력 역시 지속적으로 확대되는 모습을 보이자, 중국 정부는 정책적 지원을 통해 산업육성과 자국 기업들의 경쟁력 강화를 추진하고 있다.

중국공업정보화부는 '13차 경제개발 5개년 계획(2016~2020년)'을 통해 2020년까지 산업용 로봇 밸류체인을 완성하고, 노동자 1만명당 로봇 보유량을 100대 이상으로 확대한다는 내용의 로봇산업 집중 육성 방침을 발표하였다. 또한 지방정부별로도 다양한 정책을 시행 중인데, 상하이, 장수, 저장, 광둥, 충칭 등에서 30여 개의 로봇 산업공단을 조성 중이며, 특히 상하이시는 2017년까지 로봇 제조기업 및 기관 600여 개를 유치한다는 계획을 세운 것으로 알려졌다.

이와 더불어 2015년 5월 중국 국무원은 '중국제조 2025' 정책을 발표하면서 제조업 강국으로 성장한다는 비전을 제시하였다. '중국제조 2025'는 2025년까지 독일, 일본 수준의 제조업 역량을 구축한다는 내용을 담고 있다. 특히 로봇, 항공우주, 해양설비와 첨단선박, 첨단레일 교통장비, 신재생에너지 및 친환경차량, 스마트그리드, 농기계, 헬스케어, 신소재 산업을 중점분야로 선정하여 집중 육성할 계획이다.

로봇산업 관련 투자 유망분야

식품, 음료, 제약 생산 분야의 경우 분류, 포장, 물류 작업 등의 반복적인 업무가 많아 산업용 로봇 도입 시 큰 폭의 생산성 향상이 가능할 것으로 전망된다. 특히 식품, 음료, 제약 분야의 경우 자동화 수준이 낮다는 점을 감안하면, 향후 관련 산업의 산업용 로봇 수요 증대와 공장자동화 시스템 도입이 크게 늘어날 것으로 기대된다.

이와 더불어 의료 수술 등에 사용되는 로봇과 군사용 로봇 수요 역시 크게 증가할 것으로 기대되며, 청소로봇 등 가전제품으로서의 로봇 수요 역시 확대될 것으로 예상된다. 이와 관련해서 센서, 모터와 같은 핵심부품 및 인공지능 소프트웨어 등의 솔루션 기술 보유기업과 지속적인 M&A가 가능한 기업에 대한 관심이 필요하겠다.

8

산학연 협력의 롤 모델

중국
샤오반校班 기업의 성장

대학이 중심이 되어 기업을 만들다.

중국의 칭화유니그룹이 미국의 D램 제조업체인 마이크론을 인수하려다, 미국 정부의 반대로 물거품이 되었다. 비록 실패로 돌아갔지만, 칭화유니그룹의 글로벌 반도체 분야 선두그룹으로의 야심과 집념은 여전한 것으로 보아야 할 것이다.

1988년 설립된 칭화유니그룹은 중국 칭화대학이 설립한 칭화홀딩스의 자회사로, 지난 2013년 시스템 반도체 팹리스 기업인 스프레드트럼과 RDA마이크로일렉트로닉스를 인수하며 중국 최대 반도체 설계 기업으로 성장하였다.

칭화홀딩스 사례와 같이 중국은 개혁 개방 이후 대학교가 중심이
되어 '실용주의' 자세를 바탕으로 다양한 수익사업을 영위하고 있으며,
이를 통해 재정 다원화를 추진하고 있다.

중국 대학이 중심이 되어 설립한 기업인 샤오반校班 기업 중 북대방
정 및 칭화홀딩스와 같은 일부 기업은 수십 개의 계열사를 거느린 대
기업으로 성장하기도 했다. 이 단락에서는 중국 대학이 설립한 샤오반
기업의 역사와 현황에 대해 살펴보기로 하자.

개혁 개방 이후 급성장한 샤오반 기업

1978년 덩샤오핑의 개혁 개방 정책 이후 대학이 100퍼센트의 지분
을 출자한 대학 기업을 운영할 수 있게 되면서, 중국의 대학은 다양한
수익사업을 통해 재정의 다원화를 이루고 있다. 중국 정부는 시장경제
활성화 및 하이테크 산업 육성하고, 대학의 연구 성과를 기업으로 이
전하고 상용화하는 산학연 협동 프로젝트의 일환으로 대학 기업을 육
성하였다.

그리고 대학들은 등록금과 정부 지원금, 기부금에 의존하는 수익모
델에서 탈피하기 위해 적극적으로 정부 정책에 동참하였다. 이에 따
라 샤오반 기업은 소규모 벤처기업으로 시작하여 1990년대 후반부터
2000년대 초반까지 급성장하였다. 베이징대학교의 북대방정, 칭화대
학교의 칭화홀딩스 및 하얼빈공과대학교, 저장대학교의 샤오반 기업
은 대규모 기업집단으로 성장하였다.

이후 그룹의 규모가 커지면서 대학 교수들만으로는 관리가 어려워

졌고, 이에 따라 2003년 칭화홀딩스가 설립되는 등 지주회사 체제가
본격적으로 도입되기 시작하였다.

4세대 산학연 협력모델

중국 정부는 베이징의 실리콘밸리라고 불리는 '중관춘'과 같은 혁신
시범지구를 설립함으로써 대학과 기업의 협력 모델을 지원하고 있다.
중관춘은 중국 최대 규모의 과학기술인재 밀집지역으로 레노보, 바이
두를 비롯한 2만여 개의 기업의 본사와 R&D 센터가 몰려있다. 또한
베이징대학, 칭화대학을 비롯한 40여 개의 대학과 중국과학원, 중국공
정원 등의 국립 과학연구소 200여 개가 밀집되어 있어 연구개발 인력
만 15만 명 이상인 것으로 추정된다.

표 4.16 중국 R&D 금액 추이

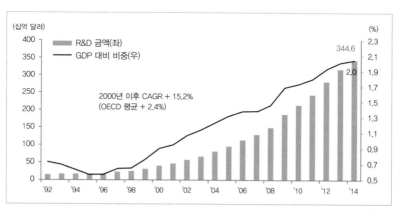

자료: OECD, 유안타증권

국무원은 2011년 '중관춘 발전 10개년 계획'을 승인함으로써, 2020년까지 중관춘에서 IT, SW, 바이오, 신에너지 부문에서 세계적 기업을 육성하고, 중관춘 기업들의 매출액을 2010년 1조 6천억 위안에서 2020년 10조 위안으로 확대한다는 계획이다.

표 4.17 중국 중관춘 네트워크

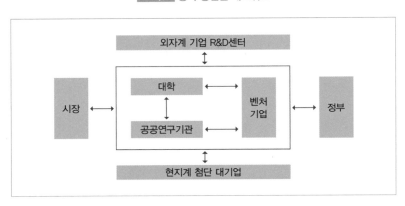

자료: SERI, 유안타증권

이러한 중관춘 내 기업들은 베이징대학이나 칭화대학과 공동 프로젝트를 통해 인력과 기술을 활용함으로써 비용절감 및 원천기술 확보 효과를 얻을 수 있다. 대학교 역시 연구, 기술료 수입, 샤오반 기업으로부터의 배당 수입 등의 긍정적 효과를 얻고 있다.

산학연 협력을 단계별로 1세대 공동 프로젝트, 2세대 학교기업 설립, 3세대 학교기업의 양적 질적 성장, 4세대 그룹화로 구분한다면, 한국의 산학 협력이 1~2세대에 머무르는 것과 달리, 중국은 이미 4세대 산학 협력모델을 구축하고 있는 것으로 평가할 수 있다.

샤오반의 모범사례 - 칭화홀딩스

2003년 설립된 이 기업은 기존의 여러 샤오반 기업들을 관리하기 위해 만들어진 국유지주사로 칭화대학교가 100퍼센트 지분을 보유하고 있다. 상장사인 칭화동팡과 쳉지 쉐어홀딩, 칭 캐피탈, 유니스플랜더 등의 자회사를 통해 1,000억 위안(17조 원)의 총자산을 보유하고 있다.

마이크론 인수를 시도한 칭화유니그룹은 칭화홀딩스 41퍼센트, 인텔 20퍼센트, 베이징-쟝군 인베스트먼트 39퍼센트의 지분구성을 보이는 자회사이다. 칭화유니그룹은 퀄컴에 대항하기 위해 2013년 미국의 스프레드트럼을 17억 8천만 달러에 인수하였고, 2014년에는 RDA마이크로일렉트로닉스를 9억 1천만 달러에 인수하였다.

이후 스프레드트럼은 중국 로컬 스마트폰 업체들에 AP를 대량 공급하며, 세계에서 가장 빠른 성장을 보이는 반도체 기업으로 급부상하고 있다. RDA마이크로일렉트로닉스 역시 베이스밴드 칩과 WiFi, 블루투스 칩을 설계하며 로컬업체에 납품을 확대하고 있다.

또한 칭화홀딩스의 자회사 유니스플렌더는 HP의 네트워크 사업부문 중국 자회사인 H3C의 지분 51퍼센트를 23억 달러에 인수하였다. 이를 통해 칭화홀딩스는 인텔, HP 등 미국의 IT 기업들과 협력을 강화하고 있으며, 모바일 반도체 설계 부문에서 퀄컴과 삼성전자를 겨냥한 행보를 보일 것으로 전망된다.

마이크론 인수 제의도 이런 관점에서 해석 가능하다는 판단이며, 후진타오 전 주석 아들이 칭화홀딩스 막후에 있다는 것이 정설인 상황에서 전관예우 형태로 전 주석의 아들 사업을 밀어주는 관행이 이어진다면 칭화홀딩스의 반도체 산업 내 인수합병은 가속화될 전망이다.

표 4.18 중국 하이테크개발구역 평가순위

순위	하이테크개발구	총점	정보 공개 투명도	산업 발전·홍보 촉진	기본 행정관리 서비스	과기 창조·창업 서비스	상호 교류·참여능력
1	중관춘 과기원구	77.6	0.78	0.90	0.70	0.87	0.53
2	장장 과기원구	65.6	0.68	0.57	0.60	0.83	0.43
3	칭다오	62.9	0.60	0.70	0.62	0.73	0.40
4	우한 둥후	60.9	0.64	0.63	0.60	0.67	0.43
5	광둥성 후이저우 중카이	60.3	0.58	0.50	0.58	0.67	0.70
6	쓰촨성 청두	59.6	0.70	0.67	0.38	0.73	0.47
7	저장성 닝보	59.4	0.66	0.63	0.48	0.60	0.57
8	푸젠성 샤먼	58.7	0.66	0.70	0.52	0.63	0.37
9	후난성 창사	58.5	0.64	0.63	0.48	0.73	0.37
10	랴오닝성 다롄	56.0	0.46	0.63	0.62	0.67	0.37
11	광둥성 선전	55.3	0.54	0.63	0.36	0.77	0.43
12	장쑤성 쑤저우	54.9	0.66	0.53	0.40	0.67	0.43
13	산둥성 지닝	54.9	0.54	0.47	0.58	0.60	0.57

자료: 언론보도, 유안타증권

다양한 사업에 진출해있는 북대방정집단

북대방정 그룹은 1986년에 설립되었으며, 베이징대학이 70퍼센트의 지분을 소유하고 있다. IT, 헬스케어, 유통/자원/부동산, 금융 산업에 진출해 있다.

자회사 중 상장기업으로는 방정홀딩스, 방정테크놀로지, 방정증권, 북대제약, 북대자원, 중국하이테크그룹 등이 있다. 특히 북대방정 그룹은 베이징대학의 우수한 인력과 기술에 기반한 SW의 경쟁력을 바탕으로, 스마트시티 건설, 빅데이터 사업, 스마트의료 분야에서 강점을 보이고 있다.

8개 경제 카테고리로 나눈
중국투자 유망종목

1. 중국 ROE 높은 종목

종목코드	종목명	ROE 2016-06-30 [단위] %	배당수익률 2015년말 [단위] %	PER 2016-09-30 [단위] 배	PBR 2016-09-30 [단위] 배	시가총액 2016-09-30 [단위] 백만 위안
002027.SZ	분중미디어	37.97	1.75	23.55	23.01	124,587.25
600100.SH	청화동방	24.51	0.94	7.65	1.79	40,812.89
600340.SH	화하행복부동산	21.94	1.91	14.57	3.70	83,418.15
600398.SH	하이란홈	21.02	3.08	15.75	5.62	48,207.29
600816.SH	안신신탁투자	20.80	1.75	15.48	4.99	35,344.70
600074.SH	강소보천리영상	20.47	0.00	64.51	10.37	39,152.45
000333.SZ	메이디그룹	18.17	4.44	12.50	3.14	173,537.47
000963.SZ	화동의약	17.10	1.82	26.64	5.02	33,392.20
600887.SH	내몽고이리실업그룹	15.90	2.79	18.86	4.79	97,703.93
000625.SZ	중경장안자동차	15.43	4.03	7.14	2.01	69,501.49
002294.SZ	신립태	15.02	2.16	21.65	6.24	29,037.40
600688.SH	시노펙상해석유화학	14.84	1.70	13.79	2.90	54,791.99
002304.SZ	강소양하주류	14.70	2.68	18.04	4.28	101,103.82
600177.SH	Youngor그룹	14.33	5.63	8.01	1.60	36,351.69
000651.SZ	주해GREE가전	13.85	6.75	10.12	2.98	133,669.54
600690.SH	청도하이얼	13.75	2.09	12.40	2.43	61,829.98
600519.SH	귀주모태주	13.66	2.07	22.79	5.76	374,233.89
002415.SZ	해강위시	13.59	2.86	23.82	7.82	149,344.29
000895.SZ	하남쌍회투자개발	13.59	5.30	17.60	6.54	77,867.47
603885.SH	길상항공	13.19	2.32	26.75	4.48	33,167.73
300017.SZ	망숙테크	12.97	0.29	50.57	8.48	55,371.23
000540.SZ	중천성투	12.92	2.89	11.35	2.42	32,447.77
600867.SH	통화동보제약	12.61	0.88	59.08	9.06	32,233.42
600276.SH	항서제약	12.52	0.23	42.65	9.35	103,418.96
601633.SH	장성자동차	12.32	4.12	11.80	2.35	84,584.44
600485.SH	북경중창텔레콤	11.80	0.04	16.88	4.29	50,112.95
000559.SZ	만향전조	11.70	1.73	40.76	8.11	33,244.40
601318.SH	중국평안보험	11.68	1.55	10.35	1.76	627,811.86
000423.SZ	산동동아아교	11.57	1.34	23.14	5.32	38,914.28
600309.SH	만화화학	11.36	0.97	22.69	3.55	44,457.60
002007.SZ	화란생물	10.94	1.06	50.69	9.09	34,952.70
601872.SH	초상기선	10.88	1.29	12.47	1.78	27,027.24
000568.SZ	노주노교	10.86	2.57	27.87	4.27	43,582.01
601021.SH	춘추항공	10.84	0.46	24.95	5.08	36,136.00
300015.SZ	아얼안과	10.69	0.84	70.60	14.59	35,210.99
600066.SH	정주우통버스	10.45	6.80	12.77	4.53	48,839.50
002236.SZ	대화	10.43	1.29	27.79	6.33	44,969.87
000538.SZ	운남백약그룹	10.05	0.87	24.83	5.08	72,096.10
002081.SZ	금당랑	9.99	1.66	19.44	3.47	31,825.44
600741.SH	화역자동차시스템	9.86	5.14	9.43	1.42	49,655.40
601888.SH	중국국제여행사	9.63	1.11	27.57	3.73	44,008.80
300124.SZ	회천기술	9.55	2.64	34.95	7.43	30,332.38
600036.SH	초상은행	9.54	3.83	7.57	1.26	448,555.35
600332.SH	광주백운산제약	9.38	0.00	29.28	2.32	37,964.77
601668.SH	중국건축	9.36	3.24	6.51	1.15	185,100.00
002450.SZ	강덕신	9.36	0.50	35.36	5.82	58,285.91
002470.SZ	금정대	9.30	1.27	19.90	2.85	24,772.91
601166.SH	흥업은행	9.17	3.82	5.86	1.01	304,265.82
601939.SH	중국건설은행	9.11	5.29	5.64	0.88	1,239,899.72
600535.SH	천진천사력제약	9.05	1.00	34.18	5.94	45,574.47

자료 : Wind, 유안타증권

2. 중국 배당수익률 높은 종목

종목코드	종목명	ROE 2016-06-30 [단위] %	배당수익률 2015년말 [단위] %	PER 2016-09-30 [단위] 배	PBR 2016-09-30 [단위] 배	시가총액 2016-09-30 [단위] 백만 위안
600252.SH	중항그룹	5.53	7.45	83.86	2.94	15,151.47
601006.SH	대진철도	4.20	7.10	10.49	1.09	94,255.46
000876.SZ	신희망	7.37	6.82	13.53	1.72	33,595.97
600066.SH	정주우통버스	10.45	6.80	12.77	4.53	48,839.50
000651.SZ	주해GREE가전	13.85	6.75	10.12	2.98	133,669.54
600011.SH	화능국제전력	7.92	6.68	9.71	1.34	93,547.41
600104.SH	상해자동차	8.58	6.22	7.85	1.37	240,908.63
600027.SH	화전국제전력	6.26	6.06	7.15	1.17	45,466.56
600177.SH	Youngor그룹	14.33	5.63	8.01	1.60	36,351.69
601288.SH	농업은행	8.53	5.33	5.60	0.91	1,008,257.55
000895.SZ	하남쌍회투자개발	13.59	5.30	17.60	6.54	77,867.47
601939.SH	중국건설은행	9.11	5.29	5.64	0.88	1,239,899.72
601398.SH	공상은행	8.24	5.27	5.67	0.89	1,556,808.38
601988.SH	중국은행	7.01	5.19	5.73	0.79	965,146.59
600023.SH	절능전력	7.48	5.15	9.85	1.28	71,267.62
600741.SH	화역자동차시스템	9.86	5.14	9.43	1.42	49,655.40
601818.SH	중국광대은행	7.26	5.01	5.95	0.88	172,229.99
000776.SZ	광발증권	5.33	4.89	14.14	1.70	120,928.01
601328.SH	교통은행	6.93	4.88	6.14	0.77	395,209.28
600578.SH	북경경능전력	4.16	4.75	9.71	1.17	19,438.92
300146.SZ	탕신배건	7.93	4.75	31.88	4.10	18,404.12
002568.SZ	백윤	−15.68	4.73	−73.52	22.24	18,932.48
000333.SZ	메이디그룹	18.17	4.44	12.50	3.14	173,537.47
600660.SH	복요유리	8.97	4.44	14.88	2.64	43,059.50
601991.SH	대당국제발전	3.79	4.43	20.79	1.15	44,287.57
600999.SH	초상증권	4.66	4.37	17.11	2.13	99,841.85
600886.SH	국투전력홀딩스	5.64	4.28	9.94	1.70	44,380.59
601633.SH	장성자동차	12.32	4.12	11.80	2.35	84,584.44
000625.SZ	중경장안자동차	15.43	4.03	7.14	2.01	69,501.49
601009.SH	남경은행	8.20	3.90	7.97	1.14	62,162.47
600705.SH	중항자본	5.44	3.87	29.10	2.83	58,166.59
600036.SH	초상은행	9.54	3.83	7.57	1.26	448,555.35
601166.SH	흥업은행	9.17	3.82	5.86	1.01	304,265.82
600795.SH	국전전력개발	7.01	3.72	12.67	1.12	58,165.18
601788.SH	광대증권	3.84	3.69	17.48	1.55	70,440.33
600583.SH	해양석유공정	3.81	3.66	11.10	1.33	30,242.07
002736.SZ	국신증권	4.59	3.64	18.97	2.95	135,136.00
600015.SH	화하은행	7.53	3.61	5.52	0.87	107,390.00
600048.SH	보리부동산	6.47	3.59	9.21	1.39	113,835.00
600008.SH	북경캐피탈	3.01	3.58	34.57	2.37	20,198.37
600170.SH	상해건공	4.90	3.55	15.09	1.37	30,167.76
601998.SH	중신은행	7.29	3.55	6.94	0.92	269,622.19
600383.SH	금지그룹	2.39	3.50	15.61	1.71	53,965.18
601211.SH	국태군안	5.30	3.49	12.21	1.44	135,267.50
601601.SH	중국태평양보험그룹	4.72	3.48	20.72	2.21	249,200.37
600369.SH	서남증권	4.57	3.47	25.88	2.19	40,701.24
600642.SH	상해에너지	4.84	3.45	15.16	1.10	26,356.30
002399.SZ	해파링크	3.15	3.41	38.83	2.80	21,963.22
000402.SZ	금융가	2.97	3.39	16.37	1.45	35,239.48
601933.SH	영휘마트	5.46	3.36	57.03	2.29	42,684.26

자료 : Wind, 유안타증권

3. 중국 PER 낮은 종목

종목코드	종목명	ROE 2016-06-30 [단위] %	배당수익률 2015년말 [단위] %	PER 2016-09-30 [단위] 배	PBR 2016-09-30 [단위] 배	시가총액 2016-09-30 [단위] 백만 위안
600015.SH	화하은행	7.53	3.61	5.52	0.87	107,390.00
601288.SH	농업은행	8.53	5.33	5.60	0.91	1,008,257.55
601939.SH	중국건설은행	9.11	5.29	5.64	0.88	1,239,899.72
601398.SH	공상은행	8.24	5.27	5.67	0.89	1,556,808.38
601988.SH	중국은행	7.01	5.19	5.73	0.79	965,146.59
601166.SH	흥업은행	9.17	3.82	5.86	1.01	304,265.82
601818.SH	중국광대은행	7.26	5.01	5.95	0.88	172,229.99
601328.SH	교통은행	6.93	4.88	6.14	0.77	395,209.28
601668.SH	중국건축	9.36	3.24	6.51	1.15	185,100.00
600000.SH	상해포동발전은행	8.10	3.12	6.67	1.13	356,485.44
000001.SZ	평안은행	6.96	1.69	6.90	0.91	155,735.63
601998.SH	중신은행	7.29	3.55	6.94	0.92	269,622.19
000625.SZ	중경장안자동차	15.43	4.03	7.14	2.01	69,501.49
600027.SH	화전국제전력	6.26	6.06	7.15	1.17	45,466.56
600016.SH	중국민생은행	8.78	2.54	7.26	1.07	327,017.64
600036.SH	초상은행	9.54	3.83	7.57	1.26	448,555.35
600100.SH	청화동방	24.51	0.94	7.65	1.79	40,812.89
600104.SH	상해자동차	8.58	6.22	7.85	1.37	240,908.63
601169.SH	북경은행	8.84	2.75	7.94	1.20	138,380.75
601009.SH	남경은행	8.20	3.90	7.97	1.14	62,162.47
600177.SH	Youngor그룹	14.33	5.63	8.01	1.60	36,351.69
002142.SZ	냉파은행	8.80	2.88	8.56	1.29	61,031.78
600048.SH	보리부동산	6.47	3.59	9.21	1.39	113,835.00
601186.SH	중국철도건설	4.96	1.66	9.31	0.99	119,375.37
600741.SH	화역자동차시스템	9.86	5.14	9.43	1.42	49,655.40
600578.SH	북경경능전력	4.16	4.75	9.71	1.17	19,438.92
600011.SH	화능국제전력	7.92	6.68	9.71	1.34	93,547.41
600023.SH	절능전력	7.48	5.15	9.85	1.28	71,267.62
600886.SH	국투전력홀딩스	5.64	4.28	9.94	1.70	44,380.59
000651.SZ	주해GREE가전	13.85	6.75	10.12	2.98	133,669.54
600674.SH	사천천투에너지	7.63	3.11	10.23	2.07	38,166.56
601318.SH	중국평안보험	11.68	1.55	10.35	1.76	627,811.86
601006.SH	대진철도	4.20	7.10	10.49	1.09	94,255.46
601117.SH	중국화학공정	3.20	1.57	10.73	1.03	27,378.15
601800.SH	중국교통건설	4.73	1.72	11.03	1.37	160,756.83
600583.SH	해양석유공정	3.81	3.66	11.10	1.33	30,242.07
600153.SH	하문건발	4.46	0.90	11.34	1.61	31,442.37
000540.SZ	중천성투	12.92	2.89	11.35	2.42	32,447.77
601633.SH	장성자동차	12.32	4.12	11.80	2.35	84,584.44
000069.SZ	화교성A	4.13	1.00	11.95	1.49	57,439.77
601211.SH	국태군안	5.30	3.49	12.21	1.44	135,267.50
600690.SH	청도하이얼	13.75	2.09	12.40	2.43	61,829.98
601872.SH	초상기선	10.88	1.29	12.47	1.78	27,027.24
601390.SH	중국중철	4.14	1.22	12.49	1.21	151,862.24
000333.SZ	메이디그룹	18.17	4.44	12.50	3.14	173,537.47
002146.SZ	영성발전	6.29	3.20	12.63	1.63	34,002.64
600795.SH	국전전력개발	7.01	3.72	12.67	1.12	58,165.18
600068.SH	갈주패	6.55	2.21	12.69	1.53	36,423.79
600066.SH	정주우통버스	10.45	6.80	12.77	4.53	48,839.50
000623.SZ	길림오동	4.86	1.17	12.91	1.34	22,870.79

자료 : Wind, 유안타증권

4. 중국 PBR 낮은 종목

종목코드	종목명	ROE 2016-06-30 [단위] %	배당수익률 2015년말 [단위] %	PER 2016-09-30 [단위] 배	PBR 2016-09-30 [단위] 배	시가총액 2016-09-30 [단위] 백만 위안
600019.SH	보산철강	3.04	1.22	61.74	0.70	80,687.94
000709.SZ	하북철강	0.94	0.97	52.29	0.75	32,705.31
000898.SZ	안강스틸	0.69	0.00	-7.35	0.75	31,289.82
601328.SH	교통은행	6.93	4.88	6.14	0.77	395,209.28
601988.SH	중국은행	7.01	5.19	5.73	0.79	965,146.59
600028.SH	중국석유화학	2.81	3.09	21.77	0.86	588,520.39
600015.SH	화하은행	7.53	3.61	5.52	0.87	107,390.00
601939.SH	중국건설은행	9.11	5.29	5.64	0.88	1,239,899.72
601818.SH	중국광대은행	7.26	5.01	5.95	0.88	172,229.99
601398.SH	공상은행	8.24	5.27	5.67	0.89	1,556,808.38
601898.SH	중국석탄에너지	0.74	0.00	-79.82	0.89	66,523.44
601288.SH	농업은행	8.53	5.33	5.60	0.91	1,008,257.55
000001.SZ	평안은행	6.96	1.69	6.90	0.91	155,735.63
601998.SH	중신은행	7.29	3.55	6.94	0.92	269,622.19
000825.SZ	태강스테인레스	1.41	0.00	-5.79	0.93	20,107.75
000157.SZ	중련중과	-2.16	3.24	-80.06	0.95	32,308.49
600005.SH	무한철강	0.96	0.00	-3.59	0.97	27,858.83
600875.SH	동방전기	-1.50	0.63	-316.21	0.99	20,964.68
601186.SH	중국철도건설	4.96	1.66	9.31	0.99	119,375.37
600221.SH	해남항공	4.71	0.00	17.50	1.00	54,176.29
601166.SH	흥업은행	9.17	3.82	5.86	1.01	304,265.82
000778.SZ	신흥주관	1.10	0.63	39.31	1.01	17,269.28
601088.SH	중국신화에너지	3.33	2.11	21.22	1.02	295,023.11
601117.SH	중국화학공정	3.20	1.57	10.73	1.03	27,378.15
600362.SH	강서동업	1.03	0.72	225.32	1.04	39,512.93
601333.SH	광심철도	2.48	1.96	22.44	1.05	28,002.68
600016.SH	중국민생은행	8.78	2.54	7.26	1.07	327,017.64
000725.SZ	경동방테크놀로지A	-0.67	0.84	-100.21	1.09	82,544.09
601006.SH	대진철도	4.20	7.10	10.49	1.09	94,255.46
000425.SZ	서공기계	0.62	0.00	131.44	1.10	22,284.57
600642.SH	상해에너지	4.84	3.45	15.16	1.10	26,356.30
600376.SH	북경수도개발	3.62	0.00	15.44	1.12	32,425.14
601857.SH	페트로차이나	0.04	1.21	122.61	1.12	1,261,539.90
600795.SH	국전전력개발	7.01	3.72	12.67	1.12	58,165.18
600000.SH	상해포동발전은행	8.10	3.12	6.67	1.13	356,485.44
600050.SH	차이나유니콤	0.57	1.38	54.51	1.13	87,965.88
601009.SH	남경은행	8.20	3.90	7.97	1.14	62,162.47
601668.SH	중국건축	9.36	3.24	6.51	1.15	185,100.00
000338.SZ	유시동력	3.30	2.17	25.00	1.15	36,578.66
601991.SH	대당국제발전	3.79	4.43	20.79	1.15	44,287.57
601992.SH	북경금우그룹	4.68	0.69	16.53	1.16	42,025.05
600027.SH	화전국제전력	6.26	6.06	7.15	1.17	45,466.56
600578.SH	북경경능전력	4.16	4.75	9.71	1.17	19,438.92
601169.SH	북경은행	8.84	2.75	7.94	1.20	138,380.75
601390.SH	중국중철	4.14	1.22	12.49	1.21	151,862.24
601618.SH	중국야금공업	3.96	1.39	14.96	1.23	70,397.82
600022.SH	산동철강(비후강통)	0.14	0.00	224.23	1.23	20,545.83
600585.SH	안휘해라시멘트	4.73	2.55	14.48	1.25	91,171.97
600036.SH	초상은행	9.54	3.83	7.57	1.26	448,555.35
000027.SZ	심천에너지	4.00	3.00	16.34	1.26	26,403.51

자료 : Wind, 유안타증권

5. 중국 시가총액 상위 종목 50

종목코드	종목명	ROE 2016-06-30 [단위] %	배당수익률 2015년말 [단위] %	PER 2016-09-30 [단위] 배	PBR 2016-09-30 [단위] 배	시가총액 2016-09-30 [단위] 백만 위안
601398.SH	공상은행	8.24	5.27	5.67	0.89	1,556,808.38
601857.SH	페트로차이나	0.04	1.21	122.61	1.12	1,261,539.90
601939.SH	중국건설은행	9.11	5.29	5.64	0.88	1,239,899.72
601288.SH	농업은행	8.53	5.33	5.60	0.91	1,008,257.55
601988.SH	중국은행	7.01	5.19	5.73	0.79	965,146.59
601318.SH	중국평안보험	11.68	1.55	10.35	1.76	627,811.86
600028.SH	중국석유화학	2.81	3.09	21.77	0.86	588,520.39
601628.SH	중국인수보험	3.32	1.96	44.48	2.00	573,964.35
600036.SH	초상은행	9.54	3.83	7.57	1.26	448,555.35
601328.SH	교통은행	6.93	4.88	6.14	0.77	395,209.28
600519.SH	귀주모태주	13.66	2.07	22.79	5.76	374,233.89
600000.SH	상해포동발전은행	8.10	3.12	6.67	1.13	356,485.44
600016.SH	중국민생은행	8.78	2.54	7.26	1.07	327,017.64
601166.SH	흥업은행	9.17	3.82	5.86	1.01	304,265.82
601088.SH	중국신화에너지	3.33	2.11	21.22	1.02	295,023.11
600900.SH	장강전력	7.47	3.01	20.90	2.56	292,600.00
000002.SZ	만과A	5.42	2.75	15.51	2.96	277,238.18
601998.SH	중신은행	7.29	3.55	6.94	0.92	269,622.19
601601.SH	중국태평양보험	4.72	3.48	20.72	2.21	249,200.37
600104.SH	상해자동차	8.58	6.22	7.85	1.37	240,908.63
601766.SH	중국중차	4.93	1.67	20.52	2.51	231,686.02
600030.SH	중신증권	3.81	3.10	15.54	1.43	190,885.39
601668.SH	중국건축	9.36	3.24	6.51	1.15	185,100.00
000333.SZ	메이디그룹	18.17	4.44	12.50	3.14	173,537.47
601818.SH	중국광대은행	7.26	5.01	5.95	0.88	172,229.99
600837.SH	해통증권	4.01	2.83	18.39	1.83	167,260.05
601800.SH	중국교통건설	4.73	1.72	11.03	1.37	160,756.83
000001.SZ	평안은행	6.96	1.69	6.90	0.91	155,735.63
601390.SH	중국중철	4.14	1.22	12.49	1.21	151,862.24
002415.SZ	해강위시	13.59	2.86	23.82	7.82	149,344.29
002594.SZ	비야디	6.73	0.00	32.85	3.08	140,891.00
601169.SH	북경은행	8.84	2.75	7.94	1.20	138,380.75
601211.SH	국태군안	5.30	3.49	12.21	1.44	135,267.50
002736.SZ	국신증권	4.59	3.64	18.97	2.95	135,136.00
000651.SZ	주해GREE가전	13.85	6.75	10.12	2.98	133,669.54
000858.SZ	의빈오량액	8.88	2.40	18.72	2.87	126,633.45
001979.SZ	초상사구	8.05	1.63	18.35	2.61	126,307.40
000166.SZ	신만굉원그룹	4.25	2.40	18.19	2.58	125,554.35
002027.SZ	분중미디어	37.97	1.75	23.55	23.01	124,587.25
601688.SH	화태증권	3.56	2.79	18.73	1.63	120,951.56
000776.SH	광발증권	5.33	4.89	14.14	1.70	120,928.01
601186.SH	중국철도건설	4.96	1.66	9.31	0.99	119,375.37
600018.SH	상해항만그룹	4.92	3.01	18.59	2.01	118,649.21
600606.SH	녹지홀딩스	8.57	2.08	15.49	2.15	116,935.96
601336.SH	신화보험	5.77	0.68	24.81	2.23	116,434.94
601989.SH	중국조선중공업	1.26	0.00	-55.19	1.86	113,842.32
600048.SH	보리부동산	6.47	3.59	9.21	1.39	113,835.00
002252.SZ	상해라스	5.94	0.22	87.73	9.88	110,488.06
600015.SH	화하은행	7.53	3.61	5.52	0.87	107,390.00
600276.SH	항서제약	12.52	0.23	42.65	9.35	103,418.96

자료 : Wind, 유안타증권

6. 나스닥에 상장된 중국 주식 종목

종목코드	종목명	PER 2016-09-30 [단위] 배	PBR 2016-09-30 [단위] 배	시가총액 2016-09-30 [단위] 백만 달러
BIDU.O	BAIDU	13.10	4.93	63,105.38
JD.O	JINGDONG	−26.79	6.37	37,655.98
NTES.O	NETEASE	22.75	6.42	31,657.10
CTRP.O	CTRIP COM INTERNATIONAL	323.36	2.25	19,062.86
WB.O	Weibo	159.85	16.01	10,638.55
MPEL.O	MELCO CROWN ENTERTAINMENT	95.01	2.67	8,688.60
SINA.O	SINA	62.15	2.12	5,156.36
MOMO.O	MOMO	156.17	8.64	4,334.71
QUNR.O	Qunar.com	−3.69	33.38	4,225.79
CBPO.O	CHINA BIOLOGIC PRODUCTS	35.73	7.56	3,347.60
YY.O	YY	18.24	4.74	2,935.43
HTHT.O	China Lodging	27.61	3.80	2,828.06
JOBS.O	51JOB	23.42	2.94	1,985.60
SIMO.O	SILICON MOTION TECHNOLOGY	22.98	4.53	1,806.45
SOHU.O	Sohu.com	−22.97	1.48	1,713.43
HIMX.O	Himax	40.27	3.28	1,476.69
HCM.O	HUTCHISON CHINA MEDITECH	−170.70	8.04	1,434.74
CYOU.O	Changyou	7.69	1.32	1,421.62
HOLI.O	HOLLYSYS AUTOMATION TECHNOLOGIES	11.15	1.96	1,321.29
KANG.O	IKANG HEALTHCARE	127.75	3.76	1,242.86
YIN.O	YINTECH INVESTMENT	13.23	5.08	1,079.78
BGNE.O	BEIGENE	−11.61	4.61	1,014.17
TOUR.O	TUNIU	−2.81	1.19	968.05
HQCL.O	HANWHA Q CELLS	5.13	2.14	937.32
TEDU.O	TARENA INTERNATIONAL	25.91	4.03	808.86
CSIQ.O	Canadian Solar	4.94	0.84	768.97
BZUN.O	BAOZUN	189.38	4.09	749.74
VNET.O	21Vianet	−10.78	0.70	692.33
WINS.O	WINS FINANCE	48.91	2.43	592.63
GSUM.O	GRIDSUM	−35.82	13.25	484.10
CISG.O	CNinsure	20.02	0.93	444.70
XNET.O	XUNLEI	−20.57	0.84	359.39
SVA.O	SINOVAC BIOTECH	−35.93	3.00	335.75
JMU.O	WOWO	−4.04	1.15	326.41
KZ.O	KongZhong	8.14	1.04	317.48
JASO.O	JA SOLAR	2.85	0.31	285.90
KNDI.O	Kandi Technolgies	43.71	1.04	261.82
SYUT.O	Synutra	19.04	1.86	241.50
CCRC.O	CHINA CUSTOMER RELATIONS CENTERS	50.49	11.08	241.03
TYHT.O	SHINECO	29.02	4.76	236.09
HLG.O	HAILIANG EDUCATION	14.39	1.72	219.48
CXDC.O	China XD Plastics	3.76	0.31	218.38
AMCN.O	AirMedia	1.40	0.54	209.61
GSOL.O	Global Sources	8.27	1.29	200.25
KGJI.O	KINGOLD JEWELRY	3.02	0.51	149.20
SKYS.O	SKY SOLAR	−9.71	1.24	145.77
SPI.O	SPI ENERGY	−0.78	0.68	144.40
CAAS.O	China Automotive	5.96	0.44	132.83
HGSH.O	China HGS	8.86	0.68	106.32
SYMX.O	Synthesis Energy Systems	−4.56	2.52	105.25

JRJC.O	CHINA FINANCE ONLINE	2.95	0.99	101.80
GURE.O	Gulf Resources	2.62	0.28	98.47
CCIH.O	ChinaCache	−1.97	1.24	96.27
ATAI.O	ATA	25.86	1.55	93.30
MARK.O	REMARK MEDIA	−2.82	10.41	93.19
ACTS.O	Actions Semiconductor	−2.93	0.66	92.60
PME.O	PINGTAN MARINE ENTERPRISE	37.34	0.63	85.38
PAACU.O	PACIFIC SPECIAL ACQUISITION	−208.78	1.36	79.12
UTSI.O	UTSTARCOM	−5.29	0.79	76.04
SORL.O	SORL AUTO PARTS	4.68	0.55	73.36
CCCL.O	China Ceramics	−1.30	0.41	69.67
YOD.O	YOU ON DEMAND	−8.03	1.73	61.88
MOBI.O	Sky−mobi	11.51	0.56	57.09
SEED.O	ORIGIN AGRITECH	−16.65	2.13	54.21
ECACU.O	E−COMPASS ACQUISITION	−22.77	1.41	54.11
CHNR.O	CHINA NATURAL RESOURCES	−8.34	−24.11	45.59
CBAK.O	China BAK Battery	−5.28	2.91	43.98
HPJ.O	Highpower	11.43	1.03	43.64
TANH.O	TANTECH	5.17	0.63	43.63
NCTY.O	The9	−0.73	−1.43	43.37
OIIM.O	O2Micro	−2.22	0.54	43.32
FORK.O	FULING GLOBAL	3.99	0.77	36.81
CJJD.O	China Jo−Jo Drugstores	73.73	1.77	34.48
CNIT.O	China Information Technology	−4.42	2.24	32.59
EFUT.O	eFuture	148.46	1.40	32.31
VISN.O	VISIONCHINA	−1.37	−1.04	32.11
CCCR.O	CHINA COMMERCIAL CREDIT	−0.54	13.79	31.68
EVK.O	EVER−GLORY INTERNATIONAL	3.04	0.39	31.50
SPU.O	SkyPeople	5.19	0.17	30.69
CNTF.O	CHINA TECHFAITH WIRELESS COMMUNICATION TECHNOLOGY	−3.17	0.11	28.58
DSWL.O	DESWELL INDUSTRIES	−5.73	0.37	28.26
YECO.O	YULONG ECO−MATERIALS	2.61	0.38	27.95
CNET.O	ChinaNet Online	−2.49	0.86	21.88
ABAC.O	AOXIN TIANLI	3.53	0.17	15.50
OSN.O	OSSEN INNOVATION	3.38	0.17	15.17
CREG.O	China Recycling Energy	2.77	0.07	15.04
DELT.O	DELTA TECHNOLOGY	3.15	0.25	15.01
SGOC.O	SGOCO	−5.86	0.18	14.18
CALI.O	CHINA AUTO LOGISTICS	−3.98	0.48	11.86
DHRM.O	DEHAIER MEDICAL SYSTEMS	−1.06	1.68	10.85
SINO.O	Sino−Global	−5.43	0.94	10.68
KONE.O	KINGTONE WIRELESSINFO SOLUTION	−3.73	0.43	8.51
BSPM.O	Biostar	−0.26	0.23	8.22
NFEC.O	NFEC	−4.76	0.26	7.54
CETC.O	HONGLI CLEAN ENERGY TECHNOLOGY	−0.07	0.28	7.36
CADC.O	CHINA ADVANCED CONSTRUCTION MATERIALS	−0.44	0.33	7.02
RCON.O	RECON TECHNOLOGY	−1.08	1.06	6.64
FFHL.O	Fuwei Films	−0.71	0.15	6.64
CLWT.O	Euro Tech	−9.87	0.40	6.08
CLNT.O	Cleantech Solutions	−0.32	0.07	5.45

자료 : Wind, 유안타증권

7. 후강퉁 투자유망 100기업

구분	종목	종목코드	업종
1	냉파삼삼	600884.SH	소재
2	보산철강	600019.SH	소재
3	안휘해라시멘트	600585.SH	소재
4	중국석유화학	600028.SH	소재
5	페트로차이나	601857.SH	소재
6	동방명주	600637.SH	경기소비재
7	상해가화연합	600315.SH	경기소비재
8	상해금강국제호텔발전	600754.SH	경기소비재
9	상해백연그룹	600827.SH	경기소비재
10	상해예원여행마트	600655.SH	경기소비재
11	상해자동차	600104.SH	경기소비재
12	영휘마트	601933.SH	경기소비재
13	장성자동차	601633.SH	경기소비재
14	중국국제여행사	601888.SH	경기소비재
15	중남미디어	601098.SH	경기소비재
16	중청려홀딩스	600138.SH	경기소비재
17	중체산업그룹	600158.SH	경기소비재
18	청도하이얼	600690.SH	경기소비재
19	풍황미디어	601928.SH	경기소비재
20	화역자동차시스템	600741.SH	경기소비재
21	감숙아성실업	600108.SH	필수소비재
22	광명유업	600597.SH	필수소비재
23	귀주모태주	600519.SH	필수소비재
24	내몽고이리실업그룹	600887.SH	필수소비재
25	매화생물	600873.SH	필수소비재
26	안기효모	600298.SH	필수소비재
27	청도맥주	600600.SH	필수소비재
28	해천미업	603288.SH	필수소비재
29	공상은행	601398.SH	금융
30	국금증권	600109.SH	금융
31	보리부동산	600048.SH	금융
32	북경성건투자발전	600266.SH	금융
33	상해육가취	600663.SH	금융
34	상해장강하이테크	600895.SH	금융
35	상해포동발전은행	600000.SH	금융
36	중국인수보험	601628.SH	금융
37	중국평안보험	601318.SH	금융
38	중신증권	600030.SH	금융
39	초상증권	600999.SH	금융
40	해통증권	600837.SH	금융
41	화태증권	601688.SH	금융
42	화하행복부동산	600340.SH	금융
43	낙타그룹	601311.SH	산업재
44	대진철도	601006.SH	산업재
45	동방전기	600875.SH	산업재
46	비달환경보호	600526.SH	산업재
47	삼일중공업	600031.SH	산업재
48	상해국제공항	600009.SH	산업재
49	상해전기그룹	601727.SH	산업재
50	상해전기기계	600835.SH	산업재

51	상해터널공정	600820.SH	산업재
52	상해항만그룹	600018.SH	산업재
53	상해해박	600708.SH	산업재
54	용정환경보호	600388.SH	산업재
55	정주우통버스	600066.SH	산업재
56	제일대형장비	601106.SH	산업재
57	제일트랙터	601038.SH	산업재
58	중국거석	600176.SH	산업재
59	중국건축	601668.SH	산업재
60	중국교통건설	601800.SH	산업재
61	중국국제항공	601111.SH	산업재
62	중국남방항공	600029.SH	산업재
63	중국동방항공	600115.SH	산업재
64	중국위성	600118.SH	산업재
65	중국전력건설	601669.SH	산업재
66	중국중차	601766.SH	산업재
67	중국중철	601390.SH	산업재
68	중국철도건설	601186.SH	산업재
69	중외운항공운수발전	600270.SH	산업재
70	차이나코스코	601919.SH	산업재
71	합비항공공업	600038.SH	산업재
72	항공동력	600893.SH	산업재
73	화무물류	603128.SH	산업재
74	국투전력홀딩스	600886.SH	유틸리티
75	무한홀딩스	600168.SH	유틸리티
76	심천가스	601139.SH	유틸리티
77	중국신화에너지	601088.SH	유틸리티
78	강소장전테크놀로지	600584.SH	IT
79	국전남서테크놀로지	600406.SH	IT
80	균승전자	600699.SH	IT
81	녕파운승	600366.SH	IT
82	동연그룹	600718.SH	IT
83	봉화통신	600498.SH	IT
84	북경중창텔레콤	600485.SH	IT
85	북경화승천성테크	600410.SH	IT
86	삼안광전	600703.SH	IT
87	심천금증테크놀로지	600446.SH	IT
88	용우네트워크	600588.SH	IT
89	융기실리콘자재	601012.SH	IT
90	인민망	603000.SH	IT
91	중과서광	603019.SH	IT
92	차이나유니콤	600050.SH	IT
93	항생전자	600570.SH	IT
94	항주Sunyard공정	600571.SH	IT
95	항천정보	600271.SH	IT
96	국약그룹	600511.SH	헬스케어
97	복성제약	600196.SH	헬스케어
98	상해제약그룹	601607.SH	헬스케어
99	천진천사력제약	600535.SH	헬스케어
100	항서제약	600276.SH	헬스케어

자료 : 유안타증권

8. 선강통 투자유망 100기업

구분	종목	종목코드	업종
1	감봉리튬	002460.SZ	소재
2	강덕신	002450.SZ	소재
3	동릉비철금속그룹	000630.SZ	소재
4	신흥주관	000778.SZ	소재
5	심천중금령남	000060.SZ	소재
6	천제리튬	002466.SZ	소재
7	청해염호가성칼륨	000792.SZ	소재
8	하북철강	000709.SZ	소재
9	곤륜만유	300418.SZ	경기소비재
10	광동Alpha애니메이션	002292.SZ	경기소비재
11	광선미디어	300251.SZ	경기소비재
12	완다시네마	002739.SZ	경기소비재
13	만향전조	000559.SZ	경기소비재
14	메이디그룹	000333.SZ	경기소비재
15	블루커스	300058.SZ	경기소비재
16	비야디	002594.SZ	경기소비재
17	소녕운상그룹	002024.SZ	경기소비재
18	어우페이광	002456.SZ	경기소비재
19	주해GREE가전	000651.SZ	경기소비재
20	중경정안자동차	000625.SZ	경기소비재
21	중신국안정보산업	000839.SZ	경기소비재
22	해강위시	002415.SZ	경기소비재
23	호남전광미디어	000917.SZ	경기소비재
24	화교성	000069.SZ	경기소비재
25	화문미디어	000793.SZ	경기소비재
26	화이형제미디어	300027.SZ	경기소비재
27	Hedy홀딩스	002027.SZ	경기소비재
28	TCL그룹	000100.SZ	경기소비재
29	강소양하주류	002304.SZ	필수소비재
30	노주노교	000568.SZ	필수소비재
31	대북농	002385.SZ	필수소비재
32	사천신희망농업	000876.SZ	필수소비재
33	심천농산품	000061.SZ	필수소비재
34	온씨식품	300498.SZ	필수소비재
35	의빈오량액	000858.SZ	필수소비재
36	하남쌍회투자개발	000895.SZ	필수소비재
37	광동금룡개발	000712.SZ	금융
38	광발증권	000776.SZ	금융
39	국신증권	002736.SZ	금융
40	국원증권	000728.SZ	금융
41	국해증권	000750.SZ	금융
42	금융가	000402.SZ	금융
43	냉파은행	002142.SZ	금융
44	동북증권	000686.SZ	금융
45	범해홀딩스	000046.SZ	금융
46	산서증권	002500.SZ	금융
47	서부증권	002673.SZ	금융
48	세기중천투자	000540.SZ	금융
49	신만굉원그룹	000166.SZ	금융
50	영성부동산개발	002146.SZ	금융

51	장강증권	000783.SZ	금융
52	중국만과	000002.SZ	금융
53	중앙부동산	000031.SZ	금융
54	초상사구	001979.SZ	금융
55	평안은행	000001.SZ	금융
56	강특전기	002176.SZ	산업재
57	국제해운컨테이너	000039.SZ	산업재
58	금당랑	002081.SZ	산업재
59	금풍테크놀로지	002202.SZ	산업재
60	로봇	300024.SZ	산업재
61	만마	002276.SZ	산업재
62	서공중장비	000425.SZ	산업재
63	유시동력	000338.SZ	산업재
64	이아통	002183.SZ	산업재
65	중국보안그룹	000009.SZ	산업재
66	중연중공업	000157.SZ	산업재
67	중항동력제어	000738.SZ	산업재
68	중항항공기	000768.SZ	산업재
69	회천테크놀로지	300124.SZ	산업재
70	벽수원	300070.SZ	유틸리티
71	상덕환경자원	000826.SZ	유틸리티
72	호북에너지	000883.SZ	유틸리티
73	가얼성학	002241.SZ	IT
74	경동방테크놀로지	000725.SZ	IT
75	낭조전자정보산업	000977.SZ	IT
76	대화기술	002236.SZ	IT
77	동북재부정보	300059.SZ	IT
78	동욱광전	000413.SZ	IT
79	동화소프트웨어	002065.SZ	IT
80	완다정보	300168.SZ	IT
81	박시망정보기술	300104.SZ	IT
82	사유도신	002405.SZ	IT
83	상해왕수테크	300017.SZ	IT
84	상해위닝소프트	300253.SZ	IT
85	신비정보테크	002230.SZ	IT
86	심천대족레이저테크	002008.SZ	IT
87	입신정밀	002475.SZ	IT
88	장취테크놀로지	300315.SZ	IT
89	중환고분	002129.SZ	IT
90	중흥통신	000063.SZ	IT
91	폭풍그룹	300431.SZ	IT
92	해격통신	002465.SZ	IT
93	해홍홀딩스	000503.SZ	IT
94	화공테크놀로지산업	000988.SZ	IT
95	길림오동제약그룹	000623.SZ	헬스케어
96	산동동아아교	000423.SZ	헬스케어
97	상해래시	002252.SZ	헬스케어
98	운남백약그룹	000538.SZ	헬스케어
99	중신대학달안유전자	002030.SZ	헬스케어
100	화윤삼구제약	000999.SZ	헬스케어

자료 : 유안타증권

부록 II

15년 중국투자 노하우로 분석한
60개 유망기업 추천자료

투자를 고민하기 전에 꼭 읽어보세요.

1. 부록 II에서는 본문에 관련된 투자 유망 종목을 목차 순서에 따라 소개했습니다.

2. 부록 II의 내용은 투자판단의 참고사항이며, 투자판단의 최종책임은 독자에게 있음을 알려드립니다. 또한 신뢰할 만하다고 판단되는 자료와 정보에 의거하여 만들어진 것이지만, 저자가 그 정확성이나 완전성을 보장할 수는 없습니다. 따라서 본 책의 내용에 의거하여 행해진 일체의 투자행위 결과에 대해서 어떠한 책임도 지지 않습니다.

1장
중국의 소비산업

1. 변화하는 중국 내수소비 트렌드

■ 중국국제여행사(601888. SH)

이 기업은 1954년 설립된 중국의 대표 여행 및 면세점 회사이다. 최근연도 기준 연결매출은 여행상품 판매 57퍼센트, 면세점매출 35퍼센트로 구성되어 있다. 국내업체 중 하나투어(039130. KS) 모두투어(080160. KS)와 같은 여행사와, 호텔신라(008770. KS) 등의 면세점 사업자를 합친 사업구조를 가지고 있다.

다만 여행수탁금이 매출로 계상되어 있어 국내 여행사와 회계적으로 다소 상이하며, 매출총이익 기준으로는 면세점 비중이 7퍼센트 수준으로 실질적으로는 면세점 비중이 크다고 할 수 있다. 중국 관광객들이 우리나라에 관광을 오면 면세점에 그렇게 열광인 이유를 살펴보면 투자의 맥이 보일 것이다.

과거 이론과 우리나라의 사례에서 나타나듯이, 해외여행 수요는 1인당 GDP가 5천 달러에서 1만 달러로 증가하는 구간에서 가장 폭발적으로 성장함을 알 수 있다. 중산층이 늘어남에 따라 중국의 출국자 수는 2013년 1억 명 수준에서 2020년에는 2억 명 이상으로 증가할 것으로 추정된다. 그중에서 판매단가가 높은 유럽과 북미지역으로의 여행 수요가 증가할 것으로 예상된다. 여행 수요가 급증하는 상황에서 정부의 소비세 등의 이유로 면세점 수요 역시 지속적으로 증가할 것으로 기대된다.

중국국제여행사는 2014년 9월 기존 면세점이 위치한 하이난섬 지역에 세계 최대 규모의 면세점을 개장했고, 12월 온라인 면세점을 런칭했다. 이에 따라 여행과 면세점의 성장 그리고 온라인 플랫폼의 시작이라는 소비 트렌드 변화에 따라 높은 성장세를 보일 것으로 기대되는 기업이라고 하겠다.

(백만 위안, %, 배)	2012	2013	2014	2015	2016(E)
매출액	16,133.90	17,448.20	19,899.20	21,291.90	22,756.60
매출액증가율	27.09	8.15	14.26	6.8	6.88
지배주주순이익	1,005.60	1,294.60	1,454.1	1,505.90	1,706.40
ROE	17.96	14.28	14.56	13.47	13.99
EPS	1.14	1.33	1.19	1.54	1.75
PER	40.31	34.74	30.92	29.23	25.79

자료 : Wind

■ 중국평안보험(601318. SH)

이 기업은 중국 최대 종합 금융기업 중 하나로 생명보험, 손해보험 등의 보험업무와 신탁, 증권, 은행, 자산운용 등의 다양한 영역에 진출해 있으며, 생명보험 및 손해보험 시장점유율 2위 업체이다. 최근연도 기준 매출비중은 생명보험 40퍼센트, 재산보험 20퍼센트, 은행 27퍼센트 등으로 구성되어 있으며, 국내 기업으로는 삼성생명(032830. KS)과 삼성화재(000810. KS)의 사업을 동시에 영위하는 것으로 보면 된다.

중국의 보험침투율(GDP 대비 민간보험료 납부율)은 3퍼센트로 글로벌 49위 수준으로 파악된다. 그래서 아직 걸음마 단계라고 볼 수 있다. 또한 보험밀도(인구 1인당 수입보험료)는 글로벌 60위 수준으로, 한국의 보험침투율 12퍼센트, 보험밀도 20위 대비 현저히 낮은 수준이다. 특히 고령화 추세와 맞물려 생명보험 시장의 빠른 성장이 기대된다.

중국평안보험은 판매 대리인 채널과 온라인 판매채널을 강화함으로써 상대적으로 높은 보험료 수입 증가율을 기록 중이며, 비용 측면에서의 강점을 바탕으로 양호한 합산비율 관리, 계열사와의 협업을 통한 우수한 투자수익률을 달성하고 있어, 시장 확대의 수혜를 누릴 것으로 기대된다. 추가적으로 계열사 간 시너지 효과를 통해 비전통 금융사업의 성장 또한 가능할 것으로 예상된다.

(백만 위안, %, 배)	2012	2013	2014	2015	2016(E)
매출액	299,372.00	362,631.00	462,882.00	619,990.00	710,411.90
매출액증가율	20.27	21.13	27.65	33.94	14.58
지배주주순이익	20,050.00	28,154.00	39,279.00	54,203.00	61,084.30
ROE	12.56	15.41	13.56	16.22	14.7
EPS	2.53	3.56	4.42	2.97	3.34
PER	27.36	19.48	7.73	11.52	10.22

자료 : Wind

2. 중국 공유경제 산업의 전망

■ **신주렌트카**(00699. HK)

이 기업은 중국 1위 렌트카 회사로 2007년 설립하여 2014년 홍콩 시장에 상장하였다. 7만대의 보유차량을 바탕으로 중국 전역의 70개 주요 도시에서 렌트카 사업을 진행하고 있다. 최근연도 기준 매출비 중은 자동차 렌트 82퍼센트, 중고차 판매 18퍼센트로 구성되어 있으며, 2015년 기준 이 기업의 중국 시장점유율은 10퍼센트 수준으로 1위를 기록하고 있다. 특히 단기 렌터카 시장 부문에서는 점유율 30퍼센트 이상을 차지하는 것으로 나타났다. 국내 상장사 중에서는 AJ렌터카 (068400. KS)와 사업모델이 유사하다고 할 수 있다.

중국 정부의 환경오염 및 교통체증 방지를 위한 차량 등록 제한 정책과 합리적 소비 트렌드 확산에 따라, 중국의 렌터카 시장은 2013년부터 2018년까지 연간 27퍼센트의 고성장을 달성할 것으로 기대된다. 미국의 경우 렌터카 상위 3개 업체가 차지하는 시장점유율이 80퍼센트에 달하는데 비해, 현재 중국 시장은 1위 사업자인 신주렌터카의 경우 점유율이 10퍼센트에 불과할 정도로 업체가 난립해 있는 상황이다. 따라서 앞으로 경쟁이 치열해짐에 따라 상위 업체 위주의 지속적인 업계 재편이 이루어질 것으로 예상된다. 이 기업은 든든한 자본력을 바탕으로 보유 차량대수는 2~10위권 경쟁사의 보유 차량보다 4배, 직영점 수는 2위 업체 대비 3배 이상 확보한 상황으로, 시장 성장에 따른 최대 수혜가 가능할 것으로 전망된다.

(백만 위안, %, 배)	2012	2013	2014	2015	2016(E)
매출액	1,609.00	2,702.70	3,521.10	5,002.7	6,149.4
매출액증가율	96.41	67.97	30.28	42.08	22.92
지배주주순이익	−132.3	−223.4	436.1	1,401.40	1,199.60
ROE	−852.3	−306.24	7.8	19.74	14.71
EPS	—	—	0.21	0.58	0.51
PER	—	−66.57	34.21	11.31	13.57

자료 : Wind

■ **대동방**(600327. SH)

이 기업은 우시 내 최대 백화점 그리고 장수성 내 최대 백화점을 보유하고 있으며, 자회사 동방자동차성은 총 23개의 자동차 전시장을 보유하고 있는 자동차 판매 기업이다. 동방자동차성의 우시 내 자동차 판매 시장점유율은 30퍼센트인 것으로 파악된다. 최근연도 기준 매출 비중은 자동차 판매 및 수리 68퍼센트, 백화점 27퍼센트 등으로 구성 되어 있으며, 국내 상장기업 중에서는 중고차 비즈니스라는 투자 포인트 관점에서 SK(034730, KS)와 유사한 사업을 진행하고 있는 것으로 볼 수 있다.

중국의 중고차 시장은 연간 15퍼센트 이상의 성장세를 보이고 있으며, 선진국과 비교 시 현재 대비 3배 이상의 성장 잠재력이 있는 것으로 판단된다. 대동방은 "차역박"이라는 중국 온오프라인 중고차 판매 플랫폼 1위 기업과 제휴를 맺고, 발 빠르게 진출함으로써 우시 내에서 중고차 판매 시장점유율 65퍼센트를 달성하고 있다. 우시에서의 경쟁력을 바탕으로 지역을 확대하고 있어, 향후 성장하는 중고차 시장의 수혜가 가능할 것으로 기대된다.

(백만 위안, %, 배)	2012	2013	2014	2015	2016(E)
매출액	7,501.40	8,898.90	8,553.70	8,381.52	8,621.60
매출액증가율	5.74	18.63	−3.88	−2.01	2.86
지배주주순이익	121.3	186.9	147.1	177.2	207.6
ROE	9.87	13.61	10.12	8.13	8.98
EPS	0.23	0.36	0.28	0.34	0.37
PER	54.43	35.34	33.1	27.47	25.49

자료 : Wind

3. 중국 방송시장과 콘텐츠 제작 현황

■ 동방명주(600637. SH)

이 기업은 중국 최대 IPTV 운영업체로 콘텐츠 제작, 온라인 동영상, 게임, 전자상거래, 온라인 결제 등 다양한 사업을 추진하고 있다. 최근 연도 기준 매출비중은 IPTV 및 OTT 수입 70퍼센트, 광고수입 9퍼센트 등으로 구성되어 있다. 동방명주는 20개 성/시와 동남아 지역에서 200 여 개의 IPTV 채널을 보유하고 있으며, 중국 내 70퍼센트 이상의 지역에서 2,200만 명 이상의 가입자를 대상으로 IPTV 서비스를 제공하고 있다. 국내 상장기업 중 SK브로드밴드(033630. KS), CJ헬로비전(037560. KS) 등과 일부 유사한 것으로 판단된다.

동방명주의 전신인 백시통 뉴미디어는 미디어 국유기업인 상해동 방명주(600832. SH)를 흡수 합병하였으며, 다른 방송사인 SMG픽쳐스, 오만전파, SITV, 동방CJ 등 4개 회사도 함께 인수한 것으로 파악된다. 이를 통해 상해동방미디어그룹의 우수 자산을 인수하게 되어, 콘텐츠 부터 TV채널까지 수직계열화 효과를 얻을 것으로 전망된다. 이 기업 은 IPTV, 인터넷TV, 온라인 동영상 등 고성장하는 뉴미디어 채널에서 시장 선점 효과를 누리고 있으며, 이번 인수를 통해 콘텐츠 경쟁력 또 한 강화됨에 따라 종합 미디어 그룹으로 성장이 가능할 전망이다.

(백만 위안, %, 배)	2012	2013	2014	2015	2016(E)
매출액	2,027.80	2,637.40	2,977.80	21,126.00	23,227.10
매출액증가율	51.84	30.06	12.91	609.45	9.95
지배주주순이익	516.5	677.4	785.5	2,906.70	2,898.60
ROE	16.74	18.21	17.57	11.63	10.59
EPS	0.46	0.61	0.71	1.11	1.05
PER	49.77	79.72	62.28	126.7	23.57

자료 : Wind

■ 완다시네마(002739. SZ)

이 기업은 중국 최대 극장 체인으로 영화 상영과 배급 등의 사업을 영위하고 있으며, 2015년 1월에 심천거래소 메인보드 시장에 상장하였다. 최근연도 기준 매출비중은 티켓매출 77퍼센트, 팝콘 등의 상품 판매 12퍼센트 등으로 구성되어 있으며, 150개의 극장에 1,315개의 스크린을 보유하고 있다. 국내 상장기업 중 CJ CGV(079160. KS)가 중국 영화시장에서 완다시네마와 경쟁하고 있는 상황이다.

중국의 영화 관람 시장은 연간 30퍼센트 이상의 성장률을 보일 정도로 급성장하고 있다. 1인당 연간 영화 관람편수가 0.9편에 불과하다는 점에서 향후 성장 잠재력은 여전히 높을 것으로 판단된다. 완다시네마는 중국 최대의 극장 체인으로 부동산 개발 사업을 영위하는 계열사와 함께 중국 전역에 진출해 있으며, 브랜드 인지도 역시 경쟁사 대비 높다는 측면에서 이 기업의 시장 선두 지위는 지속적으로 유지될 것으로 예상된다.

최근에는 3D/IMAX 스크린 증가에 따른 티켓가격 상승이 예상되면서, 실적 측면에서 긍정적인 영향을 줄 것으로 전망된다. 이외에도 극장 체인에서 영화 제작 및 배급 등으로 사업을 다각화하고 있어 중장기적인 성장 동력을 확보한 것으로 기대되고 있다.

(백만 위안, %, 배)	2012	2013	2014	2015	2016(E)
매출액	3,031.10	4,022.60	5,339.00	8,000.70	12,453.70
매출액증가율	37.24	32.71	32.73	49.85	55.66
지배주주순이익	388.3	602.5	801	1,185.80	1,907.20
ROE	24.35	27.42	26.72	13.02	16.79
EPS	0.78	1.21	1.6	1.01	1.5
PER	154.54	99.58	42	66.63	44.88

자료 : Wind

4. 중국의 강세장이 만드는 자산효과

■ 북경왕부정백화점(600859. SH)

이 기업은 1955년 베이징에 설립된 중국 최초의 백화점으로, 현재는 화북, 화남, 서남 지역에 16개의 지점을 둔 백화점 기업으로 성장하였다. 최근연도 기준 백화점 상품매출이 97퍼센트의 비중을 차지하고 있으며, 지역별로는 화북 40퍼센트, 서남 25퍼센트, 중남 20퍼센트의 매출비중을 보이고 있다. 국내 상장기업 중에서는 백화점 매출비중이 높은 현대백화점(069960. KS)과 유사한 사업모델을 갖고 있는 것으로 파악된다.

북경왕부정백화점은 뤄양, 시안 등 중서부 지역 4곳에서 신규 백화점 개점을 진행 중이며, 이에 따라 소득수준이 점차 확대되는 내륙지역으로의 사업 확장이 가능할 것으로 예상된다. 이와 더불어 백화점 매출 성장률은 둔화되고 있으나, 쇼핑몰과 아울렛 매출 확대를 통해 상쇄가 가능할 것으로 전망된다. 이 기업은 전자상거래 시장 성장에 대응하기 위해 2014년 2월 텐센트와 전략적 제휴를 맺고 위챗에 왕부정백화점 계정을 만들어 온라인 쇼핑 기능을 제공하는 등 O2O 사업에 적극적으로 진출하고 있다. 또한 국유기업 개혁에 따른 그룹 내 사업 재편 수혜 역시 가능할 것으로 기대된다.

(백만 위안, %, 배)	2012	2013	2014	2015	2016(E)
매출액	18,264.40	19,789.90	18,277.10	17,327.60	17,310.10
매출액증가율	8.97	8.35	−7.64	−5.19	−0.1
지배주주순이익	673.3	694.1	636.1	661.3	625.4
ROE	11.35	11.08	9.24	8.96	7.66
EPS	1.45	1.5	1.37	1.43	0.81
PER	23.6	22.89	11.84	11.39	20.21

자료 : Wind

■ 노봉상(600612. SH)

이 기업은 1848년에 설립된 귀금속 판매 기업으로 상해 및 인근지역에서 브랜드(라오펑샹)는 상당한 인지도를 자랑하고 있다. 이에 따라 이 기업의 전국 시장점유율은 11퍼센트 수준으로 업계 상위권을 유지하고 있으며, 최근연도 기준 매출비중은 쥬얼리 77퍼센트, 금유통 8퍼센트, 기타 공예품 등으로 구성되어 있다. 국내 상장기업 중에서는 아직 규모는 작지만 로만손(026040. KS)과 일부 유사한 것으로 판단된다.

노봉상은 전국 체인망 구축을 목표로 2013년 323개의 신규매장을 개장하였으며, 2014년에는 100여개의 신규매장을 오픈하였다. 동시에 상해 지역의 또 다른 유명 귀금속 브랜드인 "청황주보"의 지분율 100퍼센트 인수함에 따라 추가적인 시장점유율 확대가 기대된다. 또한 이 기업은 2012년 1월 홍콩법인 설립에 이어 8월 호주, 2013년 10월에는 미국법인을 설립하는 등 글로벌 진출에도 주력하고 있다. 이러한 글로

(백만 위안, %, 배)	2012	2013	2014	2015	2016(E)
매출액	25,553.40	32,984.70	32,835.00	35,712.40	37,749.50
매출액증가율	20.95	29.08	−0.45	8.76	5.7
지배주주순이익	611.3	889.9	939.9	1,117.40	1,143.50
ROE	22.14	26.7	23.82	24.6	22.01
EPS	1.17	1.7	1.8	2.14	2.19
PER	49.86	34.25	22.83	19.2	18.76

자료 : Wind

벌 인지도 확대 노력에 따라 향후 상해 디즈니랜드가 정상궤도에 오를 때 관광객 증가에 따른 수혜도 예상된다.

5. 중국의 테마파크 굴기

■ 상해금강국제호텔발전(600754. SH)

이 기업은 중국 최대의 호텔 및 외식업 상장사로, 현재 중국 내 6개의 이코노미호텔 브랜드와 940개의 호텔을 보유하고 있다. 이 기업의 핵심 호텔 브랜드인 "금강지성錦江之星"은 중국 내 793개의 호텔을 보유하고 있다. 호텔업을 영위하고 있다는 점에서 국내 상장사 중 호텔신라(008770. KS)와 유사하다. 하지만 호텔신라는 매출액의 90퍼센트가 면세점 사업에서 발생하지만, 상해금강국제호텔발전은 매출액의 90퍼센트가 본사업인 호텔운영에서 발생하고 있다.

이 기업의 모회사인 상해금강구제그룹은 상해 디즈니랜드의 중국측 투자사인 상해선디그룹의 지분을 25퍼센트를 보유하고 있다. 그래서 상해 디즈니랜드가 개장하여 본격적인 매출이 발생하면, 안정적이고 장기적인 수익 창출이 가능할 것으로 기대되고 있다. 특히 이 기업은 상해 외에도 장강삼각주 지역 내에 다수의 이코노미호텔 체인을 운영하고 있기 때문에 추가적인 수혜가 예상되고 있다. 이 기업을 상해 디즈니랜드의 숙박과 레저 수혜주라고 할 수 있겠다.

(백만 위안, %, 배)	2012	2013	2014	2015	2016(E)
매출액	2,336.00	2,684.40	2,913.10	5,562.70	10,432.00
매출액증가율	10.39	14.92	8.52	90.95	87.53
지배주주순이익	369.2	377.5	487.2	637.6	772.3
ROE	8.69	8.69	5.6	7.7	7.7
EPS	0.61	0.63	0.79	0.79	0.81
PER	41.03	40.13	50.45	38.55	37.89

자료 : Wind

■ 상해국제공항(600009. SH)

이 기업은 상해 푸동국제공항의 제1여객터미널 및 1기 활주로를 보유하고, 동 공항의 운영 및 경영관리를 영위하고 있다. 전체 매출 중 항공서비스가 97퍼센트를 차지할 정도로 본업에 충실한 편이다. 국내 증시에는 공항을 운영하는 업체가 상장되어 있지 않아 단순 비교가 어렵겠지만, 대한항공의 지상조업 서비스사업을 영위하는 한국공항(005430. KS)의 사업과 일부 비슷하다고 하겠다.

현재 상해에는 푸동공항과 홍차오공항 등 2개의 국제공항이 있는데, 각각의 점유율은 56퍼센트와 42퍼센트수준이다. 현재 상해 디즈니랜드가 위치한 곳과 공항의 거리를 감안할 때 푸동공항의 수혜가 예상된다고 하겠다. 왜냐하면 홍차오공항과 상해 디즈니랜드의 거리는 40.6킬로미터(자동차로 1시간 소요.)인 반면, 푸동공항과 상해 디즈니랜드

거리는 23.9킬로미터(자동차로 30분 소요)이기 때문이다.

이에 따라서 2010년 1천만, 2014년 5천만 명을 돌파한 상해푸동국제공항의 이용객 수는 지속적으로 증가할 것으로 예상된다. 특히 상해국제공항은 2019년까지 제3여객터미널을 증축할 계획으로, 추후 완공시 연간 3,800만 명의 이용객의 추가 수용이 가능할 것으로 예상되어 교통 분야의 수혜주라고 할 수 있다.

(백만 위안, %, 배)	2012	2013	2014	2015	2016(E)
매출액	4,720.40	5,215.1	5,750.90	6,285.40	7,036.50
매출액증가율	2.37	10.48	10.27	9.29	11.95
지배주주순이익	1,581.10	1,872.90	2,095.50	2,531.40	2,847.00
ROE	10.02	11.05	11.35	12.46	12.77
EPS	0.82	0.97	1.09	1.31	1.48
PER	24.31	20.53	24.8	20.53	18.25

자료 : Wind

6. 중국의 축구공정과 스포츠 복권 사업

■ 중체산업그룹(600158. SH)

이 기업은 국가체육총국 산하의 유일한 상장기업으로, 부동산 개발을 주력사업으로 하면서 스포츠 경기 대행과 스포츠클럽 투자 및 운영 그리고 경기장 및 부대시설 개발 등의 사업을 영위하고 있다. 최근연도 기준 매출비중은 부동산 50퍼센트, 스포츠 산업 40퍼센트, 경기장 설계 및 시공 10퍼센트로 구성되어 있다. 국내 상장기업 중에서는 골프장 및 리조트 개발과 건설을 하는 에머슨퍼시픽(025980. KS), 골프존(121440. KS)과 부동산 개발 및 운영 사업 측면에서는 비교가 가능하다. 국내 상장 기업 중에서는 이 기업과 같이 스포츠클럽 투자와 운영사업 관련해서는 비교 가능한 상대가 없다고 하겠다.

중국 정부는 경기부양을 위해 인프라 투자 확대를 계획하고 있으며, 특히 체육시설 분야에 대한 투자는 지속적으로 확대될 것으로 전망된다. 중국 국가체육총국 통계에 따르면 중국의 1인당 사용 가능한 체육면적은 현재 1.2제곱미터에 불과하여 선진국 대비 열악한 수준이다. 이에 따라 2025년까지 2제곱미터로 확대할 계획이며, 중체산업그룹이 수혜가 될 것으로 예상하고 있다.

이와 더불어 이 기업은 연간 20퍼센트 이상씩 성장하는 스포츠 복권 사업을 영위하고 있다. 복권 단말기 생산 및 판매와 복권 시스템 소

(백만 위안, %, 배)	2012	2013	2014	2015	2016(E)
매출액	1,049.40	985	1,151.60	851.4	1,369.30
매출액증가율	−30.36	−6.14	16.92	−26.07	60.82
지배주주순이익	78	136.3	103.1	77.6	169.1
ROE	6	9.57	6.83	5	9.85
EPS	0.09	0.16	0.12	0.09	0.2
PER	246.54	140.97	131.26	174.35	80.04

자료 : Wind

프트웨어 개발 등을 담당하고 있어, 향후 스포츠 복권 시장 성장의 가장 큰 수혜가 될 것으로 예상된다.

■ **인민망**(603000. SH)

이 기업은 중국 내 뉴스 제공 종합포털업체로 국유 매체인 "인민일보"의 자회사이다. 인민망과 글로벌망 두 사이트를 운영하며 콘텐츠를 제공하고 있으며, 중앙정부 주요 독자적 편집 권한을 보유하고 있다. 최근연도 기준 매출비중은 온라인광고 53퍼센트, 모바일 부가서비스 25퍼센트, 온라인 콘텐츠 18퍼센트, 온라인 복권 2퍼센트 등으로 구성되어 있다. 국내 상장기업 중에서는 정보 포털이라는 관점과 온라인 광고 매출이 중요하다는 점에서 네이버(035420. KS)와 일부 유사한 사업구조를 갖고 있다고 하겠다.

인민망의 신속성과 높은 신뢰도는 트래픽 확대로 이어지고 있으며, 이 기업의 뉴스 포털 방문자 수는 하루 평균 700만 명에 이르며 중국 1위를 기록하고 있다. 이에 따라 온라인 광고 역시 안정적인 성장이 가능할 것으로 기대된다. 이 기업은 2005년에 설립된 okoo.com 이라는 중국 4위 온라인 복권사이트를 2012년에 인수하여, 날로 성장하는 중국 스포츠 온라인 복권 시장의 수혜를 누릴 것으로 예상된다.

(백만 위안, %, 배)	2012	2013	2014	2015	2016(E)
매출액	708	1,027.90	1,584.10	1,604.80	1,465.40
매출액증가율	42.38	45.18	54.11	1.31	-8.68
지배주주순이익	210.3	272.9	330.2	274.3	226.1
ROE	9.81	11.88	13.02	10.18	8.64
EPS	0.76	0.99	0.6	0.25	0.2
PER	74.55	57.46	31.56	75.98	92.18

자료 : Wind

7. 중국 자동차 산업의 트렌드

■ 장성자동차(601633. SH)

이 기업은 중국 내 10위권 완성차 기업으로 주로 픽업트럭과 SUV 중심의 제품믹스를 구축하고 있는 민영회사다. 중국 내에서 독자 브랜드를 확보하고 있는 완성차 기업 중에서는 상해자동차에 이어 2위 수준으로 평가받고 있다. 주력 제품군인 픽업트럭과 SUV의 시장점유율은 각각 30퍼센트, 10퍼센트 수준으로 1위 자리를 지키고 있다. 국내 상장기업 중에서는 SUV 분야에 강점을 보유하고 있는 쌍용차(003620. KS)와 비교 가능할 것으로 판단된다.

중국 정부는 투자와 수출에 의존한 불균형 경제성장 모델을 소비주

도형 경제로 전환하고 있다. 이에 따라 자동차 대출한도 확대 등 전체 소매판매의 20퍼센트를 차지하는 자동차 수요 자극을 위한 정책을 추진하고 있다. 이에 따라 장성자동차가 강점을 보유한 SUV 시장은 30퍼센트 이상 성장할 것으로 예상된다.

장성자동차는 주력 모델 H2의 인기를 바탕으로 판매량 신기록을 갱신하는 모습을 보여주고 있다. 이와 더불어 후속 모델 Coupe C. H8의 성공 가능성도 높은 것으로 파악되어, 중장기적으로 향상된 브랜드 이미지를 통해 성장세를 유지할 것으로 기대된다.

(백만 위안, %, 배)	2012	2013	2014	2015	2016(E)
매출액	43,160.00	56,787.30	62,599.10	76,033.10	85,752.20
매출액증가율	43.4	31.57	10.24	21.48	12.78
지배주주순이익	5,692.50	8,223.70	8,041.50	8,059.30	9,044.20
ROE	26.46	29.37	24.04	21.03	21.05
EPS	1.87	2.7	2.64	0.88	0.99
PER	30.24	20.94	4.04	12.11	10.79

자료 : Wind

■ **광주자동차**(601238. SH)

이 기업은 자동차 판매량 기준으로 중국 6위권으로, 일본 업체인 혼다와 도요타 등과 합작법인을 설립하여 완성차를 생산하고 있다. 2012년 한 때 반일 감정으로 시장점유율이 3.7퍼센트까지 하락했으나, 최근 다시 4.6퍼센트까지 확대되었다. 국내 상장기업 중에서는 현대차(005380, KS)와 유사한 제품 라인업을 구축하고 있는 것으로 보인다.

광주자동차 판매량의 90퍼센트 이상이 승용차에 편중되어 있고, 소형차 및 SUV 시장 대응이 늦어 최근 성장세가 둔화되는 모습을 보여주고 있다. 이와 더불어 유럽 브랜드의 강세에 따라 2009년 20퍼센트에 달하던 일본계 승용차 점유율이 2014년 16퍼센트까지 하락하면서 광주자동차에 부정적 영향을 미쳤다. 그러나 도요타가 2015년부터 하이브리드카의 동력시스템을 중국에서 생산하고 적극적인 영업을 하기로 결정함에 따라, 성장하는 친환경 차량 시장에서 빠른 점유율 확대가 가능할 것으로 기대된다.

(백만 위안, %, 배)	2012	2013	2014	2015	2016(E)
매출액	12,963.90	18,824.20	22,375.90	29,418.20	47,673.00
매출액증가율	18.07	46.22	18.87	31.47	62.05
지배주주순이익	1,133.60	2,668.90	3,185.90	4,232.40	8,001.40
ROE	3.65	8.02	9.02	10.97	20
EPS	0.18	0.41	0.5	0.66	1.24
PER	9.2	46.78	20.93	45.59	17.94

자료 : Wind

8. 엘니뇨는 중국에 어떤 영향을 주는가?

■ 광명유업(600597. SH)

이 기업은 젖소 사육과 유제품 생산 및 배송 사업을 영위하는 중국 유제품 업계 3위 기업이다. 중국 북부지역에 위치한 원유 생산기지와 소비층이 밀집한 동부지역에 집중된 유통망을 중심으로, 안정적인 성장과 시장 점유율을 확보하고 있다. 최근연도 기준 매출비중은 백색우유 74퍼센트, 기타 유제품 20퍼센트 등으로 구성되어 있다. 국내 상장 기업 중에서는 매일유업(005990. KS), 남양유업(003920. KS), 빙그레(005180. KS)와 유사한 것으로 판단된다.

광명유업은 국유기업 개혁의 일환으로 혼합소유제 시행을 통한 민간자본의 일부 유입을 추진하기로 발표하였다. 이에 따라 90억 위안의 자금조달이 가능할 것으로 예상된다. 이 기업은 증자자금을 바탕으로

(백만 위안, %, 배)	2012	2013	2014	2015	2016(E)
매출액	13,775.10	16,290.90	20,385.10	19,373.20	20,273.00
매출액증가율	16.85	18.26	25.13	-4.96	4.64
지배주주순이익	311.3	406	567.9	418.3	511.2
ROE	7.76	9.49	12.59	9.22	10.53
EPS	0.25	0.33	0.46	0.34	0.42
PER	50.63	87.32	52.92	34.5	33.82

자료 : Wind

이스라엘 유제품 시장 점유율 50퍼센트를 차지하고 있는 "Tnuva" 인수를 밝힌 바 있다. 앞으로 당분간 지속적인 관련업체 인수와 유통망 확대 등을 통한 외형성장에 집중할 것으로 예상된다.

■ 감숙아성실업(600108. SH)

이 기업은 1995년에 설립된 간쑤성 란저우시 소재의 농업관련 기업으로, 최근연도 기준 농업 80퍼센트, 방직원료 제조 12퍼센트, 무역 5퍼센트 등의 매출비중을 보이고 있다. 농업 부문에서는 보리, 맥주, 홉, 알팔파, 감자 등을 주로 재배하고 있으며, 종자 개발 사업도 영위하고 있어 국내 상장기업 중 농우바이오(054050. KS)와 일부 사업영역이 유사한 것으로 판단된다.

감숙아성실업이 위치한 간쑤성은 중국 최대의 보리와 알팔파 생산 지역으로, 지리적 이점을 바탕으로 시장 선도적 지위를 확보하고 있다. 알팔파의 경우 최근 친환경 낙농기법 확산으로 젖소 사료용으로 수요가 증가하고 있어, 이익 증가에 큰 기여를 할 것으로 예상된다.

이와 더불어 이 기업은 과일, 야채 등을 주요 외식업체에 납품하고 있으며, 홉의 경우 중국의 주요 맥주생산업체에 공급하고 있어 실적 안정성이 높은 것으로 판단된다. 또한 그룹 내 경작지 양수를 통해 보유 토지를 확대하고 있어 정부의 토지개혁에 따른 가치상승 수혜도 가능할 것으로 전망된다.

(백만 위안, %, 배)	2012	2013	2014	2015	2016(E)
매출액	2,264.10	2,336.80	2,244.90	2,191.10	2,498.90
매출액증가율	52.77	4.04	−3.94	−2.39	14.04
지배주주순이익	452.8	380.4	206.1	123.1	158.7
ROE	10.5	8.16	4.38	2.61	3.93
EPS	0.23	0.2	0.11	0.06	0.08
PER	58.13	69.19	49.58	83.07	64.42

자료 : Wind

2장
중국의 정치제도

1. 전국인민대표대회 살펴보기

■ 상해장강하이테크(600895. SH)

이 기업은 상해 푸동 장강하이테크 산업단지를 기반으로 산업용 부동산 개발, 판매 및 임대하는 사업을 영위하고 있으며, 하이테크산업에 대한 투자도 진행하고 있다. 최근연도 기준 부동산 개발/판매 사업 57퍼센트, 부동산 임대 23퍼센트의 매출비중을 보이고 있다. 국내 상장사 중 부동산 개발 사업을 주로 하는 업체가 많지 않다는 점에서 단순 비교가 어려우나, 현대산업개발(012630. KS), 서부T&D(006730. KS), 에머슨퍼시픽(025980. KS) 등의 업체와 일부 유사한 점이 있는 것으로 보인다.

중국은 최근 부동산 경기가 개선되고 있고, 정부의 지속적인 통화

완화정책이 기대되는 상황이므로 사업성 개선이 예상된다. 특히 상해 자유무역지구의 범위가 포동금교개발지구, 장강첨단기술단지, 육가 취금융단지까지 확장될 가능성이 높아, 푸동장강첨단기술단지를 통해 부동산 및 IT와 바이오산업 등에 투자를 진행한 이 기업의 가치가 증대될 것으로 기대된다.

이와 더불어 상해장강하이테크는 하이테크 기업 전용 장외거래 시장인 "신삼판" 시범운영 사업을 영위하고 있어, 정부의 신성장 산업 육성 정책에 대한 수혜가 가능할 것으로 예상된다. 또한 IPO 등록제로 인한 IPO 기업 증가에 따른 수혜 역시 가능할 것으로 기대된다.

(백만 위안, %, 배)	2012	2013	2014	2015	2016(E)
매출액	2,265.10	1,918.70	3,002.20	2,419.20	2,548.20
매출액증가율	26.15	−15.29	56.47	−19.42	5.33
지배주주순이익	370	372.5	436	481.6	534.7
ROE	5.74	5.39	6.12	6.37	6.66
EPS	0.24	0.24	0.28	0.31	0.35
PER	69.32	68.86	64.76	58.62	52.81

자료 : Wind

■ **상해육가취**(600663. SH)

이 기업은 상해의 금융 중심 지역인 육가취에서 부동산 개발 및 임대, 토지사업권 양도 등의 사업을 영위하고 있다. 최근연도 기준 부동산 임대 32퍼센트, 부동산 개발/판매 29퍼센트 등의 매출구조를 확보하고 있다. 상해장강하이테크와 마찬가지로 국내 기업 중 현대산업개발, 에머슨퍼시픽, 서부T&D 등의 업체와 비교 가능할 것으로 판단된다.

상해육가취는 상해자유무역지구 확장에 따른 토지가격 상승 수혜와 더불어, 상해 디즈니랜드 지분을 보유하고 있어 추가적인 수혜가 가능할 것으로 예상된다. 이와 더불어 상해시가 이번 전인대에서 국유기업 개혁에 대한 논의를 본격화 한 것으로 파악됨에 따라 이 기업과 함께 관련 기업의 개혁이 가속화될 것으로 예상된다.

국유기업 개혁안은 크게 1)국유자본투자공사 설립, 2)혼합소유제 실시, 3)법인구조 개선, 4)기율감사 조직파견의 4가지 방안이 논의되고 있다. 이 중 가장 핵심적인 내용인 혼합소유제 실시의 경우 상해시 외에도 광둥성, 텐진, 베이징, 충칭 등 16개성에서 집중하고 있는 정책이다. 그중 충칭시는 3~5년 내에 20개의 주요 국유기업을 증시에 상장할 계획을 갖고 있다. 국유기업 개혁 방안 시행 시 상해 지역의 핵심 국유기업 중 하나인 상해육가취의 기업가치 증대가 기대된다.

(백만 위안, %, 배)	2012	2013	2014	2015	2016(E)
매출액	3,492.10	4,509.70	5,116.90	5,631.40	8,051.70
매출액증가율	-16.17	29.14	13.46	10.05	42.98
지배주주순이익	1,011.00	1,406.00	1,601.50	1,900.00	2,327.90
ROE	8.73	12.47	13.89	14.62	16.06
EPS	0.54	0.75	0.86	1.02	0.69
PER	22.57	31.39	49.82	58.47	35.56

자료 : Wind

2. 중국은 홍콩을 어떻게 바라보는가?

■ 상해항만그룹(600018. SH)

이 기업은 장강삼각주 지역을 중심으로 상해지역의 모든 항만서비스 및 물류사업을 영위하고 있다. 상해항만그룹은 2010년 이후 컨테이너 물동량 세계 1위 자리를 유지하고 있으며, 글로벌 300여 개의 국제 정기선 항로를 확보하고 있다. CJ대한통운(000120. KS), 한진(002320. KS) 등과 같은 국내 대형 물류업체의 항만 부문과 같은 사업으로 볼 수 있다. 최근연도 기준 매출비중은 항만물류서비스 49퍼센트, 항만하역 38퍼센트, 항만서비스 11퍼센트 등으로 구성되어 있다.

상해항만그룹은 상해를 비롯한 장강삼각주 지역의 경제발전에 따라 글로벌 주요 항만으로 성장하였다. 글로벌 금융위기 이후 물동량 증가세가 예전보다 둔화되었으나, 장강삼각주 지역의 경제성장과 상해 자유무역지구의 성장에 따른 중장기적인 물동량 상승이 예상된다. 이와 더불어 상해 항만은 컨테이너 국제 환적량이 5퍼센트에 불과하다는 점에서, 환적 항만으로서의 성장잠재력이 높으며, 항만 이용가격 상승에 따른 실적 개선 효과도 기대된다.

항만하역 사업 외에도 이 기업은 물류서비스와 항만으로 사용하지 않는 부동산의 개발 사업까지 추진하고 있어 지속적인 성장이 기대된다.

(백만 위안, %, 배)	2012	2013	2014	2015	2016(E)
매출액	28,381.00	28,162.30	28,778.70	29,510.80	30,058.80
매출액증가율	30.31	-0.77	2.19	2.54	1.86
지배주주순이익	4,969.30	5,255.50	6,766.60	6,562.50	6,226.20
ROE	10.41	10.55	12.4	11.01	9.84
EPS	0.22	0.23	0.3	0.28	0.27
PER	29.53	27.92	17.22	18.08	19.05

자료 : Wind

■ 하문건발(600153. SH)

이 기업은 섬유의복, 화학제품, 일용필수품 등의 수출입과 물류서비스 및 부동산개발 사업을 영위하는 기업으로, 최근연도 기준 매출비중은 물류서비스 86퍼센트, 부동산개발 12퍼센트 등으로 구성되어 있다. 국내 상장 기업 중에서는 현대상사(011760. KS), SK네트웍스(001740. KS) 등의 상사기업과 유사한 사업구조를 갖고 있다.

하문건발은 일용필수품 가격 하락의 영향을 받고 있으나, 신규 고객 확보에 따라 피해를 최소화하고 있는 상황이다. 부동산개발 역시 다소 부진했으나, 최근 부동산 시장 회복세와 향후 완화적 통화정책 기대에 따라 호조세가 예상된다. 이 기업은 하이시 지역에 350만 제곱미터 이상의 건축면적을 확보하고 있으며, 이중 절반 이상이 샤먼 지역 내에 위치해 있어 자유무역지구 개발에 따른 수혜가 기대된다. 또한 하문건발은 푸젠성을 근거지로 하고 있어 푸젠 자유무역지구 신설에 따른 물동량 증가의 수혜가 기대되는 상황이며, 금융규제 완화 정책에 따라 물류와 금융을 통합한 B2B 플랫폼으로서 성장이 기대된다.

(백만 위안, %, 배)	2012	2013	2014	2015	2016(E)
매출액	91,167.00	102,067.80	120,924.80	128,088.60	136,449.10
매출액증가율	13.6	11.96	18.48	5.92	6.53
지배주주순이익	2,156.00	2,693.00	2,507.20	2,641.40	2,930.40
ROE	21.51	21.45	14.69	13.83	13.76
EPS	0.96	1.2	0.88	0.93	1.03
PER	9.89	7.92	12.54	11.9	10.73

자료 : Wind

3. 중국 국유기업 개혁의 방향성

■ 중국석유화학(600028. SH)

이 기업은 중국 최대 석유화학 기업으로 글로벌 5대 정유 업체 중 하나다. 현재 자회사와 지분을 참여하고 있는 기업만 100개 이상이며, 사업범위도 석유가스 채굴과 정유, 화학공업, 해외무역 등 다각화되어 있다. 최근연도 기준 매출비중은 정유제품 45퍼센트, 화학제품 15퍼센트, 탐사 및 시추 8퍼센트 등으로 구성되어 있으며, 내수비중은 70퍼센트 수준이다. 국내 상장기업 중에서는 SK이노베이션(096770. KS)과 사업

범위가 유사한 것으로 판단된다.

유가하락에도 불구하고 중동산 제품의 프리미엄 축소와 건조한 수요로 인하여 정제마진은 호황기 수준을 유지하였으며, 이에 따라 수익성 개선이 가능할 것으로 예상된다. 최근 들어 유가 반등세가 나타나고 있어 재고평가이익 발생과 더불어 전사 외형 역시 확대될 것으로 기대된다. 이와 더불어 에틸렌 등 석유화학 제품 역시 원재료 하락으로 스프레드 확대에 따른 실적 개선이 기대되며, 당분간 증설이 제한적이라는 점에서 이러한 추세는 유지될 것으로 기대된다.

국유기업 개혁안에 따라 중국석유화학과 페트로차이나, 시누크와 중국중화그룹의 합병이 진행될 것으로 보이며, 이에 따른 규모의 경제 효과로 글로벌 경쟁력 향상이 가능할 것으로 기대된다.

(백만 위안, %, 배)	2012	2013	2014	2015	2016(E)
매출액	2,786,045.00	2,889,311.00	2,825,914.00	2,018,883.00	1,994,375.00
매출액증가율	11.19	3.38	−1.89	−28.56	−1.21
지배주주순이익	63,496.00	67,179.00	47,430.00	32,207.00	38,346.60
ROE	12.37	11.78	7.98	4.77	5.27
EPS	0.78	0.58	0.4	0.27	0.32
PER	10.36	13.15	12.12	18.27	15.35

자료 : Wind

■ **보산철강**(600019. SH)

이 기업은 냉연강판과 열연강판, 무계목강관, 고속강선재 및 강철
발렛을 포함한 다양한 철강제품을 생산하는 중국 최대 규모의 철강회
사로 연간 조강 생산량은 2천만 톤 수준이다. 최근연도 기준 철강 관
련 매출이 90퍼센트를 상회하며 일부 화학 및 건설 매출이 있는 것으
로 파악된다. 국내 상장기업 중에서는 POSCO(005490. KS)와 현대제철
(004020. KS)과 사업영역이 유사하다.

보산철강의 경우 상대적으로 견조한 수요를 유지하고 있으며, 철광
석 가격 하락 수혜로 인한 롤마진 개선이 가능할 것으로 예상된다. 중
국 정부는 2017년까지 공급 측 개혁을 통해 과잉설비 문제를 해결하
여, 설비 가동률을 현재의 72퍼센트에서 80퍼센트 수준으로 끌어올린
다는 계획을 세우고 있다.

특히 보산철강은 무한강철을 흡수 합병하기로 하고, 현재 합병 작

(백만 위안, %, 배)	2012	2013	2014	2015	2016(E)
매출액	191,512.10	190,026.00	187,789.00	164,117.10	172,995.70
매출액증가율	-13.93	-0.58	-1	-12.43	5.41
지배주주순이익	10,386.40	5,818.50	5,792.40	1,012.90	6,151.60
ROE	9.32	5.27	5.07	0.9	5
EPS	0.61	0.35	0.35	0.06	0.37
PER	11.37	6.49	19.84	15.86	13.12

자료 : Wind

업을 진행하고 있다. 이로써 보산철강은 세계 2위 규모의 철강회사로 거듭나게 되어, 산업 내 시장 지배력은 더욱 강화될 것으로 기대된다.

4. 중국의 법정공휴일 제도와 문화

■ 중국동방항공(600115. SH)

이 기업은 중국 3대 항공사 중 하나로 상해와 홍콩 외에도 뉴욕 증시에 상장되어 있다. 상해를 주축으로 장강삼각주 지역, 중국 동서부 지역의 시장지배력이 높으며, 아시아, 유럽, 미주까지의 네트워크를 강점으로 확보하고 있다. 최근연도 기준 매출비중은 항공여객운송 83퍼센트, 항공화물운송 8퍼센트 등으로 구성되어 있으며, 국내 상장기업 중에서는 대표 항공기업이라는 점에서 대한항공(003490. KS), 아시아나항공(020560. KS)과 유사하나, 여객 중심의 매출구성을 감안한다면 티웨이항공을 보유하고 있는 티웨이홀딩스(004870. KS), 제주항공을 운영 중인 AK홀딩스(006840 KS) 등과 유사한 것으로 판단된다.

그 동안 리스크로 지적되어 온 항공사들의 공급과잉 문제가 수요의 증대로 점차 해소되고 있으며, 중국동방항공은 거점 네트워크를 강점으로 상해 디즈니랜드의 수혜가 가능하다는 점에서 고속철도와 같은 대체재 영향에서 상대적으로 자유로울 것으로 판단된다. 이와 더불어 저유가에 대한 수혜와 국유기업 개혁 가능성도 존재한다는 점도 긍정적으로 볼 수 있다.

(백만 위안, %, 배)	2012	2013	2014	2015	2016(E)
매출액	85,569.30	88,009.20	89,746.00	93,844.00	100,678.10
매출액증가율	1.9	2.85	1.97	4.57	7.28
지배주주순이익	3,430.10	2,376.00	3,417.00	4,541.00	6,746.30
ROE	14.57	9.65	12.34	12.92	16.73
EPS	0.3	0.19	0.27	0.35	0.47
PER	37.97	61.6	23.03	17.97	13.32

자료 : Wind

■ 중청려홀딩스(600138. SH)

이 기업은 관광사업과 IT개발 및 관련 서비스 사업을 영위하는 기업으로, 2000년 이후 중국 내 3대 여행사 중 하나의 지위를 유지하고 있다. 관광사업과 더불어 부동산, 호텔 운영사업에도 진출하였으며, IT솔루션 기술을 바탕으로 복권 사업에도 진출한 것으로 파악된다. 최근 연도 기준 매출비중은 관광상품 43퍼센트, IT솔루션 23퍼센트, MICE 및 관광단지 호텔운영 21퍼센트 등으로 구성되어 있다. 국내 상장기업 중에서는 하나투어(039130. KS), 모두투어(080160. KS) 등과 유사한 것으로 판단된다.

중청려홀딩스는 2006년부터 저장성에 관광단지를 운영 중이며, 2015년 기준 방문객 수는 전년대비 22퍼센트 증가한 692만 명에 이르는 것으로 파악된다. 이와 더불어 이 기업은 30년의 업력을 바탕으로 2010년부터 인터넷기반 사업을 런칭하였다. 최근에는 100여 개의 지방 로컬 여행사들과의 연계를 통해 O2O 비즈니스를 확대하고 있다. 또한 기존 기업회의 및 전시회, 기업단체 관광 등의 사업에서 확장된 스포츠 마케팅 영역에도 진출하고 있어 지속적인 성장이 기대된다.

(백만 위안, %, 배)	2012	2013	2014	2015	2016(E)
매출액	19,279.90	9,316.00	10,607.20	10,577.00	11,377.00
매출액증가율	22.07	-9.38	13.86	-0.28	7.56
지배주주순이익	295.2	320.6	363.7	295.1	475
ROE	10.3	10.95	8.23	6.34	9.61
EPS	0.71	0.77	0.5	0.41	0.66
PER	34.14	31.45	40.72	50.18	31.18

자료 : Wind

5. 중국의 영토분쟁 현황과 대응정책

■ 중국조선중공업(601989. SH)

이 기업은 중국선박공업그룹 산하의 기업으로 선박건조, 선박 부대시설, 선박수리, 해양플랜트 등의 사업을 영위하고 있다. 2013년 대령조선중공업그룹과 무창조선중공업그룹의 방산 사업을 인수함에 따라, 중국 최초로 방산 관련 사업이 편입된 상장기업이 되었다. 최근연도 기준 매출비중은 선박건조 수리 51퍼센트, 에너지 및 교통장비 21퍼센트, 해양플랜트 17퍼센트 등으로 구성되어 있으며, 국내 상장기업 중에서는 현대중공업(009540. KS), 대우조선해양(042680. KS) 등과 유사한 것으로 판단된다.

유가하락으로 해양플랜트 수주가 부진하지만, 점진적인 글로벌 경기회복과 에코쉽Eco-ship 등 교체수요 증가로 상선 수주 회복 가능성이 높아지고 있다는 점은 긍정적이다. 이와 더불어 중국조선중공업은 그룹 내 상장 플랫폼으로서 그룹의 사업 및 자산통합에 따른 수혜가 예상된다. 특히 방위산업 자산 통합의 주체가 될 것으로 전망된다. 군 현대화 작업이 진행되는 가운데 중국의 해양굴기가 지속적으로 확장되고 있다는 점에서, 향후 방위산업의 중요성은 더욱 커질 것으로 예상된다.

(백만 위안, %, 배)	2012	2013	2014	2015	2016(E)
매출액	58,501.40	51,268.20	60,972.10	59,810.80	56,613.50
매출액증가율	0.79	−12.36	18.93	−1.9	−5.35
지배주주순이익	3,577.10	2,935.40	2,276.20	−2,621.50	801.7
ROE	8.56	6.14	3.78	−4.6	1.34
EPS	0.24	0.19	0.12	−0.14	0.04
PER	14.87	23.8	57.61	75.83	143.85

자료 : Wind

■ 항공동력(600893. SH)

이 기업은 대형 항공기 엔진 제조 기업으로, 중국 최초로 터보제트 엔진과 선박용 가스 터빈을 개발하여 미국 GE 등 글로벌 메이저 업체에 납품하고 있다. 최근연도 기준 매출비중은 항공엔진 및 관련부품 56퍼센트, 비항공엔진 33퍼센트 등으로 구성되어 있으며, 국내 상장기업 중에서는 한화테크윈(012450. KS)과 유사한 제품을 생산하고 있는 것으로 파악된다.

항공기 엔진은 기술 및 자본 진입장벽이 높은 산업으로 미국, 러시아, 영국, 프랑스, 중국 등 5개 국가만이 독자 기술을 확보하고 있는 것으로 파악된다. 중국은 2030년까지 현재 400개인 공항을 2,000개까지 늘린다는 계획이며, 이에 따라 민간 항공기 시장 역시 높은 성장을 보일 전망이다. 이 기업의 제품은 아직까지 글로벌 메이저 업체와 기술적 차이가 존재하는 상황으로, 민간 대형 항공기 보다는 군사용 훈련

(백만 위안, %, 배)	2012	2013	2014	2015	2016(E)
매출액	7,104.00	7,927.50	26,764.40	23,480.00	22,402.00
매출액증가율	4.38	11.59	237.62	−12.27	−4.59
지배주주순이익	291.6	329.8	936.5	1,033.30	1,022.00
ROE	6.91	7.35	6.57	6.86	6.23
EPS	0.27	0.3	0.48	0.53	0.52
PER	53.1	71.47	171.11	93.7	65.43

자료 : Wind

기 등에 주로 탑재되고 있다. 하지만 트랙 레코드를 바탕으로 점차 사업영역을 확대하고 있어, 군 현대화 정책과 민간 항공기 시장 성장의 수혜가 가능할 전망이다. 특히 항공동력은 2014년 엔진 및 가스터빈 관련 업체들을 인수하였고, 그룹 내 자산재편이 완료됨에 따라 중소형부터 대형 엔진까지 풀 라인업을 구축한 것이 장점이라 하겠다.

6. 중국의 짝퉁, 산자이山寨 문화

■ 길리자동차(00175. HK)

이 기업은 저장성 항저우시 소재의 대표적인 로컬 완성차 업체로 Gleagle, Emgrand, Englon 등 3개의 브랜드, 30여 종의 차량을 생산하고 있으며, 주로 중저가 세단 생산에 주력하고 있다. 2010년 볼보 지분 100퍼센트를 28억 달러에 인수하였다. 최근연도 기준 18퍼센트의 수출 비중을 보이고 있고, 국내 상장기업 중에서는 현대차(005358. KS), 기아차(000270. KS)등과 중국시장에서 경쟁하고 있다.

길리자동차는 롤스로이스 등 글로벌 유명 차량의 디자인을 모방한 신차를 지속적으로 출시하면서 가격경쟁력과 양호한 디자인을 무기로 로컬 시장점유율을 확대하고 있다. 향후 1년간 3개 이상의 신차 출시가 계획되어 있어 판매량 증가에 따른 실적 개선이 기대되며, 국유기업 개혁에 따른 완성차 기업 간 인수합병의 대상기업으로 언급되고 있어 향후 대형화 및 산업 구조조정의 수혜가 예상된다.

(백만 위안, %, 배)	2012	2013	2014	2015	2016(E)
매출액	24,779.90	28,883.00	21,854.20	30,283.10	44,500.50
매출액증가율	17.73	16.46	−24.34	38.57	46.95
지배주주순이익	2,040.00	2,663.10	1,430.60	2,260.50	3,774.60
ROE	15.83	16.57	8.28	11.58	18.01
EPS	0.26	0.3	0.16	0.26	0.43
PER	15.92	13.12	6.42	20.05	14.38

자료 : Wind

■ **연상그룹**(00992. HK)

우리에게 레노버로 잘 알려진 이 기업은 1984년 설립된 민영기업으로 1997년 중국 최대의 PC 브랜드로 성장하였다. 글로벌 브랜드를 벤치마킹 하여 꾸준히 성장했으며, 2005년 IBM PC 사업부문을 인수하여 상업용 노트북 시장 글로벌 1위에 등극하였다. 현재 PC를 기반으로 스마트폰, 태블릿PC, 스마트TV 등으로 영역을 확대하고 있다. 최근연도 기준 매출비중은 노트북 51퍼센트, 데스크탑 PC 29퍼센트, 모바일 디바이스 15퍼센트 등으로 구성되어 있으며, 국내 상장기업 중 LG전자 (066570. KS) 등과 사업 포트폴리오 측면에서 유사하다.

이 기업은 확실한 브랜드 파워를 확보한 노트북을 바탕으로 최근 웨어러블 디바이스, 스마트TV 등 사업영역을 확대하고 있으며, 이를 통해 사물인터넷과 클라우드 사업에 진출하였다. 특히 모토로라 인수 이후 모바일 디바이스 경쟁력을 강화하고 있고, 기업고객 기반이 탄탄하다는 측면에서 클라우드 사업에서 강점을 보일 것으로 기대된다.

(백만 위안, %, 배)	2012	2013	2014	2015	2016(E)
매출액	33,938.40	38,708.60	46,295.60	44,912.10	43,379.00
매출액증가율	14.71	14.08	19.6	−2.99	−3.41
지배주주순이익	635.2	817.2	828.72	−128.15	719.04
ROE	23.82	27.15	20.29	−4.27	21.35
EPS	0.06	0.08	0.08	−0.01	0.06
PER	33.96	21.9	18.08	19.84	10.32

자료 : Wind

7. 베이다이허 회의 주요내용

■ 동방전기(600875. SH)

이 기업은 국무원 산하의 국유자산감독관리위원회가 대주주인 동방전기그룹의 자회사로 대형 발전설비 제조 사업을 영위하고 있다. 발전설비 생산규모로는 미국의 GE를 추월하여 글로벌 1위 수준인 것으로 파악된다. 최근연도 기준 매출비중은 화석연료 발전설비 62퍼센트, 원자력/풍력/수력 발전설비 24퍼센트, 설계/시공 14퍼센트 등으로 구성되어 있으며, 국내 상장기업 중 두산중공업(034020. KS)과 유사한 것으로 판단된다.

중국은 향후 환경보호를 위해 화력발전의 효율개선 및 비화력발전 비중 증대에 집중할 것으로 예상되며, 이에 따라 원자력발전 및 신재생에너지 발전비중을 확대할 것으로 보인다. 동방전기는 프랑스 AREVA와 미국 웨스팅하우스가 주도한 프로젝트에 참여함으로써, 2세대, 3세대 경수로 기술을 확보하였으며, 관련 발전설비 납품 경험을 가지고 있다.

화력발전의 경우 중국 내 사업은 둔화될 것으로 보이나, 정부의 적극적인 해외진출 노력에 따라 인도, 파키스탄 등의 신흥국 진출이 본격화될 전망이다. 이와 더불어 이 기업은 국유기업으로서 경쟁업체 인수를 통한 대형화에 나설 것으로 예상되어 국유기업 개혁안의 수혜가 기대된다.

(백만 위안, %, 배)	2012	2013	2014	2015	2016(E)
매출액	38,079.20	42,390.80	39,036.20	36,017.90	34,830.60
매출액증가율	−11.27	11.32	−7.91	−7.73	−3.3
지배주주순이익	2,191.10	2,349.40	1,278.30	439.1	−209.6
ROE	13.98	13.28	6.54	1.9	−0.95
EPS	1.09	1.17	0.64	0.19	−0.09
PER	9.11	11.5	17.60	24.92	−107.02

자료 : Wind

■ 상해건공(600170. SH)

이 기업은 상해 지역을 중심으로 건설업을 영위하며, 상해 금무빌딩, 포동국제공항, 자기부상열차 등 주요 공사를 시공한 경험을 보유하고 있다. 최근연도 기준 매출비중은 건축 36퍼센트, 공공시설 22퍼센트, 도급공사 10퍼센트, 도시건설 8퍼센트, 부동산개발 5퍼센트 등으로 구성되어 있으며, 국내 상장기업 중 현대건설(000720. KS), 현대산업개발(012630. KS) 등과 유사한 것으로 판단된다.

상해건공은 상해의 대표 건설업체로서 대형 프로젝트 확대에 대한 수혜가 가능할 전망이다. 최근 상해 디즈니랜드 1기 프로젝트를 수행하였는데 향후 후속 프로젝트 수주가 기대된다. 또한 지하철 노선 확장에 대한 수혜 역시 가능할 것으로 판단된다.

특히 하반기 이후 인프라투자가 본격화될 것으로 예상됨에 따라 신규수주 역시 증가할 것으로 예상된다. 이와 더불어 이 기업은 지방국

(백만 위안, %, 배)	2012	2013	2014	2015	2016(E)
매출액	93,153.60	102,036.10	113,661.70	125,430.70	136,388.00
매출액증가율	12.43	9.54	11.39	10.35	8.74
지배주주순이익	1,599.90	1,618.10	1,771.80	1,870.50	2,066.70
ROE	13.53	12.47	9.87	8.49	10.4
EPS	0.69	0.58	0.39	0.31	0.29
PER	12.71	15.08	10.91	13.44	14.76

자료 : Wind

유 기업으로 상해건공 지분의 29퍼센트를 상해국성그룹에 양도함으로써 경영효율성 개선과 추가적인 투자금액 유입이 기대된다.

3장
중국의 경제 금융

1. 중국의 인프라 투자

■ 중국중차(601766. SH)

이 기업은 세계 최대 레일교통 장비(지하철, 경전철, 자기부상열차, 고속철
등) 차량 제조업체 중 하나로, 국내 증시에 상장된 현대로템(064350. KS)
과 유사한 사업구조를 가지고 있다. 중국의 철도발전계획에 따르면 중
국정부는 단기적으로 철도에 150조원을 투자할 것으로 밝히고 있다.
특히 중국은 고속철도의 비중이 2013년 12퍼센트, 2014년 16퍼센트,
2015년 19퍼센트까지 확대가 되고 있다. 이와 더불어 1인당 도시철도/
지하철 길이는 서울의 50~60퍼센트에 불과하다는 측면에서 2020년까
지 대규모 도시철도/지하철 투자가 진행될 것으로 예상되고, 이에 따
라 중국중차의 수혜가 기대된다.

중국 정부는 과거 철도시장과 기술을 맞바꾸는 형식으로 선진국 철도차량 업체들의 기술을 확보하였으며, 이를 통해 현재 80퍼센트 이상의 국산화율을 달성하였다. 이 기업은 자국 내에서의 실적을 바탕으로 해외 진출을 적극 추진 중이며, 이는 중국 정부의 일대일로 정책 지원과도 일치하는 방향이라 할 수 있다.

중국중차는 정부 지원에 따른 낮은 금리의 차관과 저렴한 철도 건설비용, 차량가격 등을 통한 턴키 수주가 가능하다는 강점을 바탕으로 해외수주를 지속적으로 확대하고 있다. 실제로 중국중차는 2020년까지 해외수주 목표액 150억 달러(16조 5천억 원)를 달성한다는 목표를 세우고 있다. 여기다 중국남차와 중국북차의 합병으로 가격경쟁 완화, 비용절감 등의 시너지 효과가 본격화될 것으로 기대된다.

(백만 위안, %, 배)	2012	2013	2014	2015	2016(E)
매출액	90,456.20	97,886.30	119,724.30	241,912.60	249,065.80
매출액증가율	12.07	8.21	22.31	102.06	2.96
지배주주순이익	4,009.50	4,140.00	5,315.00	11,818.40	12,914.20
ROE	12.24	11.32	13.12	12.2	12.69
EPS	0.3	0.3	0.39	0.43	0.47
PER	17.72	17.25	21.27	65.98	19.03

자료 : Wind

■ **중국중철**(601390. SH)

이 기업은 글로벌 3대 종합건설사로 철도, 도로, 발전 등의 건설공사를 주요 사업으로 영위하고 있으며, 미국 포춘지 선정 "2015년 글로벌 500대 기업 순위"에서 71위에 올랐다. 현대건설(000720. KS)과 같은 국내 대형 건설/엔지니어링 업체와 유사한 사업구조를 가지고 있으나, 철도 관련 건설 비중이 좀 더 높다는 점이 차이점이라 할 수 있다. 중국의 철도투자 금액 150조 원 중 실제 시공비용의 비중이 확대될 것으로 전망됨에 따라, 중국중철과 같은 시공 업체의 수혜가 기대되는 상황이다.

중국중철의 철도 인프라 시장점유율은 35퍼센트 수준으로 경쟁사 대비 철도 건설 부문의 비중이 높아 상대적으로 수익성이 양호하며, 동남아시아 및 아프리카 등 신흥국 시장에서 다수의 실적을 확보했다는 강점을 보유하고 있다. 이를 통해 중국중철은 최근 5년간 연평균 30퍼센트씩 해외매출 성장세를 보이고 있다. 일대일로 정책에 따라 철도 인프라 투자 확대 수혜뿐만 아니라, 도시화 정책에 따른 기초 인프라 수주 역시 증가하고 있어 실적 개선이 기대된다.

(백만 위안, %, 배)	2012	2013	2014	2015	2016(E)
매출액	482,688.40	560,444.20	612,559.20	624,104.10	665,422.80
매출액증가율	5	16.11	9.62	2.26	6.62
지배주주순이익	7,354.70	9,374.6	10,360.00	12,257.70	13,780.00
ROE	9.39	10.82	10.49	9.39	10.19
EPS	0.34	0.44	0.49	0.54	0.6
PER	9.68	7.76	21.13	24.08	11.88

자료 : Wind

2. 위안화 국제화와 중국의 해외투자 전략

■ **복성제약**(600196. SH)

이 기업은 의약품 제조를 중심으로 소매약국, 의료기기 도매, 의약품 도매유통, 병원사업까지 헬스케어 관련 산업 전반에 걸쳐 사업을 영위하고 있다. 최근연도 기준 매출비중은 제약 65퍼센트, 의료기기 15퍼센트, 의약품 유통 15퍼센트, 병원 5퍼센트로 구성되어 있으며, 국내 상장사 중에서는 제약 사업과 바이오시밀러 등의 사업을 영위하는 동아쏘시오홀딩스(000640. KS)와 병원사업을 영위하는 차바이오텍(085660. KS)과 유사한 사업모델을 구축하고 있다.

복성제약은 2014년 4월 나스닥에 상장되어 있는 친덱스 그룹 지분 25퍼센트를 인수하면서 병원사업을 시작하였다. 친덱스는 중국 내 베이징, 상하이, 텐진, 광저우 등에 병원을 소유하고 있으며, 2010년 이

(백만 위안, %, 배)	2012	2013	2014	2015	2016(E)
매출액	7,340.80	9,996.40	12,025.50	12,608.70	14,959.40
매출액증가율	13.19	36.18	20.3	4.85	18.64
지배주주순이익	1,563.90	2,207.10	2,112.90	2,460.10	2,910.10
ROE	11.53	13.22	12.67	13.53	14.14
EPS	0.7	0.9	0.91	1.06	1.26
PER	20.16	28.06	24.06	25.73	18.67

자료 : Wind

후 연간 16퍼센트 이상의 환자 증가율을 보이고 있다. 이와 더불어 복성제약은 중국 2위 의약품 도매업체인 시노팜의 지분을 보유하고 있다. 의약품 도매업의 경우 향후 과점화 가능성이 높다는 측면에서 성장이 예상되며, 병원 사업과의 시너지 효과 역시 확대될 것으로 기대된다.

■ 해통증권(600837. SH)

이 기업은 1988년 설립된 중국 내 2~3위권 종합증권사로 최근연도 기준 수익구조는 브로커리지 39퍼센트, 트레이딩 17퍼센트, IB 8퍼센트, 자산관리 6퍼센트 등으로 구성되어 있다. 특히 해통증권은 채권 트레이딩 부문에 강점이 있고, 전국 220여 개의 지점을 통해 400만 명 이상의 개인고객, 1만여 개 이상의 기업고객을 확보하고 있는 것으로 파악된다. 국내 증권사 중에서는 미래에셋대우증권(006800. KS)등과 유사한 사업구조를 갖고 있는 것으로 판단된다.

정부의 신용거래 규제에 따라 최근 거래대금 증가세가 둔화되었으나, 여전히 후강퉁 시행 이전 대비 높은 수준의 거래대금을 유지하고 있어 브로커리지 실적 개선이 기대된다. 이와 더불어 정부의 금리인하 정책에 따라 채권 익스포져가 높은 이 회사의 수혜가 예상되며, 선강퉁 및 IPO 등록제 시행에 따른 수혜 역시 가능할 것으로 기대된다.

또한 포르투갈 최대은행인 BES(방코 에스피리토 산토)의 IB부문을 5,200억 원에 인수함으로써 글로벌 진출을 시작하였다. 최근 중국기업의 대유럽 M&A가 확대되고 있다는 측면에서 해통증권의 수혜가 기대된다.

(백만 위안, %, 배)	2012	2013	2014	2015	2016(E)
매출액	9,140.70	10,455.00	17,978.50	38,086.30	24,209.00
매출액증가율	-1.64	14.38	71.96	111.84	-36.44
지배주주순이익	3,019.80	4,035.00	7,710.60	15,838.90	8,991.40
ROE	5.15	6.56	11.28	14.71	8.46
EPS	0.32	0.42	0.8	1.38	0.78
PER	31.66	35.93	57.15	23.6	20.35

자료 : Wind

3. 선강퉁深港通 살펴보기

■ 경동방테크놀로지(200725. SZ)

이 기업은 중국 최대, 글로벌 9위 수준의 TFT-LCD 제조업체로 현재 중국 내에서 유일하게 자체 핵심기술을 보유하고 있다. 최근연도 기준 매출비중은 TFT-LCD 제조 85퍼센트, 관련 시스템 10퍼센트 등으로 구성되어 있으며, 국내 LG디스플레이(034220. KS)와 글로벌 시장에서 경쟁하고 있는 상황이다.

경동방테크놀로지는 그동안 TV 및 PC, 노트북 패널에 주력하다 최근 지속적인 기술개발을 통해 고수익성 제품인 소형패널 비중을 확대하고 있다. 중국의 스마트폰 수요가 증가하고 있어 모바일용 패널 실적이 성장할 것으로 기대된다. 이와 더불어 10조 5천억 원의 10세대

패널 공장 투자계획을 발표하기도 했다.

정부의 적극적인 정책, 금융지원을 바탕으로 대규모 투자에 나서고 있어 10세대 공장투자가 성공적으로 완료될 경우, 8세대 LCD 패널을 사용하는 국내업체들에게 경쟁요인으로 작용할 것으로 판단된다.

(백만 위안, %, 배)	2012	2013	2014	2015	2016(E)
매출액	25,771.60	33,774.30	36,816.30	48,623.70	58,582.30
매출액증가율	102.27	31.05	9.01	32.07	20.48
지배주주순이익	258.1	2,353.40	2,562.10	1,636.30	1,373.20
ROE	1	8.33	3.36	2.11	1.73
EPS	0.02	0.17	0.07	0.05	0.04
PER	30.1	78.66	31.58	26.44	39.11

자료 : Wind

■ 비야디(002594. SZ)

이 기업은 글로벌 최대 규모의 배터리 생산업체로 휴대폰 케이스 생산도 병행하고 있다. 이와 더불어 글로벌 6위 규모의 전기차 생산 업체이다. 2002년 홍콩 H주에 상장했으며, 2011년 심천 시장에도 상장했다. 최근연도 기준 매출비중은 자동차 및 관련부품 50퍼센트, IT 배터리 및 부품 45퍼센트 수준으로 구성되어 있다. 국내 상장업체 중에서는 이차전지 부문에서는 삼성SDI(006400. KS), LG화학(051910. KS)과 경쟁관계에 놓여있으며, 휴대폰 케이스 사업 분야에서는 KH바텍(060720. KS), 인타브(049070. KS) 등과 경쟁 중인 것으로 파악된다.

비야디는 총 5개의 전기차 신차 라인업을 구축할 계획으로, 신에너지 자동차 부문에서 28퍼센트의 높은 시장점유율을 확보하고 있어, 정부의 친환경 자동차 보급 정책 확대의 수혜가 가능할 것으로 기대된다. 유가하락에 따른 전기차 대중화 시점 지연에 대한 우려가 존재하나, 중국의 경우 환경이슈 때문에 친환경 자동차 보급 정책을 가속화할 것으로 예상된다. 2015년부터 브라질 배터리, 전기버스 공장이 가동되고 있어 실적 성장세가 기대되며, 휴대폰의 메탈 케이스 탑재율이 높아지고 있다는 점도 실적에 긍정적인 영향을 줄 것으로 예상된다.

(백만 위안, %, 배)	2012	2013	2014	2015	2016(E)
매출액	46,904.30	52,863.30	58,195.90	80,009.00	104,517.90
매출액증가율	-3.94	12.83	10.09	37.48	30.63
지배주주순이익	81.4	553.1	433.5	2,823.40	4,867.80
ROE	0.38	2.55	1.71	8.74	13.9
EPS	0.03	0.23	0.18	1.14	1.78
PER	34.6	1,090.02	170.79	367.81	31.16

자료 : Wind

4. 아시아인프라투자은행AIIB과 중국의 금융굴기

■ 중해발전(600026. SH)

이 기업은 국무원 직속의 해운 관련 대기업으로 중국 최대 규모의 원유, 석탄 해상 운송업체이다. 중국 내 원유 해상운송 시장점유율은 50퍼센트가 넘고, 연해지역의 석탄 해상운송 시장점유율은 30퍼센트가 넘는 것으로 파악된다. 최근연도 기준 매출비중은 석탄 등 화물운송 52퍼센트, 석유운송 47퍼센트로 구성되어 있으며, 국내 상장기업 중에서는 대한해운(005880. KS), 팬오션(028670. KS) 등의 벌크, 원유수송업체와 유사한 사업구조를 갖고 있다.

중해발전은 원유 운송물량 증가와 산업구조조정에 따른 해상 운임 가격 상승, 유가하락 영향으로 실적 개선이 예상된다. 다수의 선박과 거점 네트워크 경쟁력을 바탕으로, LNG, 철강, 철광석 등 화물운송 분야에서 안정적인 물량확보를 하고 있다. 일대일로 정책 이후 중국의 대외무역 확대가 예상된다는 점에서 중장기적인 수혜가 가능할 것으로 기대된다.

(백만 위안, %, 배)	2012	2013	2014	2015	2016(E)
매출액	11,156.70	11,392.00	12,333.80	12,776.50	14,258.90
매출액 증가율	−9.23	2.11	8.27	3.59	11.6
지배주주순이익	73.7	−2,298.40	311	389.7	2,663.90
ROE	0.31	−10.83	1.42	1.52	10.33
EPS	0.02	−0.68	0.09	0.1	0.66
PER	15.08	224.84	−13.48	119.81	9.84

자료 : Wind

■ 대진철도(601006. SH)

이 기업은 석탄운송을 주요 사업으로 영위하고 있으며, 산서성과 섬서성, 내몽고서부지역의 석탄 및 화력발전용 동력탄을 5대 전력기업과 380여 곳의 주요 발전소에 공급하고 있다. 중국 전체 석탄 운송량의 20퍼센트를 담당하고 있으며, 서매동운(서부지역 석탄을 동부지역으로 운송) 프로젝트에 참여한 철도운송업체 중에서 최대 규모를 자랑하고 있다.

최근연도 기준 매출비중은 철도운송 96퍼센트이며, 제품별로는 석탄 비중이 70퍼센트 이상인 것으로 파악된다. 국내 상장기업 중에서 육상운송을 담당한다는 점에서는 CJ대한통운(000120. KS), 한진(002320. KS) 등의 기업과 유사하나, 석탄이라는 아이템 기준으로는 팬오션(028670. KS), LG상사(001120. KS) 등의 기업과도 비교 가능한 것으로 판단된다.

중국 정부는 경기부양과 철도산업 육성을 위해 2020년까지 철도 노선 확장에 지속적인 투자를 계획하고 있다. 일대일로 정책 시행 시 물동량 확대 및 노선 확장의 수혜가 가능할 것으로 기대된다. 이와 더불어 운임결정권을 갖고 있던 철도부가 폐지되고, 운임 권고제로 정책이 변경됨에 따라 대진철도의 운임 인상이 지속적으로 이루어질 것으로 판단된다.

(백만 위안, %, 배)	2012	2013	2014	2015	2016(E)
매출액	45,962.40	51,342.70	53,970.70	52,531.40	43,166.30
매출액증가율	2.12	11.71	5.12	−2.67	−17.83
지배주주순이익	11,502.60	12,691.50	14,184.70	12,647.70	7,316.30
ROE	16.39	16.47	16.93	14.19	7.59
EPS	0.77	0.85	0.95	0.85	0.49
PER	8.59	9.55	12.49	9.03	12.88

자료 : Wind

5. the bell 차이나 콘퍼런스 참가기

■ 상해제약그룹(601607. SH)

이 기업은 상해를 기반으로 의약품 제조와 유통사업을 영위하는 기업으로 상해 지역 점유율 45퍼센트로 1위, 매출기준 중국 전체 2위를 유지하고 있다. 주요 제품은 심장질환, 항생제, 소화질환, 신경계 관련 의약 및 중의약이며, GSK, 노바티스, 화이자, 동아제약 등의 글로벌 업체들과 파트너십을 체결하고 있다. 최근연도 기준 매출비중은 의약품 제조 88퍼센트, 의약품 유통 4퍼센트 등으로 구성되어 있으며, 국내 상장기업 중에는 유한양행(000100. KS), 한미약품(128940. KS) 등과 유사한 사업모델을 갖고 있다.

상해제약그룹은 치열한 산업 내 경쟁 환경 속에서도 강력한 유통망과 시약, 백신제품, 의료기기 등 신규제품을 지속적으로 늘리면서 유통사업 점유율 확대가 가능할 것으로 기대된다. 이와 더불어 직판 채널강화, OTC 영업 강화 등에 따라, 유통사업의 마진이 지속적으로 개선될 것으로 기대된다. 또한 의약품 전자상거래 플랫폼을 설립함으로써 중장기적으로 O2O 의약품 유통 사업에 진출하여 전국적인 영업이 가능할 것으로 예상된다.

(백만 위안, %, 배)	2012	2013	2014	2015	2016(E)
매출액	68,078.10	78,222.80	92,398.90	105,516.60	122,987.60
매출액증가율	24	14.9	18.12	14.2	16.56
지배주주순이익	2,052.90	2,242.90	2,591.10	2,877.00	3,256.40
ROE	8.33	8.64	9.31	9.61	10.18
EPS	0.76	0.83	0.96	1.07	1.21
PER	14.63	19.37	19.78	20.66	16.29

자료 : Wind

■ 송성연예(300144. SZ)

이 기업은 A주 엔터테인먼트 최초 기업으로 중국 최대 엔터테인먼트 그룹으로 평가받고 있다. 테마파크 개발 및 문화, 예술분야 투자와 운영사업을 하며 5년 연속 중국 30대 문화기업으로 선정되었다. 이 기업이 제작한 "천고정" 공연 시리즈는 2015년에만 3,642회 공연에 1,456만 명의 관객을 유치하며 1위 자리를 유지하였다. 최근연도 기준 매출 비중은 항저우 숭청관광지 관광서비스 52퍼센트, 항저우 러왠관광지 관광서비스 22퍼센트 등으로 구성되어 있으며, 국내 상장기업 중에서는 공연기획이라는 관점에서 CJ E&M(130960. KS), 인터파크(108790. KS)와 일부 사업의 유사성이 있다고 하겠다.

　송성연예가 항저우, 산야, 리장, 주자이거우 등에서 진행하는 여행 엔터테인먼트 사업은 중국 여행 산업 성장에 따라 지속적인 성장세를 보이고 있다. 이와 더불어 중국 최대 인터넷 동영상 사이트 "식스룸"의 지분 100퍼센트 인수를 시작으로, 온라인 미디어 관련 벤처투자를 확대할 것으로 예상된다. 식스룸은 2009년에 설립된 인터넷 동영상 사이트로 우리나라의 아프리카TV와 유사한 사업을 하고 있다. 5만 명 이상의 일반인 계약 MC가 활동 중이며, 매일 1천만 개 이상의 사이버선물 증정이 이루어지는 것으로 파악된다. 이 기업은 콘텐츠 역량과 더불어 플랫폼 강화까지 나서고 있어 미디어, 엔터 분야에서 지속적인 경쟁력 유지가 가능할 것으로 기대된다.

(백만 위안, %, 배)	2012	2013	2014	2015	2016(E)
매출액	586.2	678.7	935.1	1,694.50	2,588.50
매출액증가율	15.18	15.79	37.78	81.21	52.76
지배주주순이익	256.6	308.4	361.2	630.6	931.8
ROE	8.89	9.83	10.49	11.25	14.67
EPS	0.46	0.55	0.65	0.43	0.64
PER	31.91	41.81	54.47	113.82	38.20

자료 : Wind

6. 중국 그림자 금융의 현황

■ 텐센트 홀딩스(00700. HK)

이 기업은 온라인 메신저 QQ와 모바일 메신저 위챗을 기반으로 전자상거래, 게임, 금융, 광고 등 다양한 사업영역에 진출해있는 ICT 플랫폼 기업이다. 최근연도 기준 매출비중은 부가서비스 80퍼센트, 온라인광고 11퍼센트, 전자상거래 6퍼센트 등으로 구성되어 있다. 국내 상장기업 중에는 NHN(035420. KS), 카카오(035720. KS) 등과 유사한 사업 포트폴리오를 구축하고 있다.

텐센트 홀딩스는 거대한 고객 기반과 자금력을 바탕으로 적극적인 M&A와 사업제휴를 추진함으로써 핀테크 사업에 진출하였다. 간편 결제 솔루션인 텐페이를 출시한데 이어 전자상거래 플랫폼을 구축하였다. 2015년에는 중국 최초의 인터넷은행인 WeBank(웨이중은행)을

(백만 위안, %, 배)	2012	2013	2014	2015	2016(E)
매출액	43,893.70	60,437.00	78,932.00	102,863.00	144,458.70
매출액증가율	53.75	37.69	30.6	30.32	40.44
지배주주순이익	12,731.90	15,502.00	23,810.00	28,806.00	41,057.30
ROE	30.83	26.75	29.76	24	30.5
EPS	6.83	8.3	2.55	3.06	4.34
PER	36.64	58.63	53.45	47.51	43.16

자료 : Wind

설립하여 결제시스템 위주의 핀테크 사업 포트폴리오를 확장하였다. WeBank는 무점포 영업, 빅데이터 분석 등을 통한 낮은 사고율, 낮은 비용의 강점을 보유하고 있어, 기존 대형은행들이 커버하지 못한 중소기업 및 서민대출 역할을 수행할 것으로 예상된다.

■ 용우네트워크(600588. SH)

이 기업은 중국 최대의 기업용 소프트웨어 개발사로 ERP, HRM 및 서플라이 체인망 관리, 회계관리 프로그램 등을 판매하고 있으며, 클라우드 서비스, 네트워크 서비스 등의 SI 사업을 영위하고 있다. 최근 연도 기준 매출비중은 프로그램 개발 50퍼센트, SI 기술서비스 45퍼센트 등으로 구성되어 있으며, 국내 상장기업 중에는 삼성에스디에스(018260. KS)와 더존비즈온(012510. KS) 등과 사업구조가 유사하다.

중국 500대 기업 중 60퍼센트가 용우네트워크의 고객사로 다각화

(백만 위안, %, 배)	2012	2013	2014	2015	2016(E)
매출액	4,235.2	4,362.7	4,374.2	4,451.3	5,020.2
매출액증가율	2.74	3.01	0.26	1.76	12.78
지배주주순이익	379.6	547.9	550.3	323.8	417.0
ROE	12.68	16.98	13.80	5.87	6.85
EPS	0.39	0.56	0.47	0.22	0.28
PER	107.58	73.93	88.80	84.38	79.70

자료 : Wind

된 고객 기반을 확보하고 있다. 또한 인터넷 금융서비스 플랫폼, 기업용 인터넷 서비스 등 신사업에 진출하여 P2P 대출, 금융 데이터 분석 등의 사업을 신규로 영위하고 있다. 특히 기업용 클라우드 시장에서 높은 시장지배력을 확보하고 있어 성장하는 핀테크 산업에서 높은 성장을 보일 것으로 전망된다.

7. 중국의 재테크 트렌드

■ 중신증권(600030. SH)

이 기업은 중국 최대 규모의 증권사로 2015년 기준 주식과 펀드 거래규모 및 M&A 중개 2위, IPO 및 채권판매, 자산관리 1위의 위상을 확보하고 있다. 최근연도 기준 매출비중은 중개업무 35퍼센트, 증권투자업무 23퍼센트, 자산운용업무 21퍼센트, 증권대행발행 12퍼센트로 구성되어 있으며, 세부적으로 자산관리 부문의 매출비중은 15퍼센트 수준인 것으로 파악된다. 국내 상장기업 중에서는 NH투자증권(005940. KS), 삼성증권(016360. KS)과 유사하다.

1인 1계좌 제도 폐지 및 신용거래 확대에 따른 거래량 증가와 IPO 확대로 인한 실적 개선이 예상되며, 전국사회보장기금이사회를 대상으로 유상증자 계획을 발표함으로써 금융상품 제공 및 자문 운용 측면에서 협력을 통한 중신증권의 운용규모 확대가 가능할 전망이다. 사회

보장기금이 해외투자를 확대하고 있다는 측면에서 중신증권 역시 글로벌 진출 수혜가 가능할 것으로 기대된다.

이와 더불어 다양한 상품개발 역량과 운용역량을 갖추고 있고, CLSA 증권을 인수하는 등 높은 인지도를 바탕으로 한 판매역량을 확보했다는 측면에서, 향후 성장하는 자산관리 시장에서 경쟁력을 가질 수 있을 것으로 전망된다.

(백만 위안, %, 배)	2012	2013	2014	2015	2016(E)
매출액	11,693.90	16,115.30	29,197.50	56,013.40	37,224.60
매출액증가율	−53.29	37.81	81.18	91.84	−33.54
지배주주순이익	4,237.4	5,243.90	11,337.20	19,799.80	11,530.00
ROE	4.9	5.98	11.44	14.23	8
EPS	0.38	0.49	1.03	1.63	0.95
PER	11.7	33.15	71.22	20.68	16.94

자료 : Wind

■ 중국광대은행(601818. SH)

이 기업은 전국 영업망을 확보한 국유상업은행으로 투자업무 및 기업연금, 인터넷 뱅킹 영역에서 강점을 확보하고 있다. 최근연도 기준 매출비중은 기업금융 60퍼센트, 개인소매금융 33퍼센트로 구성되어 있으며, 베이징을 비롯한 징진지 지역의 매출비중이 높은 것으로 파악된다. 국내 상장기업 중에서는 우리은행(000030. KS), 신한지주(055550. KS) 등과 유사한 것으로 보인다.

금리자유화에 따라 원가 상승이 있었으나, 자산부채 구조가 개선되면서 자산과 순이자마진 모두 상승하는 흐름을 보이고 있다. 은행카드 등 비이자 수익이 상대적으로 크게 증가하고 있으며, 대손충당금 적립비율 역시 전년대비 감소한 것으로 파악된다. 이와 더불어 자산관리 분야에서 강점을 보유하고 있어, 정부의 국유은행 개혁의 시범기업으로서 자산관리 업무를 자회사로 분리하는 작업을 진행하게 될 것으로 전망된다.

(백만 위안, %, 배)	2012	2013	2014	2015	2016(E)
매출액	59,916.00	65,306.00	78,531.00	93,159.00	102,381.50
매출액증가율	30.05	9	20.25	18.63	9.9
지배주주순이익	23,591.00	26,715.00	28,883.00	29,528.00	30,036.60
ROE	20.66	17.48	16.14	14.51	13.08
EPS	0.58	0.59	0.62	0.63	0.64
PER	6.83	5.22	8.53	6.85	5.89

자료 : Wind

4장
중국의 신성장 산업

1. 중국의 핀테크 산업

■ 항생전자(600570. SH)

이 기업은 증권, 은행, 선물, 펀드, 보험 등 금융업에 특화된 소프트 웨어 개발 업체로, 증권업 프로그램의 시장점유율 50퍼센트, 펀드업계 프로그램 시장점유율 80퍼센트 이상을 차지하고 있는 중국 1위 업체 이다. 단순 비교하기는 어려우나 전방산업과 고객사를 감안할 경우 국 내의 다우기술(023590. KS), 다우데이타(032190. KS)와 유사한 사업구조를 가지고 있다.

금융시장 발전에 따른 시스템 업그레이드 수요가 증가하고, WeBank 등 인터넷 금융서비스 확산에 따라 높은 시장 지배력을 확보 하고 있어 수혜가 예상된다. 특히 2014년 4월 알리바바의 창업주 마윈

이 항생전자의 지분 20.6퍼센트를 인수한 이후 사업적 협력이 강화되는 등 막강한 파트너를 확보했다는 점에서 향후 고성장이 기대된다.

(백만 위안, %, 배)	2012	2013	2014	2015	2016(E)
매출액	1,006.10	1,210.60	1,421.80	2,225.50	2,734.00
매출액증가율	−4.02	20.32	17.45	56.52	22.85
지배주주순이익	199.8	323.3	360.5	453.7	558.5
ROE	14.95	19.59	18.82	18.66	21.1
EPS	0.32	0.52	0.58	0.73	0.9
PER	27.48	64.5	104.64	104.48	61.49

자료 : Wind

■ 청도하이얼(600690. SH)

이 기업은 자체 브랜드를 가지고 있는 글로벌 가전업체 중 하나로 냉장고, 세탁기 등 백색가전 부문에서 9.7퍼센트의 점유율로 글로벌 1위의 시장점유율을 차지하고 있다. 또한 에어컨 시장에서는 주해 GREE가전, 메이디에 이어 3위를 차지하고 있다. 청도하이얼의 자회사인 하이얼전자(01169. HK)는 판매 유통망 플랫폼 역할을 담당하고 있다. 국내 기업인 LG전자와 경쟁관계에 있다.

금융위기 이후 중국의 가전소비를 이끌었던 가전하향 정책이 종료되고 글로벌 경기둔화 영향으로 이 기업의 영업상황이 우호적이지 않으나, 최근 제품 고급화 전략과 함께 사물인터넷을 신성장 동력으로 적극 추진 중이다. 청도하이얼은 지능형 홈시스템인 U-Home 플랫폼을 구축하고, 다양한 사물인터넷 가전제품을 출시하여 초기 시장을 선점한다는 계획이다.

또한 자회사인 하이얼전자를 중심으로 물류 사업을 강화하고 있으며, 이와 관련하여 알리바바로부터 3,900억 원 규모의 투자를 받고 홈쇼핑 맞춤형 스마트TV를 공동으로 출시하는 등 사업제휴를 확대하는 모습이다. 중국 내 2만 6천 개의 Goodaymart 매장을 통해 O2O 비즈니스를 활성화 한다는 계획을 갖고 있어, 향후 전자상거래 활성화에 따른 수혜가 예상된다.

(백만 위안, %, 배)	2012	2013	2014	2015	2016(E)
매출액	79,856.6	86,487.70	88,775.40	89,748.30	107,113.50
매출액증가율	8.13	8.3	2.51	−7.41	19.35
지배주주순이익	3,269.50	4,168.20	4,991.60	4,300.80	5,146.00
ROE	29.38	28.81	22.86	18.95	18.82
EPS	1.22	1.53	1.74	0.71	0.84
PER	13.38	16.23	13.56	12.17	12.02

자료 : Wind

2. 중국 환경보호산업의 성장

■ 정주우통버스(600066. SH)

이 기업은 판매실적 기준 중국 최대의 중대형 버스 생산업체로 버스 생산뿐만 아니라 도로여객운송, 관광 등의 영역까지 진출해 있다. 현재 중저가부터 고가라인까지 총 70여 종의 제품믹스를 구축하고 있으며, 특히 고급버스 부문의 기술은 선도적인 입지를 유지하고 있다. 비슷한 사업구조를 가진 국내업체는 과거 대우자동차에서 분리되어 영안모자에 인수된 자일대우버스가 있다.

현재 중국의 도시화 정책이 지속됨에 따라 대형 공공버스 판매량이 안정적으로 유지되고 있으며, 정부의 환경보호 정책에 따라 순수 전기버스, 하이브리드 버스의 비중이 확대될 것으로 예상된다. 이에 따라 규모의 경제 효과와 부품 경쟁력, 안정성 등을 바탕으로 해당 분야에

(백만 위안, %, 배)	2012	2013	2014	2015	2016(E)
매출액	19,763.50	22,093.80	25,728.3	31,210.9	35,230.0
매출액증가율	16.72	11.79	15.9	21.31	12.88
지배주주순이익	1,549.70	1,822.60	2,612.6	3,535.2	4,027.4
ROE	21.19	20.84	24.18	27.49	28.7
EPS	2.31	1.43	1.77	1.6	1.82
PER	15.04	14.43	18.1	19.06	12.31

자료 : Wind

서 30퍼센트 이상의 점유율을 차지하고 있는 정주우통버스의 매출 성장이 기대된다. 특히 신에너지 버스의 경우 판가가 기존 제품 대비 높다는 점에서 수익성 향상 또한 가능할 것으로 예상된다.

■ 절강용성그룹(600352. SH)

이 기업은 폴리에스테르 등 섬유 염색에 사용되는 분산 및 반응성 염료 완제품과 중간체를 생산하는 업체로 2010년 독일의 염료기업인 DyStar를 인수하여 현재 중국 내 시장점유율 20퍼센트 이상인 최대 염료, 중간체 생산업체로 성장했다. 국내 상장사인 경인양행(012610. KS)와 글로벌 시장에서 경쟁하고 있다. 경인양행의 경우 중간체를 수입하여 반응성 염료를 생산하지만, 절강용성그룹은 원료가 되는 중간체 생산까지 가능한 수직계열화 체제를 구축하고 있다는 점에서 사업구조의 차이가 있다. 최근연도 기준 매출비중은 염료 56퍼센트, 중간체 11퍼센트 수준을 보이고 있다.

중국의 의류 OEM 및 섬유산업이 견조한 상황에서 현재 중국기업을 중심으로 염료산업의 구조조정이 진행되는 상황이다. 염료 생산 공정이 대규모 환경오염을 유발한다는 점에서 조업 규제가 강화되고 있어, 수처리 설비를 갖추지 못한 영세업체들의 퇴출이 가속화 되고 있다.

산업 구조조정으로 인해 중간체 가격은 2년간 10배 폭등하였고, 완제품 염료 가격 역시 60퍼센트 이상 상승하였다. 이에 따라 중간체 시장의 70퍼센트, 염료 시장의 20퍼센트를 점유하고 있는 절강용성그룹의 실적 개선이 기대된다고 하겠다.

(백만 위안, %, 배)	2012	2013	2014	2015	2016(E)
매출액	7,649.30	14,085.8	15,150.00	14,842.10	16,843.50
매출액증가율	-7.05	84.15	7.55	-2.03	13.48
지배주주순이익	830.3	1349.1	2,533.30	2,541.30	3,042.60
ROE	10.85	14.72	22.64	18.4	17.32
EPS	0.57	0.89	1.66	0.78	0.92
PER	10.99	24.14	22.32	14.95	9.95

자료 : Wind

3. 시스템 반도체 1위를 노리는 중국

■ 강소장전테크놀로지(600584. SH)

이 기업은 중국 1위, 글로벌 3위의 종합 반도체 패키징 업체로 9개의 자회사를 통해 패키징과 후공정 테스트 관련 사업을 영위하고 있다. 칩 패키징 및 테스트 매출이 94퍼센트이고, 국내 상장사 중 하나마이크론(067310. KS), STS반도체(036540. KS), 시그네틱스(033640. KS) 등과 경쟁관계를 형성하고 있다.

강소장전테크놀로지는 중국 뿐만 아니라 글로벌 반도체 패키징, 테스트 시장에서 선두지위를 유지하고 있어, 스마트 디바이스 확대에 따른 물량증가 수혜가 가능할 것으로 기대된다. 그동안 범용사업으로 평가받던 패키징 사업은 반도체 칩의 경박단소화 트렌드가 가속화되고 있는데 비해, 전공정 기술의 한계에 따라 중요성이 다시 부각되는 상황이다.

특히 최근에는 3D TSV 및 WLP 기술 도입으로 인하여 패키징 단가가 상승할 것으로 예상되며, 적용범위 역시 확대될 것으로 기대된다. 또한 중국 반도체산업기금과 파운드리 업체인 SMIC와 함께 글로벌 4위 패키징 업체인 스태츠칩팩을 인수함으로써, 기술력 및 글로벌 영업 네트워크 확보에 긍정적인 효과를 얻을 것으로 예상된다.

(백만 위안, %, 배)	2012	2013	2014	2015	2016(E)
매출액	4,436.20	5,102.10	6,428.30	10,807.00	18,352.10
매출액증가율	17.91	15.01	25.99	68.12	69.82
지배주주순이익	10.4	11.1	156.7	52	240
ROE	0.43	0.46	4.16	1.21	4.52
EPS	0.01	0.01	0.16	0.05	0.21
PER	53.74	524.5	985.26	145.6	90.62

자료 : Wind

■ 정방테크놀로지(603005. SH)

이 기업은 강소장전테크놀로지와 마찬가지로 반도체 패키징을 주요 사업으로 영위하고 있다. 차이점이 있다면 강소장전테크놀로지는 종합 반도체 패키징 업체이나, 이 기업은 CMOS 이미지센서 패키징에 특화되어 있다는 점이다. CMOS 이미지센서는 카메라렌즈를 통해 들어오는 아날로그 이미지를 디지털로 변환하는 반도체로, 스마트폰 뿐만 아니라 자동차 및 가전제품에도 카메라모듈 탑재가 확대되면서 그 수요가 증가하고 있다. 웨이퍼 레벨 패키징에 특화되어 있다는 점에서 국내 상장사 중 네패스(033640 KS), 엘비세미콘(067910. KS)과 사업모델이 유사한 것으로 판단된다.

카메라모듈의 탑재가 늘어나고 고화소 카메라모듈에 대한 수요가 증가하면서 CMOS 이미지센서 시장은 2015년 10억 달러에서 2020년 16억 달러까지 성장할 것으로 기대된다. 이에 따라 물량 및 단가 측면에서 모두 수혜가 가능할 것으로 예상된다. 정방테크놀로지는 글로벌 최대 이미지센서 업체인 Omnivision을 주요주주로 확보하고 있어 안정적인 패키징 물량확보가 가능한 상황이며, 향후 애플페이 및 애플워치 등의 수혜가 가능할 것으로 기대된다. 이와 더불어 WLP 기술 발달에 따라 이미지센서에서 다른 반도체까지 패키징 영역을 확장할 것으

(백만 위안, %, 배)	2012	2013	2014	2015	2016(E)
매출액	337.3	450.4	615.8	575.7	649.4
매출액증가율	10.2	33.53	36.72	−6.51	12.8
지배주주순이익	137.9	153.7	196.3	113.3	146.8
ROE	21.99	20.48	12.49	6.87	—
EPS	0.73	0.81	0.88	0.5	0.65
PER	86.01	77.52	62.08	58.09	49.77

자료 : Wind

로 예상된다.

4. 중국 IT 산업의 현황

■ 환욱전자(601231. SH)

이 기업은 IT 부품 분야의 선두업체로 특히 System in Package 모듈 제조분야에서 강점이 있다. 최근연도 기준 매출비중은 통신부품 37퍼센트, 컴퓨터부품 19퍼센트, 산업용부품 15퍼센트, 가전부품 14퍼센트, 자동차부품 8퍼센트 등이며, 기존 PCBA 부품 제조와 조립 위주에서 SiP 모듈 및 시스템 통합 분야로 사업구조를 다각화하고 있는 상황이다. 국내 상장사 중에서는 삼성전기(009150. KS), LG이노텍(011070. KS) 등과 일부 사업영역이 유사하다.

RF칩, 이미지센서, 플래시카드 등 다양한 반도체 칩을 하나의 모듈로 집적시키는 SiP 기술은 스마트 디바이스의 경박단소화 트렌드에 따라 그 중요성이 점차 확대되고 있다. SiP 시장은 2017년까지 매년 2.5배의 성장이 가능할 것으로 전망되며, SiP 부문에서 애플의 1차 밴더로 아이폰 판매량 확대 수혜가 가능하다. 또한 애플워치 및 구글글래스에도 SiP 모듈을 단독 납품하고 있어 향후 지속적인 성장세 유지가 가능할 것으로 판단된다.

(백만 위안, %, 배)	2012	2013	2014	2015	2016(E)
매출액	13,335.30	14,272.40	15,873.00	21,323.10	25,173.50
매출액증가율	4.94	7.03	11.22	34.34	18.06
지배주주순이익	647.3	564.2	701.4	690.5	1,008.40
ROE	18.8	14.84	11.09	10.14	12.83
EPS	0.64	0.56	0.64	0.32	0.46
PER	26.52	32.9	57.91	44.86	24.49

자료 : Wind

■ 성도봉박사테크놀로지(600804. SH)

이 기업은 교육, 방송 등의 다양한 소프트웨어 개발, 클라우드 서비스 등 네트워크 통합서비스를 제공하는 기업으로, 최근연도 기준 매출 비중은 인터넷서비스 95퍼센트, 광고매출 4퍼센트 수준을 보이고 있다. 국내 상장기업 중에서는 삼성에스디에스(018260. KS), 더존비즈온(012510. KS) 등과 유사한 사업을 영위하고 있다.

성도봉박사테크놀로지는 베이징, 상하이, 광둥성, 스촨성, 후베이성 등에 최고 수준의 데이터센터를 설립하고 본격적인 클라우드 서비스 사업을 시작했다. 이에 따라 중국 국신증권에서는 관련 사업 매출이 3년간 연평균 50퍼센트씩 성장할 것으로 예상하고 있다. 이와 더불어 중국 1위 이동통신 사업자인 차이나모바일과 제휴를 맺고 베이징, 상하이 등 31개 도시에서 이동통신 재판매업무 사업을 시작하였다. 또한 화웨이와 초광대역, 빅데이터, 클라우드 컴퓨팅, 사물인터넷 등에 대한 공동연구개발 협약을 맺기도 하였다.

(백만 위안, %, 배)	2012	2013	2014	2015	2016(E)
매출액	2,560.20	5,818.40	6,962.70	7,925.90	9,341.50
매출액증가율	16.11	127.26	19.67	13.83	17.86
지배주주순이익	208.5	403.1	534.2	716.6	890.9
ROE	5.54	9.37	10.89	13.04	14.22
EPS	0.15	0.29	0.38	0.51	0.63
PER	50.83	94.1	62.06	62.18	33.29

자료 : Wind

5. 중국의 O2O 산업

■ 구주통(600998. SH)

이 기업은 의약품, 의료기기 유통 사업을 영위하며 매출액 기준 중국 4위권을 유지하고 있다. 최근연도 기준 매출비중은 의약품 도소매 유통이 88퍼센트로 대부분을 차지한다. OTC(일반의약품) 제품을 주로 취급하고 있어 다른 의약품 유통기업과는 달리 약국, 의원급 소형병원 위주로 영업을 하고 있다. 국내에서는 지오영 등의 의약품 유통기업이 존재하나, 상장기업 중에서는 의약품 유통 사업을 주력으로 삼는 기업은 없는 것으로 파악된다.

구주통은 신성장 동력으로 의약품 전자상거래 사업을 추진 중이다. 중국 정부가 처방전이 필요한 전문의약품에 대해서도 전자상거래를 허용함에 따라 관련 시장이 급성장 할 것으로 예상된다. 물류경쟁력과 다양한 종류의 제품을 관리할 수 있는 역량을 바탕으로 초기 시장을 선점하여 수혜가 가능할 전망이다.

이 기업의 O2O 사업모델은 소비자들이 텐센트의 모바일 메신저 위챗을 통해 약품을 주문한 후 근처 약국에서 수령하는 것으로 현재 상하이, 베이징 등에서 시범적으로 시행되고 있다. 의약품 뿐만 아니라 화장품, 건강보조식품 등으로 취급영역을 확대하고 있다.

(백만 위안, %, 배)	2012	2013	2014	2015	2016(E)
매출액	29,507.70	33,438.10	41,068.40	49,589.30	61,490.90
매출액증가율	18.8	13.32	22.82	20.75	24
지배주주순이익	412.7	477.9	560.7	694.5	883.9
ROE	9	9.37	7.19	7.42	9.03
EPS	0.29	0.34	0.34	0.42	0.54
PER	41.88	51.59	62.12	57.57	40.02

자료 : Wind

■ 영휘마트(601933. SH)

이 기업은 푸젠성을 중심으로 동북부 지역에서 대형 할인마트 및 슈퍼마켓 매장을 체인 형태로 운영하고 있으며, 편의점 가맹사업을 영위하고 있다. 전국 5~6위 수준을 확보하고 있으며, 최근연도 기준 매출비중은 식품 및 일용품 45퍼센트, 신선식품 및 가공식품 44퍼센트 등으로 구성되어 있다. 지역별로는 화서지역 35퍼센트, 푸젠성 32퍼센트, 베이징 14퍼센트, 안휘성 5퍼센트 순으로 매출 규모를 보이고 있다. 국내 상장기업 중에서는 이마트(139480, KS)와 유사한 사업모델을 보유하고 있는 것으로 보인다.

영휘마트는 기존 신선식품 부문의 강점을 바탕으로 최근 O2O 사업으로 영역을 확대하고 있다. 위챗에 온라인쇼핑 계정을 만들어 전자상거래 시장 성장에 대응하고 있으며, 위챗과 연계하여 O2O 사업을 추진하고, 옴니채널 구축에도 집중하고 있다. 이와 더불어 QR 코드 스캐닝을 통해 쇼핑을 할 수도 있으며, 실제 물건은 오프라인으로 배달 받을 수 있는 서비스도 제공하고 있다. 빠른 시장대응에 따라 경쟁이 심화되는 전통 마트 시장에서 경쟁력은 더욱 강화될 것으로 기대된다.

(백만 위안, %, 배)	2012	2013	2014	2015	2016(E)
매출액	24,684.30	30,542.80	36,726.80	42,144.80	50,341.20
매출액증가율	39.21	23.73	20.25	14.75	19.45
지배주주순이익	502.1	720.6	851.6	605.3	1,041.00
ROE	11.37	12.19	13.23	4.95	6.37
EPS	0.65	0.44	0.26	0.15	0.11
PER	41.46	43.07	39.34	48.24	40.99

자료 : Wind

6. 중국의 태양광 산업의 명암

■ 보리협흠(03800. HK)

　이 기업은 OCI, 바커와 함께 글로벌 폴리실리콘 시장을 과점하고 있는 중국 최대의 폴리실리콘 생산업체다. 글로벌 최대의 태양광 웨이퍼 생산기업으로 2015년 기준 9만 5천 톤의 폴리실리콘 생산설비와 13기가와트의 웨이퍼 생산설비를 보유하고 있다. 최근연도 기준 매출 비중은 폴리실리콘 및 웨이퍼 83퍼센트, 전력사업 17퍼센트이며, 국내 상장기업인 한화케미칼(009830. KS), OCI(010060. KS)와 글로벌 시장에서 경쟁하고 있다. 그룹 내 19개의 발전소와 1.8기가와트의 발전용량을 확보하고 있다.

　보리협흠은 전체 9만 5천 톤의 폴리실리콘 설비를 보유하고 있으나, 2014년에는 실제 생산량은 6만 7천 톤에 그쳤다. 앞으로 원가경쟁

(백만 위안, %, 배)	2012	2013	2014	2015	2016(E)
매출액	22,628.70	26,038.60	37,867.00	26,529.50	27,885.50
매출액증가율	−12.18	15.07	45.43	21.32	8.02
지배주주순이익	−3,515.50	−664.3	1,955.00	2,894.80	2,624.50
ROE	−19.12	−4.11	11.32	15.51	12.21
EPS	−0.23	−0.04	0.13	0.19	0.14
PER	5.65	−10.57	−41.97	11.03	7.15

자료 : Wind

력을 바탕으로 가동률을 확대하여 5만 톤 이상 생산량을 늘린다는 계획을 갖고 있다.

원가경쟁력과 함께 중국 시장에서 캡티브 마켓을 확보하고 있어 판매가 용이할 것으로 판단되며, 자체 보유 발전소의 성장이 전사 실적 성장에 긍정적인 영향을 미칠 것으로 기대된다.

■ 강소중천테크놀로지(600522. SH)

이 기업은 중국 3대 케이블 제조기업으로 특히 해저케이블 부문에서 1위 업체로 평가받고 있다. 최근연도 기준 매출비중은 광섬유 및 광케이블 41퍼센트, 도선 28퍼센트, RF케이블 12퍼센트, 해저케이블 4퍼센트 등으로 구성되어 있으며, 생산 제품은 대부분 전력산업과 통신산업에 사용되고 있다. 국내 상장기업 중 LS(006260. KS)와 유사한 사업 포트폴리오를 구축하고 있다.

2015년 중국 정부는 350조 원을 투자하는 광대역 통신 네트워크망 구축 계획을 발표함에 따라, 이 기업의 통신용 케이블 수요 증대가 예상된다. 이와 더불어 향후 분산형 태양광 발전소 건설이 확대될 경우 스마트 그리드에 대한 투자 역시 확대될 것으로 예상됨에 따라 수혜가 가능할 것으로 전망된다.

강소중천테크놀로지는 2013년 장쑤성 난통시로부터 150메가와트 규모의 분산형 태양광 발전소 수주에 성공하여 완공하였다. 2014년에는 JA솔라로부터 태양광 기판 재료를 수주하면서 태양광 매출비중을 확대하고 있다.

(백만 위안, %, 배)	2012	2013	2014	2015	2016(E)
매출액	5,812.20	6,771.30	8,641.34	16,522.95	19,967.39
매출액증가율	19.25	16.5	27.62	91.21	20.85
지배주주순이익	421.2	526.5	565.53	987.73	1,373.12
ROE	9.38	10.04	7.2	9.64	11.84
EPS	0.6	0.75	0.66	0.95	0.53
PER	15.77	18.26	25.22	42.29	20.8

자료 : Wind

7. 비상하는 중국의 로봇산업

■ 기계인(300024. SZ)

이 기업은 2000년 설립되어 2009년 차스닥에 상장된 중국 1호 로봇 관련 상장기업으로 중국과학원 산하에 있다. 2012년에는 로봇 관련 기업으로는 최초로 중국 정부로부터 법적보호를 받는 상표인 '저명상 표'를 획득하였다. 최근연도 기준 매출비중은 산업용 로봇 31퍼센트, 자동조립 및 품질검사 자동화라인과 시스템통합 30퍼센트, 물류 자동 화 29퍼센트이다. 현재 13개 국가에 수출도 진행 중이다. 국내 상장기 업 중에는 산업 자동화 및 산업용 로봇 측면에서 현대위아(011210. KS), 현대중공업(009540. KS)등과 일부 유사한 점이 있다.

기계인은 중국 최초로 로봇 상업화를 실현한 업체로, 기술적 우위와 트랙레코드를 바탕으로 로컬기업 중에서는 시장선점 효과를 누릴 것으로 기대된다. 현재 자동차 자동 생산라인을 시작으로 레이더 컨트롤 시스템, 반도체 생산용 진공 청소로봇 등을 생산하면서 방산, 반도체, 가전 등으로 사업영역을 확대하고 있다. 2015년에 개발한 식사배달 로봇이 베이징 음식점에 도입되기도 하는 등 향후 스마트시티, 스마트홈 시장 활성화에 따른 수혜가 가능할 것으로 전망된다.

(백만 위안, %, 배)	2012	2013	2014	2015	2016(E)
매출액	1,044.40	1,319.10	1,523.50	1,685.40	2,075.80
매출액증가율	33.29	28.3	15.5	10.62	23.16
지배주주순이익	208	249.9	325.7	394.8	486.6
ROE	14.91	15.47	16.84	7.56	8.5
EPS	0.7	0.84	0.5	0.56	0.31
PER	50.28	69.69	103.24	149.17	75.47

자료 : Wind

■ 상해보신소프트웨어(600845. SH)

이 기업은 보산철강이 대주주인 소프트웨어 기업으로 철강업계 자동화 관련 솔루션 및 시스템통합 서비스 제공을 주력사업으로 하고 있다. 최근연도 기준 매출비중은 소프트웨어 개발 77퍼센트, 시스템통합 9퍼센트 등으로 구성되어 있으며, 국내 상장기업 중에서는 포스코 ICT(022100. KS), 삼성에스디에스(018260 KS) 등과 유사한 것으로 판단된다.

상해보신소프트웨어는 철강산업 자동화 설비 관련 솔루션에 주력하다가 현재는 교통, 채굴, 비철금속, 석유화학, 금융 등으로 사업영역을 확장하였고, 국가발전개혁위원회에서 진행 중인 첨단기술 산업화 시범사업에 참여하고 있다. 모회사인 보산철강의 전자상거래 플랫폼 설립 계획에 따라 관련 솔루션 탑재가 가능할 것으로 기대된다. 빅데이터 등 클라우드 환경 본격화, 자동화 설비 확대, RFID 물류 사용 증대 등의 추세에 따라 이 기업의 성장세가 전망되며, 국유기업 개혁에 대한 수혜도 가능할 것으로 예상된다.

(백만 위안, %, 배)	2012	2013	2014	2015	2016(E)
매출액	3,638.50	3,581.30	4,071.90	3,937.70	4,331.00
매출액증가율	15.67	−1.57	13.7	−3.3	9.99
지배주주순이익	261	290.1	321.7	312.4	434.4
ROE	17.71	17.24	12.62	7.98	10.01
EPS	0.77	0.85	0.88	0.8	0.55
PER	19.31	32.66	42.05	70.39	40.12

자료 : Wind

8. 중국 샤오반校班 기업의 성장

■ 청화동방(600100. SH)

이 기업은 IT, 에너지, 환경분야 기술을 보유한 칭화홀딩스의 대표

기업으로, 창업자 루즈청이 칭화대학 내에서 창업하여 컴퓨터, SW 등을 연구개발, 생산하면서 이름이 알려지기 시작했다. 칭화대학교의 R&D 플랫폼을 기반으로 보안, 방산, 인터넷, 환경, LED, RFID 등의 사업에 진출하였다. 2000년대 중국 PC 시장을 장악했으며, 디지털TV와 LED조명사업을 추진하고 있다. 최근연도 기준 매출비중은 IT 서비스 및 단말기 53퍼센트, 보안시스템 17퍼센트, 에너지절감 및 환경보호설비 17퍼센트, 스마트시티 시스템 13퍼센트 등으로 구성되어 있으며, 국내 상장기업 중 LG전자(066570. KS), 서울반도체(046890. KS)와 사업영역이 유사하다.

청화동방은 IT 사업과 에너지, 환경사업을 주력으로 기존 컴퓨터, TV 제조 사업에서 최근 스마트시티, IoT, RFID, LED 조명 등 고부가가치 사업에 진출함으로써 지속적인 성장이 가능하다는 판단이다. 칭화대학의 우수한 R&D 역량을 바탕으로 독보적인 기술 경쟁력을 갖춘 것으로 평가되며, 1996년 이후 벤처 인큐베이팅 사업에 집중함에 따라 지분 투자

(백만 위안, %, 배)	2012	2013	2014	2015	2016(E)
매출액	22,342.70	22,650.10	25,993.70	28,447.20	30,224.00
매출액증가율	6.59	1.38	14.76	9.44	6.25
지배주주순이익	606.4	677	755.6	1,261.60	6,561.00
ROE	6.67	6.32	6.55	7.15	31.34
EPS	0.31	0.31	0.34	0.43	2.21
PER	21.02	36.86	37.92	70.92	6.22

자료 : Wind

한 기업의 성장 가능성이 높다는 측면에서 향후 수혜가 기대된다.

■ 중국하이테크그룹(600730. SH)

이 기업은 북대방정 그룹이 20퍼센트의 지분을 보유하고 있는 자회사로, 하이테크 산업단지 개발, 무역 등의 사업을 영위하고 있다. 부동산개발 사업의 매출비중이 74퍼센트로, 베이징대학 뿐만 아니라, 칭화대학, 푸단대학, 상해교통대학 등과 협업하고 있다. 국내 상장기업 중에서 벤처단지 개발 사업을 하는 기업은 없으나, 벤처기업 투자라는 측면에서는 디피씨(026890. KS), 에이티넘인베스트(021080. KS) 등의 기업과 유사점이 있다.

중국하이테크그룹은 중국 내 170개의 대학들과 긴밀한 관계를 유지하고 있어 벤처단지 개발에 있어 경쟁력을 갖고 있다. 특히 중국 정부는 부동산 부양과 신성장 산업 육성을 위해 상하이 및 선전 등에 하이테크 단지를 지속적으로 육성하고 있어 향후 수혜가 가능할 전망이다.

(백만 위안, %, 배)	2012	2013	2014	2015	2016(E)
매출액	403.9	792	1,108.00	1,312.10	973.3
매출액증가율	−60.85	96.08	39.9	18.42	−25.82
지배주주순이익	23	98.2	155.8	69.6	513.2
ROE	2.89	7.91	11.61	4.95	27.68
EPS	0.08	0.33	0.53	0.12	0.87
PER	−282.69	133.79	32.82	65.62	13.9

자료 : Wind

그래도 중국이 답이다

초판 1쇄 발행 · 2016년 11월 25일
초판 2쇄 발행 · 2017년 5월 1일

지은이 · 이용철
펴낸이 · 김동하

펴낸곳 · 책들의정원
출판신고 · 2015년 1월 14일 제2015-000001호
주소 · (03955) 서울시 마포구 방울내로9안길 32, 2층(망원동)
문의 · (070) 7853-8600
팩스 · (02) 6020-8601
이메일 · books-garden1@naver.com
블로그 · books-garden1.blog.me

ISBN 979-11-87604-06-8 03320

• 이 책은 저작권법에 따라 보호받는 저작물이므로 무단 전재와 무단 복제를 금합니다.
• 잘못된 책은 구입처에서 바꾸어 드립니다.
• 책값은 뒤표지에 있습니다.